湖北省市场监督管理培训中心系列教材

机动车检验检测从业人员能力提升指南

JIDONGCHE JIANYAN JIANCE CONGYE RENYUAN
NENGLI TISHENG ZHINAN

湖北省市场监督管理培训中心 ◎编著

图书在版编目(CIP)数据

机动车检验检测从业人员能力提升指南/湖北省市场监督管理培训中心编著. —武汉:中国地质大学出版社,2022.11
湖北省市场监督管理培训中心系列教材
ISBN 978-7-5625-5429-5

Ⅰ.①机… Ⅱ.①湖… Ⅲ.①机动车-检测-技术培训-教材 Ⅳ.①U472.9

中国版本图书馆 CIP 数据核字(2022)第 195608 号

机动车检验检测从业人员能力提升指南		湖北省市场监督管理培训中心		编著
责任编辑:张燕霞 周 旭	选题策划:张燕霞		责任校对:何澍语	
出版发行:中国地质大学出版社(武汉市洪山区鲁磨路388号)			邮政编码:430074	
电 话:(027)67883511	传 真:(027)67883580		E-mail:cbb@cug.edu.cn	
经 销:全国新华书店			http://cugp.cug.edu.cn	
开本:787毫米×1092毫米 1/16		字数:378千字	印张:14.75	
版次:2022年11月第1版		印次:2022年11月第1次印刷		
印刷:武汉市籍缘印刷厂				
ISBN 978-7-5625-5429-5			定价:80.00元	

如有印装质量问题请与印刷厂联系调换

《机动车检验检测从业人员能力提升指南》

编委会

主　编：陈　祁
副主编：洪　翠　　蔡江华　　高俊雅
编　委：樊继东　　何力生　　何子燚　　定　卓
　　　　贺小敏　　戴金良　　张　龙

前 言

现代社会,机动车已成为人们必不可少的代步工具。截至 2022 年 9 月底,全国机动车保有量达 4.12 亿辆,其中汽车 3.15 亿辆。随着社会的发展,人们对机动车安全运行、节能环保方面的要求越来越高。2020 年 9 月,中国明确提出 2030 年"碳达峰"与 2060 年"碳中和"目标,对机动车排放提出更高的要求。机动车检验正是保障机动车安全运行、节能环保的重要途径之一。如何用现代、科学、快速、定量和准确的手段,检测并诊断汽车的技术状况,使汽车更好地发挥其动力性、经济性、环保性、安全性和可靠性等使用性能,是技术人员一直追求的目标。机动车检验检测机构在这种情况下应运而生,并逐渐发展、壮大、成熟。

湖北省市场监督管理培训中心(以下简称"培训中心")是湖北省市场监督管理局直属公益二类事业单位,成立四十余年来,已发展成为具有全国影响力的市场监管培训机构。近几年来,培训中心深耕机动车检验检测领域,为机动车检验检测从业人员提供包括授权签字人、内审员、质量负责人、技术负责人等资质认定类相关培训,也提供包括机动车安全检测及环保检测等机动车检测技术类培训。自 2018 年以来,机动车检验检测标准连续修订,检验项目、检验设备等变化巨大。培训中心依据相关标准,参考 RB/T 214—2017《检验检测机构资质认定能力评价 检验检测机构通用要求》、RB/T 218—2017《检验检测机构资质认定能力评价 机动车检验机构要求》、GB 7258—2017《机动车运行安全技术条件》、GB 38900—2020《机动车安全技术检验项目和方法》、GB 3847—2018《柴油车污染物排放限值及测量方法(自由加速法和加载减速法)》、GB 18285—2018《汽油车污染物排放限值及测量方法(双怠速法和简易工况法)》等机动车安全技术检验、环保检验相关的国家现行标准,编写了这本《机动车检验检测从业人员能力提升指南》。

本书全面介绍了机动车检验检测从业人员必须具备的理论知识和检测操作方法,一方面可作为机动车检验检测相关培训教材,另一方面也可作为机动车检验检测从业人员日常工作的指导性资料。本书共分为五章:第一章介绍了机动车检验检测机构资质认定相关文件及业务办理流程,第二章介绍了机动车检验检测机构资质认定能力评价对应的文件与具体要求,第三章介绍了机动车检验检测机构管理体系,第四章介绍了机动车安全技术检验检测,第五章介绍了机动车环保检测。

在培训中心组织编写本书的过程中,许多一线专家提出了宝贵意见,在此一并表示感谢,同时也向文献资料的编著者和支持本书编写的技术人员表示感谢。由于机动车检验检测技术、标准及设备更新速度快,加之编者水平有限和时间紧迫等原因,书中难免有疏漏和不足之处,恳请广大读者和业内专家批评指正。读者可扫描下方二维码通过微信公众号联系我们,期待您的关注。

编著者

2022 年 10 月

目 录

第一章 机动车检验检测机构资质认定 ……………………………………………… (1)

  第一节 机动车检测与资质认定概述 …………………………………………… (1)

  第二节 《检验检测机构资质认定管理办法》解读 ……………………………… (5)

  第三节 机动车检测站新建流程 ………………………………………………… (9)

第二章 机动车检验检测机构资质认定能力评价 …………………………………… (16)

  第一节 机动车检验检测机构资质认定能力评价的5个维度 ………………… (16)

  第二节 检验检测机构资质认定评审 …………………………………………… (17)

  第三节 机动车检验检测机构资质认定能力评价具体要求 …………………… (20)

第三章 机动车检验检测机构管理体系 ……………………………………………… (49)

  第一节 管理体系概述 …………………………………………………………… (49)

  第二节 管理体系文件编制 ……………………………………………………… (62)

  第三节 内部审核 ………………………………………………………………… (81)

  第四节 管理评审 ………………………………………………………………… (88)

第四章 机动车安全技术检验检测 …………………………………………………… (92)

  第一节 机动车检验检测基础 …………………………………………………… (92)

  第二节 人工检测项目 …………………………………………………………… (114)

第五章 机动车环保检测 ……………………………………………………………… (188)

  第一节 汽油车环保检测 ………………………………………………………… (188)

  第二节 柴油车环保检测 ………………………………………………………… (205)

附录 A …………………………………………………………………………………… (212)

第一章　机动车检验检测机构资质认定

公安部发布的最新数据显示,截至 2022 年 6 月底,全国汽车保有量为 3.10 亿辆。伴随着汽车产业的发展,机动车检验检测行业蓬勃发展。根据国家市场监督管理总局发布的《2021 年全国检验检测服务业统计报告》,截至 2021 年底,我国获得资质认定的各类检验检测机构共有 51 949 家,其中机动车检验检测机构有 13 940 家。机动车检验检测机构在整个检验检测行业里占比接近三成,其发展的重要性不言而喻。而作为行业准入门槛,资质认定是每一个机动车检验检测机构及每一位行业从业者必须熟悉了解的内容。

第一节　机动车检测与资质认定概述

一、机动车检测的发展情况

机动车检测的主要目的就是检查汽车的工作能力、技术状况,确保汽车使用时的可靠性和安全性。在汽车的使用过程中,零件会慢慢变形、老化等,从而引起零件的松动、异响等不良后果,造成汽车技术性能下降。机动车检测是对汽车主要技术指标和安全指标进行检测,发现存在的问题并及时进行针对性的维修和维护保养,确保车辆具有良好的安全性、可靠性和经济性等,带来更大的社会效益和经济效益。随着社会的发展,机动车检测行业的制度会越来越完善,经营模式、设施配套等也会更加人性化。

2014 年以前,我国的机动车检测一直由政府主导。20 世纪 60 年代,对机动车实行检测主要是依据《机动车管理办法》。由于当时机动车辆数量很少,车辆管理部门或用车单位受委托后均可对车辆进行每年一次总检。直到 20 世纪 80 年代,随着汽车数量的增加,为了保障交通安全,减少事故发生率,交通部开始在全国公路运输和车辆管理系统筹建机动车综合性能检测站。1986 年国务院决定将交通监理队伍全建制移交公安部门。1988 年 3 月国务院发布《中华人民共和国道路交通管理条例》,规定机动车必须按车辆管理机关规定的期限接受检验,未按规定检验或检验不合格的,不准继续行驶。1989 年的《机动车辆安全技术检测站管理办法》(公安部令第二号)明确指出,检测站受公安机关车辆管理部门委托,承担机动车初次检验、定期检验、临时检验和特殊检验等任务。2004 年《中华人民共和国道路交通安全法》开始实施，国家推行机动车安全技术检验社会化，一直到2014年，在机动车检测的政策方面没有进行大的改动。

随着机动车保有量的不断增加，机动车检测工作也暴露出来一些问题。首先就是车检检验周期偏短、检验频次偏高，加上部分项目设计的不合理性，慢慢导致民众对车检工作不支持甚至不愿意车检。其次机动车检测机构的数量过少，不能满足车辆迅速增长的需求，一些地方验车排队积压严重，群众反映强烈，使得公众对车检制度产生诸多质疑和批评。最后还有一些安检机构检验行为不规范，不按标准检车，甚至存在乱收费、给钱包过等乱象。针对这些问题，有关部门深入开展调查研究，广泛听取意见和建议，对机动车检验制度进行了改革，于2014年颁布了《关于加强和改进机动车检验工作的意见》。这一次改革，使机动车检测部门发生了实质性的变化。

2017年12月，国家交通运输部、国家公安部、国家质量监督检验检疫总局（简称国家质检总局）联合印发了《关于加快推进道路货运车辆检验检测改革工作的通知》（交运发〔2017〕207号），在机动车检测制度、标准等方面作了进一步的优化，使车检工作更利民惠民。2018年5月16日，国务院常务会议决定2018年底前实现货车年审、年检和尾气排放检验"三检合一"，取消4.5 t及以下普通货运从业资格证和车辆营运证，对货运车辆推行跨省异地检验。

机动车安全技术检测按车型实施分类管理，按照GB 7258《机动车运行安全技术条件》1987年第一次制定和1997年、2004年、2012年、2017年四次修订，以及GB 21861《机动车安全技术检验项目和方法》2008年第一次制定和2013年、2014年两次修订的发展历程来看，机动车安全技术检测按车型的不同实施分类管理，对大中型客车、重中型货车、危化品运输车、校车、营运车增加检测项目、加大管理力度，对9座以下非营运客车、摩托车则按使用年限适当减少检验项目，整体体现"抓大放小"的格局。

安全技术检验与综合性能检测之间的检测结果逐渐开始互认，道路货运车辆安全技术检验和综合性能检测中涉及安全的检测项目走向合并。在汽车综合性能检测和安全技术检验标准整合前，综合性能检测机构根据货车从业人员提交的货车《机动车安全技术检验报告》和机动车检验合格标志，直接采信安全技术检验结论，涉及安全的项目不再作为道路货运车辆技术等级评定项。综合性能检测机构依据GB 18565—2016《道路运输车辆综合性能要求和检验方法》对货车其他检测项目进行检测并出具检测报告，按照JT/T 198—2016《道路运输车辆技术等级划分和评定要求》对所检测项目进行技术等级评定并出具评级结论。

在机动车检验检测发展过程中，安全技术检验（安检）、综合性能检测（综检）和环保检测（环检）的检测周期和标准走向统一。自2018年起，机动车检测相关单位加速推进货车安全技术检验和综合性能检测相关标准的整合，同时对GB/T 17993—2017《汽车综合性能检验检测机构能力的通用要求》、JT/T 198—2016《道路运输车辆技术等级划分和评定要求》等相关标准进行修订，逐步实现货车的综检、安检和环检检测周期的统一。标准整合修订完成后，货车综合性能检测及技术等级评定工作将统一按照新标准执行。《关于加快推进道路货运车辆检验检测改革工作的通知》（交运发〔2017〕207号）颁布后，各地在实现本辖区内汽车综合性能检测联网的基础上,加快推进普通货运车辆在本辖区内的异地检测。普通货运车辆可在车籍所在地省份的任一家综合性能检测机构办理综合性能检测业务,无须办理委托检验检测手续。

我国机动车检测目前还处于人工检测阶段,自动化程度较低,数据记录与分析主要还是靠人工完成,这样的操作模式会产生许多人为因素所带来的影响。随着科技的发展和社会的进步,机动车检测技术也应该逐渐实现自动化,实现检测控制和数据采集的自动化。机动车的安全与环保等各项标准的日益严格与计算机、传感器、人工智能等技术的日益成熟相互促进,使得汽车检测与诊断水平由最初的人工低效阶段逐步跨入到高度智能化和网络化的阶段。随着科技的逐渐进步,机动车检测应该逐步进入物联网和大数据阶段,实现对汽车安全性能等检测指标的实时监控,对监测数据进行在线实时分析,及时反馈,实现检测、分析、反馈的全自动化。

社会在不断进步,为了适应时代的脚步,机动车检测行业也在不断地改革。改革措施的不断落实,使机动车检测行业发生了实质性的变革,给社会带来了积极的影响。改革是永无止境的,科技、社会的不断发展和人民意识形态的变化,将会引领机动车检测行业的发展。制度的改革和不断优化,就是为了实现降本增效,合理地分配资源,使得人力资源、设备等能够得到充分利用。随着时间的推移、社会的发展,机动车检测制度会越来越完善,更加人性化。进一步优化资源配置,提高工作效率,使机动车检测变得更便民利民,让人民群众有获得感,创造更大的社会效益和经济效益。

二、国内检测机构资质认定发展史

（一）国内检测行业起源

20世纪80年代初期,十一届三中全会后的改革开放,使我国社会经济建设发生了巨大变化,计划经济时期造成的"资源短缺"被改革开放后的"供需平衡""供过于求"代替,市场上也出现了假冒伪劣产品。为防止假冒伪劣产品的出现,政府对生产和流通领域的产品开展了质量监督,为满足国家对产品质量监督工作的需要,从国家到各行业、各部门,从省、自治区、直辖市到地市县相继成立了各级产(商)品的质量监督抽查及检验、仲裁机构。

为了规范产(商)品质量监督检验检测机构和其他依照法律法规设立的专业检验检测机构的行为,提高检验工作质量,1985年9月全国人民代表大会批准的《中华人民共和国计量法》(以下简称《计量法》)中,规定了为社会提供公正数据的产品质量检验检测机构的考核要求。1987年2月,国务院发布的《中华人民共和国计量法实施细则》中,将对产品质量检验检测机构的考核称为"计量认证"。

为规范产品质量检验检测机构的计量认证工作,1985年至1987年国家计量局先后印发了《质量检验检测机构的计量认证评审内容及考核办法(暂行)》《产品质量检验检测机构计量认证工作手册》《计量认证标志和标志的使用说明》《产品质量检验检测机构计量认证管理办法》等计量认证的配套文件,对计量认证内容、计量认证管理、计量认证程序、计量认证监督等方面进行了明确规定。

1985年9月,国家计量局对铁道部产品质量监督检测中心大连内燃机车检测站的柴油机实验室进行了计量认证试点工作。在试点的基础上,1987年开始对我国的产品质量检验检测机构实施计量认证考核。1990年7月,国家技术监督局(由原国家计量局、国家标准局、国家经济委员会质量局合并而成)批准了JJG 1021—90《产品质量检验检测机构计量认证技术考核规范》,规定了对产品质量检验检测机构人、机、料、法、环、测6个方面50条的计量认证考核,结合中国国情并融汇了国际标准ISO/IEC导则25:1982《检测实验室基本技术要求》的要求。

资质认定制度最早始于1985年。经过多年的发展,这项对我国检验检测市场的准入制度由最初的产品质量检验检测机构计量认证制度演变为检验检测机构资质认定制度,并成为我国检验检测机构进入检验检测市场的基本准入制度。这一制度作为一项行政许可制度,按照国务院对行政许可制度改革的要求,一直在向着简政放权、放管结合、优化服务的方向不断改革发展。

(二)检测行业资质认定重要文件背景

国务院于2003年9月3日公布的《中华人民共和国认证认可条例》(以下简称《认证认可条例》)第十六条规定:"向社会出具具有证明作用的数据和结果的检查机构、实验室,应当具备有关法律、行政法规规定的基本条件和能力,并依法经认定后,方可从事相应活动,认定结果由国务院认证认可监督管理部门公布。"根据此条规定,国家确立了向社会出具具有证明作用的数据和结果的检查机构、实验室资质认定制度,该项行政许可事项由国家认证认可监督管理委员会(以下简称国家认监委)组织实施。

2006年2月21日,根据《认证认可条例》《计量法》及其实施细则的有关规定,国家质检总局制定发布《实验室和检查机构资质认定管理办法》(国家质检总局令第86号,以下简称86号令),于2006年4月1日起施行。86号令的施行,使实验室和检查机构资质认定制度在计量认证制度的基础上,进一步规范、完善和发展。

党的十八大以来,特别是十八届三中全会、四中全会以来,随着我国检验检测市场的快速发展,在我国深化改革、依法治国的新形势和新要求下,在资质认定制度实施过程中,86号令的一些规定,已经明显不适应当前改革和事业发展的需要,亟待修订。

因此,为深入贯彻落实党的十八大精神,进一步简政放权,深化检验检测机构资质许可改革,完善资质认定管理制度,营造公平竞争、有序开放的检验检测市场环境,推动检验检测高技术服务业做强做大、健康发展,2011年,国家认监委开始启动86号令的修订工作,并于2013年报送国家质检总局进行法规审查。2013—2015年,国家质检总局就86号令修订稿通过多种方式多次征求各有关方面意见,进行多次修改完善。

2015年3月23日,国家质检总局局务会议审议通过《检验检测机构资质认定管理办法》(总局令第163号),于2015年4月9日公布,同年8月实施。《检验检测机构资质认定管理办法》体现了简政放权、放管结合、优化服务的行政审批制度改革要求,强化了依法管理的理念,顺应了检验检测行业快速发展的客观需要。

2017年10月,国家认监委发布了RB/T 214—2017《检验检测机构资质认定能力评价 检验检测机构通用要求》等7项认证认可行业标准,作为检验检测机构资质认定评审和管理的要求。其中,RB/T 214—2017采用了国际标准ISO/IEC 17025:2017《检测和校准实验室能力的通用要求》的要求,规定了对检验检测机构进行资质认定能力评价时,在机构、人员、场所环境、设备设施、管理体系等方面的通用要求。2018年5月7日,国家认监委发布《国家认监委关于检验检测机构资质认定工作采用相关认证认可行业标准的通知》,用RB/T 214—2017《检验检测机构资质认定能力评价 检验检测机构通用要求》等5项标准代替《检验检测机构资质认定评审准则》及其释义等,自2019年1月1日全面实施。

2019年11月,新组建的国家市场监督管理总局发布了《关于进一步推进检验检测机构资质认定改革工作的意见》(国市监检测〔2019〕206号),推动实施依法界定检验检测机构资质认定范围,试点告知承诺制度,优化准入服务,便利机构取证,整合检验检测机构资质认定证书,要求全面落实"双随机、一公开",加强事中事后监管等改革措施。

为了规范检验检测机构资质认定工作,优化准入程序,2021年4月2日,国家市场监督管理总局发布《检验检测机构资质认定管理办法》(163号令修正案),自2021年6月1日起实施。该管理办法按照实施更加规范、要求更加明确、准入更加便捷和运行更加高效的原则,对部分条款进行了修改,内容主要涉及告知承诺制度、实施范围、优化服务、固化疫情防控措施等4个方面。

第二节 《检验检测机构资质认定管理办法》解读

《检验检测机构资质认定管理办法》(163号令修正案)是针对检验检测机构资质认定的重要法令,对资质认定的方方面面做出了具体的规定。下面依据新版163号令修正案对机动车检验检测机构资质认定进行阐释。

一、机动车检验检测机构资质认定的定义

《检验检测机构资质认定管理办法》第二条规定:"本办法所称检验检测机构,是指依法成立,依据相关标准或者技术规范,利用仪器设备、环境设施等技术条件和专业技能,对产品或者法律法规规定的特定对象进行检验检测的专业技术组织。

本办法所称资质认定,是指市场监督管理部门依照法律、行政法规规定,对向社会出具具有证明作用的数据、结果的检验检测机构的基本条件和技术能力是否符合法定要求实施的评价许可。"

《检验检测机构资质认定管理办法》第十五条规定:资质认定证书内容包括发证机关、获

证机构名称和地址、检验检测能力范围、有效期限、证书编号、资质认定标志。

检验检测机构资质认定标志，由 China Inspection Body and Laboratory Mandatory Approval 的英文缩写 CMA 形成的图案和资质认定证书编号组成。式样如下：

二、机动车检验检测机构资质认定的必要性

《检验检测机构资质认定管理办法》第三条规定："在中华人民共和国境内对检验检测机构实施资质认定，应当遵守本办法。

法律、行政法规对检验检测机构资质认定另有规定的，依照其规定。"

《检验检测机构资质认定管理办法》第四条规定："国家市场监督管理总局（以下简称市场监管总局）主管全国检验检测机构资质认定工作，并负责检验检测机构资质认定的统一管理、组织实施、综合协调工作。

省级市场监督管理部门负责本行政区域内检验检测机构的资质认定工作。"

《检验检测机构资质认定管理办法》第五条规定："法律、行政法规规定应当取得资质认定的事项清单，由市场监管总局制定并公布，并根据法律、行政法规的调整实行动态管理。"

三、机动车检验检测机构申请资质认定的条件

《检验检测机构资质认定管理办法》第九条规定："申请资质认定的检验检测机构应当符合以下条件：

（一）依法成立并能够承担相应法律责任的法人或者其他组织；

（二）具有与其从事检验检测活动相适应的检验检测技术人员和管理人员；

（三）具有固定的工作场所，工作环境满足检验检测要求；

（四）具备从事检验检测活动所必需的检验检测设备设施；

（五）具有并有效运行保证其检验检测活动独立、公正、科学、诚信的管理体系；

（六）符合有关法律法规或者标准、技术规范规定的特殊要求。"

对机动车检验检测机构，具体来讲需要满足以下 6 个基本条件：

（1）机动车检验检测机构必须是企业法人、机关法人、事业单位法人与社会团体法人或企业法人、机关法人、事业单位法人与社会团体法人授权的分支机构。

（2）机动车检验检测机构必须具有以下满足资质条件的技术人员及管理人员：机构负责人、技术负责人、质量负责人、授权签字人、内部审查人、监督人员、网络管理员、仪器设备管

理员、档案管理员,以及引车员、外观检验员、底盘检验员、尾气检验员、登录员等检验人员。技术负责人与质量负责人不应相互兼任。

(3)机动车检验检测机构必须具有满足标准及行业技术规范要求的固定工作场地,且须拥有所有权或合法使用权(需要相关证明材料)。

(4)机动车检验检测机构必须全部拥有满足数据处理与分析要求的设备和设施,并建立相关的程序文件,满足检验检测工作需要。

(5)机动车检验检测机构必须按照评审准则,建立保障检验能力持续运行的制度措施,具备完善的管理体系。

(6)机动车检验检测机构必须满足机动车检验检测机构的行业法规要求。

四、机动车检验检测机构申请资质认定流程

机动车检验检测机构申请资质认定流程分为一般程序和告知承诺程序。

《检验检测机构资质认定管理办法》第十一条规定:"检验检测机构资质认定一般程序:

(一)申请资质认定的检验检测机构(以下简称申请人),应当向市场监管总局或者省级市场监督管理部门(以下统称资质认定部门)提交书面申请和相关材料,并对其真实性负责;

(二)资质认定部门应当对申请人提交的申请和相关材料进行初审,自收到申请之日起5个工作日内作出受理或者不予受理的决定,并书面告知申请人;

(三)资质认定部门自受理申请之日起,应当在30个工作日内,依据检验检测机构资质认定基本规范、评审准则的要求,完成对申请人的技术评审。技术评审包括书面审查和现场评审(或者远程评审)。技术评审时间不计算在资质认定期限内,资质认定部门应当将技术评审时间告知申请人。由于申请人整改或者其他自身原因导致无法在规定时间内完成的情况除外;

(四)资质认定部门自收到技术评审结论之日起,应当在10个工作日内,作出是否准予许可的决定。准予许可的,自作出决定之日起7个工作日内,向申请人颁发资质认定证书。不予许可的,应当书面通知申请人,并说明理由。"

《检验检测机构资质认定管理办法》第十二条规定:"采用告知承诺程序实施资质认定的,按照市场监管总局有关规定执行。

资质认定部门作出许可决定前,申请人有合理理由的,可以撤回告知承诺申请。告知承诺申请撤回后,申请人再次提出申请的,应当按照一般程序办理。"

五、资质认定证书有效期

《检验检测机构资质认定管理办法》第十三条规定:"资质认定证书有效期为6年。

需要延续资质认定证书有效期的,应当在其有效期届满3个月前提出申请。

资质认定部门根据检验检测机构的申请事项、信用信息、分类监管等情况,采取书面审

查、现场评审(或者远程评审)的方式进行技术评审,并作出是否准予延续的决定。

对上一许可周期内无违反市场监管法律、法规、规章行为的检验检测机构,资质认定部门可以采取书面审查方式,对于符合要求的,予以延续资质认定证书有效期。"

六、资质认定变更手续

《检验检测机构资质认定管理办法》第十四条规定:"有下列情形之一的,检验检测机构应当向资质认定部门申请办理变更手续:

(一)机构名称、地址、法人性质发生变更的;

(二)法定代表人、最高管理者、技术负责人、检验检测报告授权签字人发生变更的;

(三)资质认定检验检测项目取消的;

(四)检验检测标准或者检验检测方法发生变更的;

(五)依法需要办理变更的其他事项。

检验检测机构申请增加资质认定检验检测项目或者发生变更的事项影响其符合资质认定条件和要求的,依照本办法第十条规定的程序实施。"

七、机动车检验检测机构业务范围

《检验检测机构资质认定管理办法》第十九条规定:"检验检测机构应当在资质认定证书规定的检验检测能力范围内,依据相关标准或者技术规范规定的程序和要求,出具检验检测数据、结果。"

这里规定的检验检测能力范围便是对机动车检验检测机构可以检测并出具检测报告的车型的限制。比如:摩托车安全检测线不能检测汽车;汽油车排放检测线不能检测柴油车;底盘间隙仪准许检测的机动车分单轴轴重13 t以下和13 t以上车辆。

八、法律责任

《检验检测机构资质认定管理办法》第三十一条规定:"检验检测机构有下列情形之一的,资质认定部门应当依法办理注销手续:

(一)资质认定证书有效期届满,未申请延续或者依法不予延续批准的;

(二)检验检测机构依法终止的;

(三)检验检测机构申请注销资质认定证书的;

(四)法律、法规规定应当注销的其他情形。"

《检验检测机构资质认定管理办法》第三十二条规定:"以欺骗、贿赂等不正当手段取得资质认定的,资质认定部门应当依法撤销资质认定。

被撤销资质认定的检验检测机构,三年内不得再次申请资质认定。"

《检验检测机构资质认定管理办法》第三十三条规定:"检验检测机构申请资质认定时提供虚假材料或者隐瞒有关情况的,资质认定部门应当不予受理或者不予许可。检验检测机构在一年内不得再次申请资质认定。"

《检验检测机构资质认定管理办法》第三十五条规定:"检验检测机构有下列情形之一的,由县级以上市场监督管理部门责令限期改正;逾期未改正或者改正后仍不符合要求的,处1万元以下罚款。

(一)未按照本办法第十四条规定办理变更手续的;

(二)未按照本办法第二十一条规定标注资质认定标志的。"

《检验检测机构资质认定管理办法》第三十六条规定:"检验检测机构有下列情形之一的,法律、法规对撤销、吊销、取消检验检测资质或者证书等有行政处罚规定的,依照法律、法规的规定执行;法律、法规未作规定的,由县级以上市场监督管理部门责令限期改正,处3万元罚款:

(一)基本条件和技术能力不能持续符合资质认定条件和要求,擅自向社会出具具有证明作用的检验检测数据、结果的;

(二)超出资质认定证书规定的检验检测能力范围,擅自向社会出具具有证明作用的数据、结果的。"

《检验检测机构资质认定管理办法》第三十七条规定:"检验检测机构违反本办法规定,转让、出租、出借资质认定证书或者标志,伪造、变造、冒用资质认定证书或者标志,使用已经过期或者被撤销、注销的资质认定证书或者标志的,由县级以上市场监督管理部门责令改正,处3万元以下罚款。"

第三节 机动车检测站新建流程

新建机动车站,达到可以开门营业的状态,中间必须经历前期人、机、料、法、环、测等方面的软硬件准备,也包含管理体系建立后的资质认定申请流程。下面就新建站最重要的各个环节进行相应介绍。

一、场地准备

(1)必须确定土地性质,并按相关规定办理土地手续。租赁土地还必须确认凭租方的土地使用权,出具自然资源部门的证明。土地面积必须满足能保障机动车检验检测机构正常运行,受场地布局影响。

(2)机动车检验检验检测机构应当具备固定工作的场所,其工作环境应当保证检验结果的真实、准确,周边道路宽阔,交通顺畅、便捷,进出的道路视线良好。

二、申请注册公司

(1)按照市场监督管理部门的相关规定申请注册检测公司。
(2)注册地址和租赁合同、土地使用证地址必须一致。
(3)经营范围:机动车检测。

三、项目建设

(1)与设备供应商签订合同。
(2)设备供应商提供设备布局图纸、设备基础图纸等。
(3)确定土建施工单位,土建施工项目负责人与设备供应商对接图纸事宜及施工注意事项。
(4)开始施工,先做设备基础,再做整体硬化。

四、规划场地整体布局

根据场地尺寸和国家标准要求规划整体布局和检测流程,机动车检验检测机构的场地建筑必须能够满足标准规定的申请承检车型检验项目的实际需要,有外检区、底盘动态检测区、环检车间、安检车间、试验车道、驻车坡度、业务大厅、停车场、站内道路、办公区等设施。应合理规划和设置检测车间(含外检)、检测线、检测工位、试车道路和业务厅等设施,并与检验能力相适应。机动车安全技术检验检测机构的检验车间各工位要满足相关面积要求,厂房宽敞,通风、照明、排水、防雨、防火等安全防护满足要求。车间内部尺寸和车间出入门尺寸应当满足相应检验车型的需要。检验车间应当充分考虑车间的空气流通,必要时应安装车辆废气排出装置,降低车间内的空气污染。

1. 检测线地沟的要求

车辆底盘部件的检验应与承检车型相适应,检测线地沟操作空间满足要求,有良好的照明、通风和信号装置。应能保护车辆底盘部件检验人员的健康和安全。人行通道应当设置隔离栏和标志,与检验通道隔离,宽度不小于 1 m。地沟边缘应设置防止车辆跌入地沟的安全防护装置。

2. 检测车间的要求

检测车间的长度、宽度和高度应适应承检车型检测的需要,并方便承检车辆进入和驶出。检测车间应通风、防雨,并设置排(换)气装置和排水装置,并有温度、湿度、大气压力测量装置。检验车间应当铺设易清除污物的硬地面(如水泥、水磨石等),地面强度应当满足被检车辆的承载要求,行车路面纵向和横向坡度不大于0.1%,滚筒制动性能检验台工位前、后地面附着系数应当不小于0.7,长度和宽度应与检验车型相适应。检验车间出入口应当设有引车道和必要的交通标志。检测车间内的采光和照明应符合GB 50033—2013《建筑采光设计标准》和GB 50034—2013《建筑照明设计标准》的有关规定。

3. 试验车道的要求

机动车安全技术检验检测机构的试验车道长度和宽度应当满足检验工作的要求,铺设有平坦、硬实、清洁的水泥或者沥青路面,并设有规范的交通标志标线,路面附着系数应当不小于0.7。大型车辆试验车道应不小于100 m,小型车辆试验车道应不小于80 m[GB/T 17993—2017《汽车综合性能检验机构能力的通用要求》的有关规定]。

4. 驻车坡道的要求

机动车安全技术检验检测机构应当有驻车坡道,满足承检车型检验要求。用于驻车制动性能检验的驻车坡道,坡度分别为15%和20%,坡道的长度应当比承检车型的最大轴距长1 m,宽度应当比承检车型的最大宽度宽1 m。坡道路面附着系数应当不小于0.7。驻车坡度应保证安全。在用机动车检验时,在不具备试验坡道的情况下,可参照相关标准使用符合规定的仪器,测试驻车制动性能。

5. 停车场的要求

机动车安全技术检验检测机构停车场地面积应当与检验能力相适应,不得占用机动车安全技术检验检测机构的外道路停车。停车场地应当为水泥、沥青或者其他硬地面,能承受车辆的碾压,并在场内划分停车线和车辆行驶通道,保持进出口畅通;应设置足够的消防、安全、照明设备,各设施布局能够保证检验流程畅通,不产生车辆交叉干扰。机动车安全技术检验检测机构内部的道路应当为水泥或沥青路面,并设置交通标志、标线引导牌。道路应当视线良好、保持畅通。转弯半径、长度应当满足承检车辆出入的需要。

6. 业务大厅的要求

机动车安全技术检验检测机构业务大厅应当便民,并满足以下要求:
(1)各业务窗口应当分工明确,设置标牌,其数量能满足实际办公的需要。
(2)室内应当宽敞明亮。
(3)大厅内应当设公示栏,公示服务承诺、检验资质、各种手续规定、检验项目和判断标准。

7. 其他要求

(1)应配备消防设施和设备。
(2)供电设施应符合GB 50055—2011《通用用电设备配电设计规范》的相关规定。

(3)建筑物的防雷措施、防雷装置应符合 GB 50057—2016《建筑物防雷设计规范》的有关规定。

五、招聘相关工作人员

机动车检验检测机构应有满足国家法律法规及技术标准要求的机构负责人、技术负责人、质量负责人、授权签字人、网络管理员、仪器设备管理员、档案管理员,以及引车员、外观检验员、底盘检验员、尾气检验员、登录员等检验人员。

(1)技术负责人与质量负责人不应相互兼任。

(2)检验员数量应满足:1 条检测线不少于 12 人;每增加 1 条检测线,增加人员数不少于 4 人。

(3)对机构负责人的要求:

①熟悉国家、行业、地方有关汽车检验的法律、法规、规章和标准。

②熟悉汽车检验业务,具备经营管理能力。

(4)对技术负责人要求:

①具有理工科类专业的大专(含)以上学历、中级(含)以上专业技术职称或职业水平(含技师)或同等能力。

注:同等能力可视为"博士研究生毕业,从事相关专业检验检测工作 1 年及以上;硕士研究生毕业,从事相关专业检验检测工作 3 年及以上;大学本科毕业,从事相关专业检验检测工作 5 年及以上;大学专科毕业,从事相关专业检验检测工作 8 年及以上"。

②掌握汽车理论和汽车构造知识,有 3 年以上的汽车维修或检测工作经历。

③掌握国家、行业、地方的汽车维修、检测的法律、法规、规章和相关标准。

④掌握汽车检测设备的性能,具有检测设备计量检定、校准知识以及分析测量误差的能力。

(5)对质量负责人要求:

①具有大专(含)以上学历、中级(含)以上专业技术职称或职业水平(含技师)或同等能力。

②掌握汽车理论和汽车构造知识,有 3 年以上的汽车维修或检测工作经历。

③掌握国家、行业、地方的汽车维修检测法律、法规、规章及相关标准。

④掌握质量管理体系和检验检测机构资质认定的要求。

(6)对授权签字人的要求:

①具备技术负责人规定资格条件、掌握质量管理体系和检验检测机构资质认定要求。

②熟悉报告审核签发程序,经考核合格。

(7)对网络管理员的要求:

①具有中专(含技校)以上学历,经过计算机相关专业培训。

②了解汽车检测标准,熟悉计算机控制系统及网络维护要求。

(8)对仪器设备管理员的要求：

①具有理工类专业中专(含技校)以上学历。

②了解汽车构造和原理。

③掌握检测仪器设备的结构、原理、性能和使用方法，具备仪器设备计量检定和管理知识，能对检测仪器设备进行维护和校准。

(9)对档案管理员的要求：

①具有高中(含技校)以上学历，熟悉档案管理、保密法规和综检机构管理工作程序。

②熟悉综检机构管理体系文件及其运行记录、报告等资料的管理。

(10)对检验员的要求：

①具有高中(含技校)以上学历，了解汽车的构造和原理。

②了解所在工位仪器、设备的构造、原理、性能和使用方法。

③掌握检测标准，熟练掌握检测操作规程，能进行数据处理工作。

④熟悉汽车综合性能检测工艺流程，具有计算机操作的基本知识。

⑤引车员还应持有与承检车型相适应的有效机动车驾驶证，具有 3 年以上驾驶经历。

⑥外观检验员、底盘检验员和尾气检验员还应具备汽车维修或检测工作 1 年以上经历，熟练掌握检测标准所规定的检验项目及方法，并具备正确评判的能力。

⑦登录员还应具备熟练操作和使用计算机的能力。

六、设备安装与检定

(1)设备安装前，需确认 1~2 名检测机构技术人员，全程跟踪安装(安装过程培训)。

(2)设备供应商安装调试设备，新建的机构应派设备维护员参加。

(3)安装调试完成前 1 周，需确认检测机构所有工作人员，以便设备供应商进行培训。

(4)车间、营业大厅装修。

(5)进行设备检定(校准)。

(6)约 15 个工作日取得设备检定(校准)证书。

扫一扫查看【图片】
设备校准证书

七、管理体系的搭建

组织编制质量手册、程序文件、作业指导书、记录表格等，完成相关质量体系的搭建和试运行，对管理体系进行内审与管理评审。后文第三章内容会对管理体系搭建进行详细的说明。

八、资质认定申请的提交

申请人在网上向省级市场监督管理局提交申请：

（1）按照要求填写国家认证认可监督管理委员会编制的申请书，内容包括检验检测机构概况、申请类型及证书状况、检验检测机构资源、附表（检验检测能力申请表、授权签字人申请表、检验检测人员一览表、设备配置表）、随《申请书》提交的附件［质量手册、程序文件、法人地位证明文件（适用于首次、复查、地址变更）、固定场所产权/使用权证明文件等］。

（2）受理部门在5个工作日内作出受理或不受理的决定，并告知申请人。

扫一扫学习【视频】
资质认定申请的提交

九、上传材料清单

上传材料清单如表1-1所示。

表1-1　上传材料清单

序号	名称
1	申请书
2	检测能力申请表
3	法人单位营业执照及法人身份证复印件（非法人机构应提供设立批文、所属法人单位法律地位证明、法人授权文件、最高管理者任命文件）
4	授权签字人申请表
5	组织机构框图
6	检验检测人员一览表
7	设备检定或校准证书
8	仪器设备配置表
9	固定场所所有权或合法使用权证明
10	检测场所地理位置图
11	场地及厂房平面图
12	检测工位和仪器设备布局图
13	技术负责人、质量负责人、授权签字人任命文件及职称、学历、工作经历证明、劳动合同、社保证明
14	引车员任命文件及持有的与检测车型相对应的有效机动车驾驶证复印件
15	质量手册

续表 1-1

序号	名称
16	程序文件
17	内部审核记录
18	管理评审记录
19	已获资质认定证书复印件(新站不适用)

十、省级市场监督管理局评审组进行考核

(1)省级市场监督管理局接到网上提交的申请后,委派专家进行申请资料的初审(期限为10个工作日)。

(2)初审通过(不通过,进行文件补充完善,如20个工作日内仍未能提交所需资料,按照规定终止评审),与机构协商评审日期,待批准后制定日程表。

(3)按照日程表计划、申请的项目及参数进行现场考核(15个工作日内完成现场评审,不具备现场评审条件的,评审组终止评审或不予许可建议),并出具《评审报告》。

(4)通过听取汇报、考察现场、核查资料、现场试验、现场提问、现场座谈等方式,考核机构材料的真实性、检测机构的实际检测能力、管理体系的完整性和授权签字人、技术负责人、质量负责人的岗位胜任力。

(5)现场评审结束后,申请人应在30个工作日内完成整改,然后在审批网上传任评处审定(15个工作日内作出是否准予许可的决定)。

(6)省级市场监督管理局在5个工作日内发《资质认定证书》。

(7)检验检测机构依据《资质认定证书》,向环保主管部门申请,验收通过后联通监管平台。

(8)检验检测机构依据《资质认定证书》,向公安交管部门申请,验收通过后,安装监控,联上监管平台。

扫一扫查看【图片】
《资质认定证书》示例

第二章 机动车检验检测机构资质认定能力评价

能力的定义是指完成一项目标或者任务所体现出来的综合素质。《现代汉语词典》中对"能力"的解释为"能胜任某项工作或事务的主观条件"。机动车检验检测机构应配备满足检验检测要求的人员、设备、设施和环境条件。用于检验检测的设施应有利于检验检测工作的正常开展。设备包括检验检测活动所必需并影响结果的仪器、软件、测量标准、标准物质、参考数据、消耗品、辅助设备。

机动车检验检测机构资质认定能力评价指国家认证认可监督管理委员会和省级市场监督管理部门,组织评审人员对机动车检验检测机构的基本条件、技术能力、管理能力等进行评估,判定机动车检验检测机构可独立完成对何种车型进行哪些项目的检验检测。

机动车检验检测机构只有通过资质认定能力评价,才能出具资质认定能力评价范围允许的、具有法律效应的检验检测报告,经营相应业务。比如,不同车型的检验检测项目、检验检测所需的设备各不相同,只有拥有相应设备,且设备达到标准要求、在检定和校准有效期,才具备资质认定能力评价基本要求,经过资质认定能力评价合格后才可以对相应类型的车辆出具检验报告。再比如,授权签字人必须具备相应的学历、资质要求,通过能力考核后才具备签字权限。至少一名引车员具有相应车型驾驶证,机动车检验检测机构才能对大型货车进行检验检测。

下面将从机动车检验检测机构资质认定能力评价的5个维度、检验检测机构资质认定评审以及资质认定能力评价具体要求3个方面进行介绍。

第一节 机动车检验检测机构资质认定能力评价的5个维度

机动车检验检测机构资质认定能力评价可以从机构、人员、场所环境、设备设施、管理体系5个维度来进行。

一、机构

机动车检验检测机构及其负责人对检验数据的真实性和准确性负责;应在客户活动区域的明显位置,公示由其法定代表人或最高管理者签署的、具有法律效力的公正性承诺。

二、人员

机动车检验检测机构的技术负责人和授权签字人应具备中级及以上专业技术职称,或同等能力,或机动车相关专业技师及以上技术等级,或有机动车相关专业大专及以上学历并有3年及以上机动车检验工作经历;技术负责人和授权签字人的资格还应满足国务院交通运输部门制定的标准和规范要求;驾驶机动车进行检验的检验人员应持有与检验车型相对应的有效机动车驾驶证,在检验前熟悉所检机动车的操作。

三、场所环境

机动车检验检测机构应具备开展机动车检验活动所必需的且能够独立调配使用的固定工作场所,其工作环境应保证检验结果的真实、准确;机动车检验检测机构应有安全保障措施和应急预案,在场区道路设置上应注明人行通道和车行道,保证人员安全,机动车排放检验检测机构的场所环境还应符合环境保护主管部门制定的标准和规范要求。

四、设备设施

机动车检验检测机构应配备满足检验检测要求的设备和设施,用于检验检测的设施,应有利于检验检测工作的正常开展。设备包括检验检测活动所必需并影响结果的仪器、软件、测量标准、标准物质、参考数据、消耗品、辅助设备或相应组合装置。

五、管理体系

管理体系,即为使机动车检验检测工作有效运行,机动车检验检测机构必须用一套制度对机动车检验检测机构进行全方位管理,既能满足多个体系标准认证要求,又能促进各项管理职能有机融合,充分利用有限资源,建立自我完善的运行机制,有利于提高机构整体管理的效率和效果,实现机构的目标。

第二节 检验检测机构资质认定评审

资质认定技术评审是指依照《检验检测机构资质认定管理办法》的相关规定,由国家市场监督管理总局或者省级市场监督管理部门(以下统称资质认定部门)自行或者委托专业技术评价机构组织相关专业评审人员,对检验检测机构申请的资质认定事项是否符合资质认定条件以及相关要求所进行的技术性审查。本节从资质认定技术评审方式、检验检测机构资质认定程序展开介绍。

一、资质认定技术评审方式

（一）现场评审

现场评审适用于首次评审、扩项评审、复查换证评审、发生变更的事项影响其符合资质认定条件和要求的变更评审。现场评审应当对检验检测机构申请相关资质认定事项的技术能力进行逐项确认，根据申请范围安排现场试验。安排现场试验时应当考虑所有项目/参数、仪器设备、检测方法、试验人员、试验材料等，并覆盖所有检验检测场所。现场评审结论分为"符合""基本符合""不符合"3种情形。

（二）书面审查

书面审查方式适用于发生变更的事项不影响其符合资质认定条件和要求的变更评审和上一许可周期内无违法违规行为、未列入失信名单且申请事项无实质性变化的检验检测机构的复查换证评审。对于符合资质认定要求的，签署"符合"审查结论。

（三）远程评审

远程评审是指使用信息和通信技术对检验检测机构实施的技术评审。采用方式可以为利用远程电信会议设施，包括音频、视频和数据共享；通过远程接入方式对文件和记录审核，同步的（即实时的）或者是异步的（在适用时）；通过静止影像、视频或者音频录制的方式记录信息和证据；提供对远程场所（包括潜在危险场所）的视频或者音频访问通道以及其他技术手段。

下列情形可选择远程评审：

（1）由于不可抗力因素（疫情、安全、旅途限制等）无法前往现场评审。

（2）检验检测机构从事完全相同的检测活动有多个地点，各地点均运行相同的质量管理体系，且可以在任何一个地点查阅所有其他地点的电子记录及数据。

（3）已获资质认定技术能力内的少量参数扩项。

（4）现场评审后需要进行跟踪评审，但跟踪评审无法在规定时间内完成。

远程评审结论分为"符合""基本符合""不符合"3种情形。

二、检验检测机构资质认定程序

检验检测机构资质认定程序分为一般程序和告知承诺程序。除法律、行政法规或者国务院规定必须采用一般程序或者告知承诺程序的外，检验检测机构可以自主选择资质认定程序。检验检测机构资质认定推行网上审批，有条件的市场监督管理部门可以颁发资质认定电子证书。

(一)一般程序

(1)申请资质认定的检验检测机构(以下简称申请人),应当向国家市场监督管理总局或者省级市场监督管理部门(以下统称资质认定部门)提交书面申请和相关材料,并对其真实性负责。

(2)资质认定部门应当对申请人提交的申请和相关材料进行初审,自收到申请之日起5个工作日内作出受理或者不予受理的决定,并书面告知申请人。

(3)资质认定部门自受理申请之日起,应当在30个工作日内,依据检验检测机构资质认定基本规范、评审准则的要求,完成对申请人的技术评审。技术评审包括书面审查和现场评审(或者远程评审)。技术评审时间不计算在资质认定期限内,资质认定部门应当将技术评审时间告知申请人。由于申请人整改或者其他自身原因导致无法在规定时间内完成的情况除外。

(4)资质认定部门自收到技术评审结论之日起,应当在10个工作日内,作出是否准予许可的决定。准予许可的,自作出决定之日起7个工作日内,向申请人颁发资质认定证书。不予许可的,应当书面通知申请人,并说明理由。

(二)告知承诺程序

检验检测机构资质认定告知承诺依据《检验检测机构资质认定告知承诺实施办法(试行)》和有关规定实施。现场核查应当对检验检测机构承诺的真实性进行核查。告知承诺的现场核查程序参照一般程序的现场评审方式进行。

采用告知承诺程序实施资质认定的,按照国家市场监督管理总局有关规定执行。资质认定部门作出许可决定前,申请人有合理理由的,可以撤回告知承诺申请。告知承诺申请撤回后,申请人再次提出申请的,应当按照一般程序办理。

告知承诺现场核查应当由资质认定部门组织实施,现场核查人员应当在规定的时限内进行核查并出具现场核查结论。核查结论分为"承诺属实""承诺基本属实""承诺严重不实/虚假承诺"3种情形。申请人根据相应结论,作出限期整改,或者建议资质认定部门撤销相应许可事项。

告知承诺是指检验检测机构提出资质认定申请,国家市场监督管理总局或者省级市场监督管理部门(以下统称资质认定部门)一次性告知其资质认定所需条件和要求以及提交材料,检验检测机构以书面形式承诺其符合资质认定条件和技术能力要求,由资质认定部门作出资质认定决定的方式。

检验检测机构首次申请资质认定、申请延续资质认定证书有效期、增加检验检测项目、场所变更时,资质认定部门均可以采取告知承诺方式实施许可。

申请机构愿意作出承诺的,应当对下列内容作出承诺:

(1)所填写的相关信息真实、准确。

（2）已经知悉资质认定部门告知的全部内容。

（3）本机构能够符合资质认定部门告知的条件和技术能力要求，并可随时接受技术核查。

（4）本机构能够提交资质认定部门告知的相关材料。

（5）愿意承担不实承诺、违反承诺所引发的相应法律责任。

（6）所作承诺是本机构的真实意思表示。

检验检测机构可以通过登录资质认定部门网上审批系统或者现场提交加盖机构公章的告知承诺书以及符合要求的相关申请材料，资质认定部门应当自收到机构申请之日起5个工作日内作出是否受理的决定，告知承诺书和相关申请材料不齐全或者不符合法定形式的，资质认定部门应当一次性告知申请机构需要补正的全部内容。

资质认定部门应当自作出受理决定后10个工作日内对符合告知承诺要求的申请机构作出资质认定决定；能够当场作出资质认定决定的，应当当场作出决定。

资质认定部门应当在作出资质认定决定后5个工作日内向申请机构颁发资质认定证书。

告知承诺书一式两份，由资质认定部门和申请机构各自留档保存，鼓励申请机构主动公开告知承诺书。

第三节 机动车检验检测机构资质认定能力评价具体要求

一、机动车检验检测机构对应要求

（一）法律地位及责任

RB/T 214—2017《检验检测机构资质认定能力评价 检验检测机构通用要求》中4.1.1要求"检验检测机构或者其所在的组织应有明确的法律地位，对其出具的检验检测数据、结果负责，并承担相应法律责任"。RB/T 218—2017《检验检测机构资质认定能力评价 机动车检验机构要求》中4.1.1要求"机动车检验机构及其负责人对检验数据的真实性和准确性负责"；4.1.2要求"机动车检验机构应在客户活动区域的明显位置，公示由其法定代表人或最高管理者签署的、具有法律效力的公正性承诺"。

（二）专业术语及概念

1. 法人

《中华人民共和国民法通则》第三十六条规定："法人是具有民事权利能力和民事行为能

力,依法独立享有民事权利和承担民事义务的组织。"检验检测机构或者其所在的组织必须在登记机关进行合法登记,由登记机关审核签发营业执照或注册文件,方能取得法人资格和具有相应的权利能力和行为能力,方能承担相应的法律责任。

2. 独立法人检验检测机构

独立企业法人:是依据《中华人民共和国公司法》《中华人民共和国企业法人登记管理条例》,经工商行政管理局依法核准登记,领取《企业法人营业执照》的组织。企业包括全民所有制、集体所有制、私营、联营、中外合资经营、中外合作经营企业和外资企业等。

事业单位法人:是经事业单位登记管理机构依据《事业单位登记管理暂行条例》登记,取得《事业单位法人证书》的独立法人检验检测机构。

社会团体:是指中国公民自愿组成,为实现会员共同意愿,按照其章程开展活动的非营利性社会组织。民政部门是本级人民政府的社会团体登记管理机关。社会团体应依据《社团登记管理条例》,取得《社会团体法人登记证书》。社会团体的分支机构代表即是社会团体的组成部分,不具有法人资格,社会团体的分支机构不得再设立分支机构。

3. 非独立法人检验检测机构

企业法人、机关法人、事业单位法人与社会团体法人授权本组织的内设检验检测机构对外开展检验检测活动时,该检验检测机构申请资质认定,其名称应冠以所在法人组织名称。

分支机构属于法人的组成部分,不具有独立责任能力,其经营范围必须在法人范围之内,参与民事活动时须有所在法人单位的授权。

申请资质认定的非独立法人的各级各类质检中心,须经所在法人单位授权其独立运作。

(三)机构及管理之间的关系

RB/T 214—2017 中 4.1.2 要求"检验检测机构应明确其组织结构及管理、技术运作和支持服务之间的关系"。

(1)检验检测机构应明确其内部组织构成,并通过组织结构图来表述。非独立法人的检验检测机构应明确其与所属法人以及所属法人的其他组成部门的相互关系。检验检测机构应配备检验检测活动所需的资源,包括人员、设施、设备、系统及支持服务。

(2)管理指质量管理,是指检验检测机构进行检验检测时,与工作质量有关的相互协调的活动。质量管理通常包括制定质量方针和质量目标以及开展质量策划、质量控制、质量保证和质量改进等活动。质量管理可保证技术管理、规范行政管理。

(3)技术运作通过技术管理来实现。技术管理是指检验检测机构从识别客户需求开始,将客户的需求转化为过程输入,利用人员、环境、设施、设备、外部供应品和服务等资源开展检验检测活动,通过合同评审、方法选择、结果质量控制等检验检测活动得出数据和结果,形成检验检测报告或证书的全过程管理。

(4)支持服务通过行政管理来实施。行政管理是指检验检测机构的法律地位的维持,法律责任的承担,机构的设置,检验检测活动范围的规定,人员的责任、权力和相互关系的明确,管理体系完整性的保持,客户和相关方的沟通等。

(5)技术运作是检验检测机构工作的主线,管理是技术运作的保证,支持服务是技术运作资源的保障。

(6)检测机构必须具备合乎要求的组织机构框图、质量职能分配表、内部组织机构框图、外部机构框图等。

(四)社会责任

RB/T 214—2017 中 4.1.3 要求"检验检测机构及其人员从事检验检测活动,应遵守国家相关法律法规的规定,遵循客观独立、公平公正、诚实信用原则,恪守职业道德,承担社会责任"。

(1)检验检测机构及人员从事检验检测活动应符合法律法规与《检验检测机构资质认定管理办法》等要求,依法开展检验检测活动。

(2)检验检测机构应做到客观独立、公平公正。所谓公平是指检验检测机构为客户提供平等的服务;所谓公正,是指站在第三方立场,不徇私、不偏袒,客观独立地出具数据结果。检验检测机构还应遵守基本职业道德。

(3)社会责任是指检验检测机构的运营应对社会和环境影响采取负责任的行为,即要符合社会利益和可持续发展的要求,以道德为基础,遵守法律和政府间的契约,并全面融入检验检测机构的各项活动。履行社会责任是检验检测机构的应尽义务。

(4)检验检测机构应通过建立公正诚信体系,识别影响公正诚信方面的风险,采取措施控制任何有损公正诚信的活动,坚持诚信守法检验检测,实行检验检测事务公开。

(5)检测机构管理体系应有保证客观、公正和独立地从事检验检测活动的承诺,保证其客观、公正和独立地从事检验检测活动的措施、检验检测记录、报告的存档。

(五)公正性

RB/T 214—2017 中 4.1.4 要求"检验检测机构及其人员应不受来自内外部的、不正当的商业、财务和其他方面的压力和影响,确保检验检测数据、结果的真实、客观、准确和可追溯","若检验检测机构所在的组织还从事检验检测以外的活动,应识别并采取措施避免潜在的利益冲突。检验检测机构不得使用同时在两个及以上检验检测机构从业的人员"。

(1)外部的不正当压力和影响主要来自客户及相关方的不合理要求。内部不正当压力和影响主要来自本机构或所在法人单位的相关部门和人员的不正当的干预。以商业、财务的手段来施加不正当的压力和影响,属于商业贿赂行为。检验检测机构应有防止商业贿赂的具体规定,并有效地识别、防止商业贿赂行为。

(2)检验检测机构要坚持第三方公正地位,不得参与有损于检验检测独立性和诚信度的活动,不得开展与检验检测能力有利益冲突的活动,如产品的设计、研发、制造、销售、维修、保养等。

(3)对于所在法人还从事其他非检验检测活动,或非独立法人检验检测机构所在的法人组织还从事检验检测以外活动的,检验检测机构应明确其检验检测人员是否还从事其他非检验检测活动(与检验检测活动相关的设计、研发、制造、销售、维修、保养等);还应界定检验检测设备设施及检验检测场所是否与其他经营活动、其他非检验检测人员共同使用。

(4)检验检测机构应有明文规定不录用同时在两个及以上检验检测机构从业的检验检测人员。检验检测人员应以合同或声明等方式,承诺不同时在两个及以上检验检测机构从业。

(5)检测机构必须具备合乎要求的人员一览表、劳动合同、社保缴交证明或付款证明等。

(六)保密程序

RB/T 214—2017 中 4.1.5 要求"检验检测机构应建立和保持保护客户秘密和所有权的程序,该程序应包括保护电子存储和传输结果信息的要求。检验检测机构及其人员应对其在检验检测活动中所知悉的国家秘密、商业秘密和技术秘密负有保密义务,并制定和实施相应的保密措施"。RB/T 218—2017 中 4.1.3 要求"机动车检验机构保密内容至少应包括:委托方提交的文件与资料;检验记录和检验报告所涉及的委托方信息;检验员在现场检验时获得的信息,包括检验的结论等;机动车检验机构从客户以外的渠道(如监管机构、投诉人)获得的有关客户的信息"。

(1)检验检测机构应识别所涉及的国家秘密,确保涉及国家安全、国家利益、国家荣誉的信息及资产得到保护。检验检测机构应按照《中华人民共和国保守国家秘密法》及其《实施条例》的规定,将其要求纳入相关的体系文件中,应对涉密的管理人员和技术人员规定其保密职责,进行保密教育,明确保密范围和保密要求,设置保密设施及采取技术手段切实保守国家秘密,并进行保密检查及处理。

(2)客户的秘密包括客户的商业秘密和技术秘密。送检的车辆及其技术指标、技术状态、技术评价在同行业的技术排位以及检验检测得到的数据和结果等,均涉及保密。客户的知识产权,是客户的智力劳动创造的成果,检验检测机构应采取措施予以保密。

(3)以电子技术媒体存储数据和结果,或使用电子形式等手段传输检验检测数据和结果的,应有程序保证传输的完整性和保密性。

(4)检测机构必须具备保护客户秘密和所有权的程序、保护电子存储和传输结果信息的程序、宣贯记录、执行记录等。

(七)小结

(1)机动车检验检测机构作为机动车检验活动的第一责任人,应对其出具的检验检测数据、结果负责,并承担相应法律责任。因机动车检验检测机构自身原因导致检验检测数据、结果出现错误、不准确或者其他后果的,应当承担相应解释、召回报告或证书的后果,并承担赔偿责任。涉及违反相关法律法规规定的,需承担相应的法律责任。

(2)机动车检验检测机构应明确其内部组织构成,并通过组织结构图来表述,清楚表明其管理体系的职责和相互关系。应配备检验检测活动所需的资源,包括人员、设施、设备、系统及支持服务。

(3)机动车检验检测机构及人员从事机动车检验检测活动,应符合法律法规要求,依法开展检验检测活动。机动车检验检测机构应通过建立公正诚信体系,识别影响公正诚信方面的风险,采取措施控制任何有损公正诚信的活动,坚持诚信守法检验检测,实行检验检测事务公开。

(4)机动车检验检测机构应以文件规定或者合同约定等方式确保不录用同时在两个及以上检验检测机构从业的检验检测人员。

(5)机动车检验检测机构应按照有关法律法规保护客户秘密和所有权,应制定有关措施,并有效实施,以保证客户的利益不被侵害。应对进入检验检测现场、设置计算机的安全系统、传输技术信息、保存检验检测记录和形成检验检测报告或证书等环节制定和实施保密措施。

二、机动车检验检测机构人员的要求

(一)人员管理

RB/T 214—2017 中 4.2.1 要求"检验检测机构应建立和保持人员管理程序,对人员资格确认、任用、授权和能力保持等进行规范管理。检验检测机构应与其人员建立劳动、聘用或录用关系,明确技术人员和管理人员的岗位职责、任职要求和工作关系,使其满足岗位要求并具有所需的权力和资源,履行建立、实施、保持和持续改进管理体系的职责"。

(1)检验检测机构应制定人员管理程序,该管理程序应对检验检测机构人员的资格确认、任用、授权和能力保持等进行规范管理。检验检测机构应与其人员建立劳动或录用关系,并对技术人员和管理人员的岗位职责、任职要求和工作关系予以明确,使其与岗位要求相匹配,并有相应权力和资源,确保管理体系建立、实施、保持和持续改进。

(2)检验检测机构应具有为保证管理体系的有效运行、出具正确检验检测数据和结果所需的技术人员(检验检测的操作人员、结果验证或核查人员)和管理人员(对质量、技术负有管理职责的人员,包括管理层、技术负责人、质量负责人等)。技术人员和管理人员的结构和数量、受教育程度、理论基础、技术背景和经历、实际操作能力、职业素养等应满足工作类型、工作范围和工作中的需要。

(3)"检验检测机构中所有可能影响检验检测活动的人员,无论是内部还是外部人员,均应行为公正,受到监督,胜任工作,并按照管理体系要求履行职责"。

(4)检测机构必须具备合乎要求的人员管理程序、执行记录、人员证明或劳动合同、职能分配表、人员一览表,人员分配应合理。

(二)管理层责任

RB/T 214—2017 中 4.2.2 要求检验检测机构的"管理层应履行其对管理体系的领导作

用和承诺;对公正性做出承诺;负责管理体系的建立和有效运行;确保管理体系所需的资源;确保制定质量方针和质量目标;确保管理体系要求融入检验检测的全过程;组织管理体系的管理评审;确保管理体系实现其预期结果;满足相关法律法规要求和客户要求;提升客户满意度;运用过程方法建立管理体系和分析风险、机遇"。

(1)管理层要求:

①熟悉国家、行业、地方有关汽车检验的法律、法规、规章和标准。

②熟悉汽车检验业务,具备经营管理能力。

(2)检验检测机构管理层应对管理体系全权负责,承担领导责任和履行承诺。管理层负责管理体系的建立和有效运行,确保管理体系所需的资源。管理层可以是一组人,也可以是一个人。

(3)检验检测机构管理层应确保制定质量方针和质量目标,确保管理体系的要求融入检验检测的全过程,组织管理体系的管理评审,满足相关法律法规要求和客户要求,提升客户满意度,确保管理体系实现其预期结果。

(4)检验检测机构管理层应识别检验检测活动的风险和机遇,配备适宜的资源,并实施相应的质量控制,策划和实施应对风险和利用机遇的措施。应对风险和利用机遇可为提高管理体系有效性、实现改进结果以及为防止不利影响奠定基础。机遇的出现可能意味着某种有利于实现预期结果的局面。检验检测机构应消除或降低风险,利用机遇、抓住机遇拓展资质认定领域,更好地为客户服务。

(5)检验检测机构管理层的职责和质量记录包括:

①对公正性做出承诺;

②负责管理体系的建立和有效运行;

③确保管理体系所需的资源;

④确保制定质量方针和质量目标;

⑤确保管理体系要求融入检验检测的全过程;

⑥组织管理体系的管理评审;

⑦确保管理体系实现其预期结果;

⑧满足相关法律法规要求和客户要求;

⑨提升客户满意度;

⑩运用过程方法建立管理体系和分析风险、机遇。

(三)技术及质量负责人能力要求

RB/T 214—2017 中 4.2.3 要求"检验检测机构的技术负责人应具有中级及以上相关专业技术职称或者同等能力,全面负责技术运作;质量负责人应确保管理体系得到实施和保持;应指定关键管理人员的代理人"。RB/T 218—2017 中 4.2.2 要求"机动车检验机构的技术负责人和授权签字人应具备中级及以上专业技术职称,或同等能力,或机动车相关专业技师及以上技术等级,或有机动车相关专业大专及以上学历并有 3 年及以上机动车检验工作经历"。

（1）检验检测机构应由技术负责人全面负责技术运作。技术负责人可以是一人，也可以是多人，以覆盖检验检测机构不同的技术活动领域。技术负责人应具有中级及以上相关专业技术职称或者同等能力，胜任所承担的工作。

①具有理工科类专业的大专（含）以上学历、中级（含）以上专业技术职称或职业水平（含技师）或同等能力，以下情况可视为同等能力：

a）博士研究生毕业，从事相关专业检验检测活动1年及以上；

b）硕士研究生毕业，从事相关专业检验检测活动3年及以上；

c）大学本科毕业，从事相关专业检验检测活动5年及以上；

d）大学专科毕业，从事相关专业检验检测活动8年及以上。

②掌握汽车理论和汽车构造知识，有3年以上的汽车维修或检测工作经历。3年及以上机动车检验工作经历包含在汽车生产企业从事检验工作经历、在汽车修理企业从事检验工作经历，或从事机动车安全技术检验、机动车排放检验、机动车综合性能检验的工作经历。

③掌握国家、行业、地方的汽车维修、检测的法律、法规、规章和相关标准。

④掌握汽车检测设备的性能，具有检测设备计量检定、校准知识以及分析测量误差的能力。

⑤具体相关工作内容与职责：

a）遵守和执行国家对在用机动车管理的有关法律、法规、标准和技术规范；

b）全面负责公司的技术工作，包括组织实施检测、人员培训、技术考核、学习交流等技术工作；

c）负责组织检测合同的评审工作；

d）解决、处理检测工作中出现的技术问题；

e）负责对新开展检测项目的技术论证工作，组织有关技术成果的鉴定工作；

f）组织有关人员实施能力验证和比对工作，并对结果进行分析；

g）负责组织作业指导书、设备校准计量检定计划、维护计划等技术文件的编写和审核；

h）参与管理体系的管理评审。

（2）检验检测机构应指定质量负责人，赋予其明确的责任和权力，确保管理体系在任何时候都能得到实施和保持。质量负责人应能与检验检测机构决定政策和资源的管理层直接接触和沟通。

①具有大专（含）以上学历、中级（含）以上专业技术职称或职业水平（含技师）或同等能力；

②掌握汽车理论和汽车构造知识，有3年以上的汽车维修或检测工作经历；

③掌握国家、行业、地方的汽车维修检测法律、法规、规章及相关标准。

（3）检验检测机构应规定技术负责人和质量负责人的职责。

（4）检验检测机构应指定关键管理人员（包括管理层、技术负责人、质量负责人等）的代理人，以便其因各种原因不在岗位时，有人员能够代行其有关职责和权力，以确保检验检测机构的各项工作持续正常地进行。

（5）检测机构管理体应有技术负责人任命文件、技术负责人、权责说明。

（四）授权签字人能力要求

RB/T 214—2017 中 4.2.4 要求"检验检测机构的授权签字人应具有中级及以上相关专业技术职称或同等能力，并经资质认定部门批准，非授权签字人不得签发检验检测报告或证书"。RB/T 218—2017 中 4.2.2 要求"授权签字人应具备中级及以上专业技术职称，或同等能力，或机动车相关专业技师及以上技术等级，或有机动车相关专业大专及以上学历并有3年及以上机动车检验工作经历"。

（1）授权签字人是由检验检测机构提名，经资质认定部门考核合格后，在其资质认定授权的能力范围内签发检验检测报告或证书的人员。

（2）授权签字人应满足以下要求：

①熟悉检验检测机构资质认定相关法律法规的规定；

②熟悉《检验检测机构资质认定能力评价检验检测机构通用要求》及其相关的技术文件的要求；

③具备从事相关专业检验检测的工作经历，掌握所承担签字领域的检验检测技术，熟悉所承担签字领域的相应标准或者技术规范；

④熟悉检验检测报告或证书审核签发程序，具备对检验检测结果作出评价的判断能力；

⑤检验检测机构对其签发报告或证书的职责和范围应有正式授权；

⑥检验检测机构授权签字人应具有中级及以上专业技术职称或者同等能力。

（3）授权签字人岗位职责：

①对报告的完整性和准确性负责；

②与检测技术接触紧密，掌握检测项目的限制范围；

③熟悉有关检测标准、试验方法；

④对有关检测结果进行评定；

⑤了解有关设备维护保养及定期检定的规定，掌握设备校准状态；

⑥熟悉记录报告及检查程序；

⑦了解《检验检测机构资质认定评审准则》的内容，有效控制检测报告的质量水平；

⑧对签发的报告签字确认，对发出的检测报告负责。

（4）非授权签字人不得对外签发检验检测报告或证书。检验检测机构一般不设置授权签字人的代理人员，如果设置代理人则应是相同领域的授权签字人。

（5）授权签字人应具备能力证明、任命文件，不得代签。

需要注意的是：

技术负责人和授权签字人应有3年及以上机动车检验工作经历，且满足以下条件之一。

（1）机动车相关专业中级及以上技术职称。

（2）与（1）相当的同等能力。

(3)机动车相关专业技师及以上技术级别。
(4)机动车相关专业大专及以上学历。

以上所指3年及以上机动车检验工作经历所指工作包括汽车生产企业从事检验工作、汽车修理企业从事检验工作、机动车安全技术检验、机动车排放检验、机动车综合性能检验。时间从拿到毕业证算起,有其他要求的除外。

机动车相关专业指机动车类专业、机械电子类专业、仪器仪表专业、交通运输(理工类)专业等。

机动车相关专业技术指技师的职业(工种)为汽车修理、汽车驾驶(不推荐)等。

(五)其他人员相关要求

1. 对网络管理员的要求

(1)具有中专(含技校)以上学历,经过计算机相关专业培训。
(2)了解汽车检测标准,熟悉计算机控制系统及网络维护要求。

2. 对仪器设备管理员的要求

(1)具有理工类专业中专(含技校)以上学历。
(2)了解汽车构造和原理。
(3)掌握检测仪器设备的结构、原理、性能和使用方法,具备仪器设备计量检定和管理知识,能对检测仪器设备进行维护和保养。

3. 对档案管理员的要求

(1)有高中(含技校)以上学历,熟悉档案管理、保密法规和综检机构管理工作程序。
(2)熟悉综检机构管理体系文件及其运行记录、报告等资料的管理。

4. 对检验员的要求

(1)具有高中(含技校)以上学历,了解汽车的构造和原理。
(2)了解所在工位仪器、设备的构造、原理、性能和使用方法。
(3)掌握检测标准,熟练掌握检测操作规程,能进行数据处理工作。
(4)熟悉汽车综合性能检测工艺流程,具有计算机操作的基本知识。

(六)人员能力确认

RB/T 214—2017中4.2.5要求"检验检测机构应对抽样、操作设备、检验检测、签发检验检测报告或证书以及提出意见和解释的人员,依据相应的教育、培训、技能和经验进行能力确认。应由熟悉检验检测目的、程序、方法和结果评价的人员,对检验检测人员包括实习员工进行监督"。

(1)检验检测机构应对机构负责人、技术负责人、质量负责人、报告授权签字人、引车员、外检员、登录员、设备维护和网络维护员、质量监督员、资料管理员等人员,按其岗位任职要求,根据相应的教育、培训、经历、技能进行能力确认。上岗资格的确认应明确、清晰,如进行某一项检验检测工作、签发某范围内的检验检测报告或证书等,应由熟悉专业领域并得到检验检测机构授权的人员完成。

(2)检验检测机构应设置覆盖其检验检测能力范围的监督员。监督员应熟悉检验检测目的、程序、方法,能够评价检验检测结果;应按计划对检验检测人员进行监督。检验检测机构可根据监督结果对人员能力进行评价并确定其培训需求,监督记录应存档,监督报告应输入管理评审。

(3)检测机构工作人员须具有资格确认记录、任命文件,管理体系文件须具有规定监督人员程序、记录。

(七)培训

RB/T 214—2017 中 4.2.6 要求"检验检测机构应建立和保持人员培训程序,确定人员的教育和培训目标,明确培训需求和实施人员培训。培训计划应与检验检测机构当前和预期的任务相适应"。

(1)检验检测机构应根据质量目标提出对人员教育和培训要求,并制定满足培训需求和提供培训的政策和程序。培训计划既要考虑检验检测机构当前和预期的任务需要,也要考虑检验检测人员以及其他与检验检测活动相关人员的资格、能力、经验和监督评价的结果。

(2)检验检测机构可以通过实际操作考核、检验检测机构内外部质量控制结果、内外部审核、不符合工作的识别、利益相关方的投诉、人员监督评价和管理评审等多种方式对培训活动的有效性进行评价,并持续改进培训以实现培训目标。

(3)检测机构工作人员须具有人员培训程序、计划、记录。

(八)人员技术档案

RB/T 214—2017 中 4.2.7 要求"检验检测机构应保留技术人员的相关资格、能力确认、授权、教育、培训和监督的记录"。

(1)检验检测机构应保留从事抽样、操作设备、检验检测、签发检验检测报告或证书以及提出意见和解释等工作的人员相关资格、能力确认、授权、教育、培训和监督的记录,记录包含能力要求的确定、人员选择、人员培训、人员监督、人员授权和人员能力监控。

(2)检验检测机构应该首先确定人员需求,并根据需求选择人员,然后对人员进行培训、对在培员工进行督导,在能力确认的基础上进行授权,授权后对人员的能力进行监控,建立并保留所有技术人员的档案。应有相关资格、能力确认、授权、教育、培训、监督和监控的记录,并包含授权和能力确认的日期。

(3)检测机构工作人员须具有人员技术档案。

(九)小结

(1)机动车检验检测机构应建立人员管理程序,对人员的资格确认、任用、授权和能力保持等进行规范管理。机构人员的数量和能力应满足所申请检验检测能力的需要,尤其是技术人员的资质和能力应胜任所从事的检验检测工作,并经过能力确认后上岗。其他的管理人员和关键支持人员也应胜任本岗位工作。

(2)机动车检验检测机构人员均应签订劳动/聘用合同或有录用通知,建立劳动或录用关系。技术人员和管理人员应有岗位说明,规定岗位职责、权限和任职要求以及与其他岗位的工作关系;技术岗位和管理岗位人员应了解自身的岗位职责和任职要求,胜任本岗位工作。

(3)在管理体系中的兼职人员,如设备管理员、文档管理员、样品管理员等,其岗位职责应有明确规定,确保具备履行其职责所需的权力和资源,对管理体系文件中的要求应理解、掌握并执行。

(4)机动车检验检测机构中所有可能影响检验检测活动的人员,无论是内部还是外部人员,均应行为公正,受到监督,胜任工作,并按照管理体系要求履行职责。

三、机动车检验检测机构场所环境的要求

(一)场地有效性

RB/T 214—2017 中 4.3.1 要求"检验检测机构应有固定的、临时的、可移动的或多个地点的场所,上述场所应满足相关法律法规、标准或者技术规范的要求"。

(1)固定的场所是指不随检验检测任务而变更,且不可移动的开展检验检测活动的场所。

(2)临时的场所是指检验检测机构根据现场检验检测需要,临时建立的工作场所(例如摩托车移动检测线)。

(3)可移动的场所是指利用汽车、动车和轮船等装载检验检测设备设施,可在移动中实施检验检测的场所。

(4)多个地点的场所(多场所)是指检验检测机构存在两个及以上地址不同的检验检测工作场所。

(5)工作场所性质包括自有产权、上级配置、出资方调配或租赁等,应有相关的证明文件。如果是租用的工作场所,须提供租赁合同,且在有效期内。

(6)检验检测机构应将其从事检验检测活动所必需的场所、环境要求制定成文件,并满足相关法律法规、标准或技术规范的要求。

(7)检测机构应具有检测场所所有权或合法使用权证明文件(如租赁合同及出租方所有权证明)。

(二)环境适应

RB/T 214—2017中4.3.2要求"检验检测机构应确保其工作环境满足检验检测的要求。检验检测机构在固定场所以外进行检验检测或抽样时,应提出相应的控制要求,以确保环境条件满足检验检测标准或者技术规范的要求"。RB/T 218—2017中4.3.2要求"机动车检验机构应具备开展机动车检验活动所必需的且能够独立调配使用的固定工作场所,其工作环境应保证检验结果的真实、准确";4.3.4要求"机动车排放检验机构的场所环境还应符合环境保护主管部门制定的标准和规范要求"。

(1)检验检测机构应识别检验检测所需的工作环境条件。当工作环境条件对结果的质量有影响或对人员健康造成不良影响时,检验检测机构应编写必要的文件,并有相应的控制措施,确保工作环境条件不会使检验检测结果无效,或不会对检验检测质量、人员健康产生不良影响。

(2)检验检测机构在固定场所以外的场所进行检验检测时,应予以特别关注,应提出相应的控制要求并记录,以保证环境条件符合检验检测标准或者技术规范的要求。

(3)检验检测机构场地应符合相应要求,应有摩托车移动检测设备(如有)移动使用作业指导书及记录。

(4)周边应道路宽阔、交通顺畅、便捷,进出道路视线良好。

(5)常开展检测时,不得占用公用道路,不得影响正常交通秩序和安全。

(6)场地面积应满足承检车型检验项目要求。

(三)应对能力

RB/T 214—2017中4.3.3要求"检验检测标准或者技术规范对环境条件有要求时或环境条件影响检验检测结果时,应监测、控制和记录环境条件。当环境条件不利于检验检测的开展时,应停止检验检测活动"。RB/T 218—2017中4.3.3要求"机动车检验检测机构应有安全保障措施和应急预案"。

(1)检验检测标准或者技术规范对环境条件有要求,以及检验检测机构发现环境条件影响检验检测结果质量时,检验检测机构应监测、控制和记录环境条件。

(2)检验检测机构在从事抽样、检验检测前应进行环境识别,根据识别结果采取相应的措施。对诸如生物消毒、灰尘、电磁干扰、辐射、湿度、供电、温度、声级和振级等予以重视,使其适应于相关的技术活动。

(3)检验检测机构在环境条件存在影响检验检测的风险和隐患时,需停止检验检测,并经有效处置后,方可恢复检验检测活动。

(4)检验检测机构针对环境变化应该具备有效监测、控制、应急处理措施。

(四)合理布局

RB/T 214—2017中4.3.4要求"检验检测机构应建立和保持检验检测场所良好的内务

管理程序,该程序应考虑安全和环境的因素。检验检测机构应将不相容活动的相邻区域进行有效隔离,应采取措施以防止干扰或者交叉污染"。RB/T 218—2017 中 4.3.3 要求机动车检验机构"在场区道路设置上应注明人行通道和车行道,保证人员安全"。

(1)检验检测机构应有内务管理程序,对检验检测场所的安全和环境的评价,应符合法律法规并以检验检测标准或者技术规范提出的要求为依据。

(2)当相邻区域的活动或工作出现不相容或相互影响时,检验检测机构应对相关区域进行有效隔离,采取措施消除影响,防止干扰或者交叉污染。

(3)检验检测机构应对人员进入或使用对检验检测质量有影响的区域予以控制,应根据自身的特点和具体情况确定控制的范围。在确保不对检验检测质量产生不利影响的同时,还应保护客户和检验检测机构的机密及所有权,保护进入或使用相关区域的人员的安全。

(4)检验检测机构应布局合理,具有明显有效的隔离措施及标识。

(五)场地区域划分

具体来讲,机动车检验检测机构应该包括外检车间、底盘动态检测区、环保检测车间、安全检测车间、路试车道、驻车坡道等检验检测区和停车场、业务大厅、机房控制室、办公室等办公区。机构内各区域长度、宽度、地面附着系数、坡度等应满足相应要求。

1. 停车场及机构内道路

停车场地面积应当与检测能力相适应,不得占用站外道路停车。

(1)停车场面积应满足日常检车量的停车能力,1 条安检线至少有 20 个(含 20 个)停车位;申请检验大型车辆的机构,大型汽车停车位的占比不低于 30%。

(2)停车场不能占用站外公共道路停车。

(3)停车场地面应为水泥、沥青或其他硬地面。

(4)停车场内应划分停车线和车辆行驶通道,保持进出口畅通。

(5)停车场应配备足够消防设施(灭火器及消防沙袋或沙坑)。

(6)停车场应有安全照明设备。

(7)各设施布局应满足检验流程单循环,不产生车辆交叉干扰。

(8)站内道路路面应为水泥或沥青路面。

(9)站内设置的交通标志、标线、引导牌应清晰,数量应满足检验检测工作的需要。

(10)站内道路应视线良好、保持通畅,不存在盲区。

(11)转弯半径、长度应满足承检车辆出入的需要:大型车辆检测线转弯直径大于等于 25.6 m。

2. 业务大厅

(1)业务窗口应有方便客户的指示标牌。

(2)尽量采用开放式窗口。

(3)业务窗口数量应满足实际办公需要(1 条安检线至少有 3 个窗口,每增加 1 条检测线至少增加 1 个窗口)。

(4)业务大厅应宽敞明亮,有送检人休息室、监督橱窗等服务型设施。

(5)业务大厅应设有公示栏,应将服务承诺、检验资质、各种手续规定、检验项目和判定标准、收费项目及标准、各岗位职责、车辆检验流程图、工作人员及主管部门(质监、车管)监督电话公示。

3. 外检车间

外检车间应与检测能力相适应。地磅、地沟、外廓尺寸自动测量仪建议安装在外检车间。

(1)外检车间应与检验检测能力相适应,尺寸大小能满足对应要求(表 2-1)。

表 2-1　外检车间尺寸要求

尺寸	大型车辆通道	小型车辆通道
长度/m	≥15	≥8
宽度/m	≥6	≥5
净高/m	≥5.5	≥4.5

(2)底盘动态检验区的试验车道应满足检测需求(表 2-2)。

表 2-2　底盘动态检验区的试验车道要求

试验车道类型	直线距离/m
大型车辆试验车道	≥25
小型车辆试验车道	≥20

4. 试验车道

试验车道用于在道路上检测车辆的行车制动性能。

(1)试验车道应路面平坦、硬实、清洁,路面附着系数不小于 0.7;纵向任意 50 m 长度范围内坡度不大于 1%,横向坡度不大于 3%。试验车道应设置有相应的助跑道路。

(2)试验车道应按要求画出道路标线并设置标志。

(3)试验车道长度与宽度需符合要求(表 2-3),并能有效隔离。

表 2-3　试验车道尺寸要求

车辆类型	试验车道长度/m	试验车道宽度/m
大型车辆	≥100	≥6
小型车辆	≥80	≥2.5
车宽大于 2.55 m 的汽车和汽车列车		车宽+0.5
铰接客车、无轨电车、汽车列车	≥200	≥10

5. 驻车坡道

驻车坡道用于实测车辆在坡道上的驻车制动性能。摩托车检测不需要配置此设施。

(1)驻车坡道的设置应满足承检车型要求,总质量不大于整备质量 1.2 倍车辆需建 15% 坡道,其他车辆需建 20% 坡道;坡度指驻车坡道高度与底边长度之比。

(2)驻车坡道宽度应比承检车型总宽度多 1 m,长度比承检车型轴距长 1 m,路面附着系数应不小于 0.7。

(3)驻车坡道应设置安全护栏并设置标线、标识。

6. 地沟

(1)地沟的长度应与承检车型相适,长度不小于 6 m。

(2)检查操作空间应满足工作要求,宽度不小于 0.8 m。

(3)地沟应装备有照明、通风、PDA 信号装置及监控摄像头(新建站监控摄像头评审时不作要求)。

(4)地沟应加装排气装置,保护车辆底盘部件检验人员的健康和安全。

(5)检验车间应配置工作人员人行通道,人行通道设有隔离栏及隔离标志,宽度不小于 1 m。

7. 检测车间

检测车间一般分环保检测车间和安全检测车间。

(1)环保检测车间用于承检车辆的环保检测。油耗测试和排放检测应设置在同一个工位。废气排放检测工位应布置在下风口的检测车间出口、入口处,检测时产生的有害气体,可直接排到检测车间外,减少车间内的废气污染。

(2)安全检测车间一般设置 3 个工位,分别依次进行制动性能检测、侧滑检测、灯光检测。不同车型转向轴与驱动轴之间的轴距长度有差异。因此,检测工位与工位之间的距离设置,既要考虑到承检车辆最长车身的长度,又要考虑前轴与后轴之间的距离。

(3)检测车间内部尺寸和车间出入尺寸应满足连续检测相应车型的需要(表 2-4),出入口应设有引车道和必要的交通标志。

表 2-4 检测车间内部及出入口尺寸要求

尺寸	大型车辆检测线	小型车辆检测线	摩托车检测线
长度(机动车检测线检测车间进出口之间的距离)/m	≥50	≥40	≥20
宽度(单条汽车检测线检测车间内部宽度)/m	≥8	≥6	≥4
高度/m	≥6	≥5	≥3
车间出入门尺寸/m	高≥5,宽≥5	高≥4.5,宽≥4.5	

备注：如果检测线采用了能同时测量轮(轴)荷、侧滑等指标的平板制动检验台,则长度可视情况酌情缩短,车间净高大于大门的高度。

(4)车间内部不同检测线两侧必须设有宽度不小于 1 m 的人行通道,并用隔离栏与检测通道隔离。

(5)车间照明应符合 GB 50034—2013《建筑照明设计标准》,采光应符合 GB 50033—2013《建筑采光设计标准》,防雷设施应符合 GB 50057—2016《建筑物防雷设计规范》。微机房安全条件按 GB/T 9361—2011《计算机场地安全要求》规定的防火 C 类、防水 B 类、防雷击 B 类、防鼠害 B 类综合执行。

(6)检测车间应充分考虑车间的空气流通,顶部安装进气扇,底部安装排气扇,实现检测车间内的空气对流,加快车间内空气流动,使空气污染记录降低。消防通道和消防设施应符合有关消防规定。

(7)检测车间线缆槽尽量使用密封式盖板,防止鼠类等进入,避免线缆被鼠类啃咬,造成电源短路或断路、通信中断等故障,影响检测工作的正常进行。

(8)检测车间入口出口处应设置排水道,防止雨水进入车间。安装线缆的地槽、外检地沟应做好防水处理,防止雨季地表水渗入地槽,造成设备受潮,不能正常使用。

为保证检验检测工作正常进行,检测车间各工位应有相应的检测面积,厂房必须宽敞,保证通风、照明、排水、防雨、防火、安全防护等设施良好。

(六)小结

(1)检验检测报告中应标明进行检验检测的地点(场所),且应与资质认定的地点(场所)相一致。不管工作场所是否为自有产权,检验检测机构应有证据证明工作场所合法且对其具有完全的使用权。

(2)检验检测机构对环境的评价,主要是对检验检测过程中产生的废气、废液、粉尘、噪声、固废物等对环境污染的评价。

(3)当相邻区域的活动不相容或相互影响时,检验检测机构应对相关区域进行有效隔离,应采取有效措施消除影响,防止相互干扰和产生安全隐患。例如:在停车场设置人行通道,在检测车间设置人行通道隔离栏,在路试跑道区域设置隔离栏等。

四、机动车检验检测机构设备设施的要求

（一）仪器设备

RB/T 214—2017 中 4.4.1 要求"检验检测机构应配备满足检验检测（包括抽样、物品制备、数据处理与分析）要求的设备和设施。用于检验检测的设施，应有利于检验检测工作的正常开展"。

RB/T 218—2017 中 4.4.3 要求"从事机动车安全技术检验的检验检测设备应满足 GB 21861 要求。主要检验项目应采用固定式检验仪器设备对机动车进行仪器设备检验，可采用移动式检验仪器设备对摩托车进行仪器设备检验。机动车安全技术检验机构应对所使用的机动车安全技术检验检测设备拥有所有权；

从事机动车排放检验的检验检测设备应满足 GB 18285 和 GB 3847 对相关车型检验检测设备的要求；

从事汽车综合性能检验的检验检测设备应满足 GB 18565 要求"。

（1）机动车检验检测机构应配备满足检验检测活动的设备和设施，包括满足数据处理与分析要求的设备和设施。用于检验检测的设备和设施（包括检验检测活动所必需并影响结果的仪器、软件、测量标准、标准物质、参考数据、消耗品、辅助设备或相应组合装置），应有利于检验检测工作的正常开展。

（2）机动车检验检测机构的设施包括固定和非固定设施（摩托车检验可以采用移动式），这些设施应满足相关标准或者技术规范的要求，避免影响检验检测结果的准确性。

（3）机动车检验检测机构开展检验检测时，应确保：

①仪器设备的管理应纳入本检验检测机构的管理体系；

②检验检测机构对所使用的检验检测设备拥有所有权。

（4）检验检测机构必须拥有所有机动车检验检测的仪器（表 2-5），检验参数的采集、计算、判定符合有关标准要求。

表 2-5 机动车检验检测仪器设备表

序号	检验检测仪器设备名称	备注
1	地磅	整备质量检测
2	声级计	外检
3	踏板手刹力计（包括踏板制动力计和手制动力计）	外检
4	车用终端诊断仪（on-board diagnostics，OBD）	外检
5	汽车悬架装置检测台	外检
6	汽车外廓尺寸检测仪	外检

续表 2-5

序号	检验检测仪器设备名称	备注
7	汽车底盘间隙检测台	外检
8	钢卷尺、1.5 m 钢直尺	外检
9	探伤仪	外检
10	透光率计	外检
11	轮胎压力表	外检
12	游标卡尺（轮胎花纹深度计、漆膜厚度测试仪）	外检
13	逆反射系数测试仪	外检
14	方向盘转向参数测试仪	外检
15	照明器具	外检
16	手锤	外检
17	机动车检验智能终端（personal digital assistant，PDA）	外检
18	汽车行驶记录仪器检测装置	外检
19	平板制动试验台	制动性能检测
20	滚筒反力式汽车制动检验台	制动性能检测
21	滚筒反力式汽车制动检验台（轴轮重部分）	制动性能检测
22	便携式制动性能测试仪	制动性能检测
23	秒表	制动性能检测
24	汽车轴（轮）重试验台	轴重检测
25	汽车侧滑检验台	侧滑检验
26	机动车前照灯检测仪	灯光检测
27	温湿度表	环保检测
28	汽车排放气体测试仪	环保检测
29	汽车排气流量分析仪	环保检测
30	工况法汽车排放测试系统（底盘测功机）	环保检测
31	透射式烟度计	环保检测
32	汽车排气分析仪	环保检测
33	燃油消耗测试装置	环保检测
34	环境参数变送器	环保检测
35	不透光烟度计滤光片	环保检测

注：滚筒反力式制动检验台和平板式制动检验台可选择其中之一。

(5)机动车检验检测机构须提供仪器设备档案及仪器设备购置合同及发票,证明检验检测机构拥有检验设备所有权。

(二)程序文件

RB/T 214—2017 中 4.4.2 要求"检验检测机构应建立和保持检验检测设备和设施管理程序,以确保设备和设施的配置、使用和维护满足检验检测工作要求"。

机动车检验检测机构应建立相关的程序文件,描述检验检测设备和设施的安全处置、运输、存储、使用、维护等规定,防止污染和性能退化。机动车检验检测机构应确保设备在运输、存储和使用时,具有安全保障。机动车检验检测机构设施应满足检验检测工作需要。

RB/T 218—2017 中 4.4.4 要求"机动车检验机构应保证用于检验检测并对结果有影响的软件符合相关法律、法规、标准要求,并经确认,加以唯一性标识。机动车检验检测机构应确保用于检验检测软件的唯一性、完整性,不得擅自修改软件。不得使用未经确认的软件从事检验检测工作。机动车检验检测机构的检验检测软件及其记录应由专人管理,并进行定期、改变或升级后的再确认"。

(三)检定与期间核查

RB/T 214—2017 中 4.4.3 要求"检验检测机构应对检验检测结果、抽样结果的准确性或有效性有影响或计量溯源性有要求的设备,包括用于测量环境条件等辅助测量设备有计划地实施检定或校准。设备在投入使用前,应采用核查、检定或校准等方式,以确认其是否满足检验检测的要求",并标识其状态。针对校准结果产生的修正信息,检验检测机构应确保在其检测结果及相关记录中加以利用并备份和更新。"检验检测设备,包括硬件和软件设备应得到保护,以避免出现致使检验检测结果失效的调整。检验检测机构的参考标准应满足溯源要求"。"当需要利用期间核查以保持设备的可信度时,应建立和保持相关的程序"。

RB/T 218—2017 中 4.4.5 规定"设备之间的比对可以被视为期间核查的一种方法"。

(1)对检验检测结果有显著影响的设备,机动车检验检测机构应制订检定或校准计划,确保检验检测结果的计量溯源性。

(2)机动车检验检测机构应确保用于检验检测的设备及其软件达到要求的准确度,并符合相应的检验检测技术要求。设备在投入使用前应采用核查、检定或校准等方式,以确认其是否满足检验检测标准或者技术规范。

(3)检验检测设备包括硬件和软件应得到保护,以避免出现致使检验检测结果失效的调整。

(4)检验检测机构在设备定期核查、检定或校准后应进行确认,确认其满足检验检测要求后方可使用。对核查、检定或校准的结果进行确认的内容包括:

①检定结果是否合格,是否满足检验检测方法的要求;

②校准获得的设备的准确度信息是否满足检验检测项目、参数的要求,是否有修正信息,仪器是否满足检验检测方法的要求。

(5)机动车检验检测机构对特定设备应编制期间核查程序,确认方法和频率。机动车检验检测机构应根据设备的稳定性和使用情况来判断设备是否需要进行期间核查。

(四)使用

RB/T 214—2017 中 4.4.4 要求"检验检测机构应保存对检验检测具有影响的设备及其软件的记录。用于检验检测并对结果有影响的设备及其软件,如可能,应加以唯一性标识。检验检测设备应由经过授权的人员操作并对其进行正常维护。若设备脱离了检验检测机构的直接控制,应确保该设备返回后,在使用前对其功能和检定、校准状态进行核查"。

RB/T 218—2017 中 4.4.6 要求"机动车检验机构的标准物质应建立档案或台账,由专人管理并定期核查,保证其溯源性。机动车检验机构应使用有证标准气体,储存条件应符合技术要求,并保证安全,禁止使用无证标准气体或过期标准气体"。

(1)建立对检验检测具有重要影响的设备及其软件的记录,并实施动态管理,及时补充有关的信息。记录至少应包括以下信息:

①设备及其软件的识别;
②制造商名称、型式标识、系列号或其他唯一性标识;
③核校设备是否符合规范;
④当前位置(适用时);
⑤制造商的说明书(如果有),或指明其存放地点;
⑥检定、校准报告或证书的日期、结果及复印件,设备调整、验收准则和下次检定、校准的预定日期;
⑦设备维护计划,以及已进行的维护记录(适用时);
⑧设备的任何损坏、故障、改装或修理。

(2)动车检验检测机构应对操作重要的、关键的仪器设备以及技术复杂的大型仪器设备的人员进行授权,未经授权的人员不得操作设备。

(3)检验检测机构应对经检定或校准的仪器设备的检定或校准结果进行确认。只要可行,应使用标签、编码或其他标识确认其检定或校准状态。

(4)仪器设备的状态标识可分为"合格""准用"和"停用"3 种,通常以"绿""黄""红"3 种颜色表示。

(5)如果设备脱离了机动车检验检测机构的控制,这类设备返回后在使用前,机动车检验检测机构须对其功能和检定、校准状态进行核查,得到满意结果后方可使用。

(五)异常处理

RB/T 214—2017 中 4.4.5 要求"设备出现故障或者异常时,检验检测机构应采取相应措施,如停止使用、隔离或加贴停用标签、标记,直至修复并通过检定、校准或核查表明能正常工作为止。应核查这些缺陷或偏离对以前检验检测结果的影响"。

(1)曾经过载或处置不当、给出可疑结果,或已显示有缺陷、超出规定限度的设备,均应停止使用这些设备并予以隔离以防误用,或加贴标签、标记以清晰表明该设备已停用,直至修复。修复后的设备为确保其性能和技术指标符合要求,必须经检定、校准或核查表明其能正常工作后方可投入使用。

(2)检验检测机构还应对因这些缺陷或超出规定极限而对过去进行的检验检测活动所造成的影响进行追溯,发现不符合应执行不符合工作的处理程序,暂停检验检测工作、不发送相关检验检测报告或证书,或者追回之前的检验检测报告或证书。

(六)标准物质

RB/T 214—2017 中 4.4.6 要求"检验检测机构应建立和保持标准物质管理程序。标准物质应尽可能溯源到国际单位制(SI)单位或有证标准物质。检验检测机构应根据程序对标准物质进行期间核查"。

(1)检验检测机构应建立和保持标准物质的管理程序。可能时,标准物质应溯源到 SI 单位或有证标准物质。

(2)检验检测机构应对标准物质进行期间核查,同时按照程序要求,安全处置、运输、存储和使用标准物质,以防止污染或损坏,确保其完整性。标准物质一览表见表 2-6。

表 2-6 标准物质(气体)

序号	标准物质	备注
1	零点标准气体	环保检测
2	低浓度标准气	环保检测
3	中低浓度标准气体	环保检测
4	中高浓度标准气体	环保检测
5	高浓度标准气体	环保检测

(七)场地与设施

RB/T 218—2017 中 4.4.2 要求"机动车检验机构的场地、建筑等设施应能够满足承检车型检验项目和保障安全的需要,至少应有检验车间、停车场、场区道路、业务大厅、办公区等设施,各设施应布局合理。车辆底盘部件检查时应有检查地沟或者举升装置。场区道路视线良好、保持通畅,道路的转弯半径、长度应能满足承检车辆行驶的需要。应设置足够的交通标志、交通标线、引导牌、安全标志等。行车制动路试检验应有水泥或者沥青路面的试验车道,驻车制动路试检验应有驻车坡道或符合规定的路试驻车制动检验检测设备设施,试验车道和驻车坡道应正确标识并有安全防护措施要求"。

(八)小结

(1)机动车检验检测机构可根据实际工作需要将检验检测活动所必需并影响结果的仪

器、软件、测量标准、标准物质、参考数据、消耗品、辅助设备或相应组合装置等,分类集中建立档案(台账)。

(2)机动车检验检测机构应对人员进行资格确认和能力考核后授权操作设备,相关人员应了解设备操作原理和正确的操作方法,并能按照计划维护设备。

(3)对于因曾经过载或处置不当、给出可疑结果,或已显示有缺陷、超出规定限度,停止使用后修复的设备,按照首次使用设备处理,应优先采取检定、校准的外部证据。在不能利用外部证据的情况下,应采用内部核查的方式证明符合要求后,才能投入使用。

(4)设备使用记录必须表明应用此设备进行检验检测的机动车、项目、时间等详细的信息,以便追溯时有明确的方向,可及时追溯到之前的检验检测结果。

(5)机动车检验检测机构应建立和保持标准物质的溯源程序。标准物质尽可能溯源到SI单位或有证标准物质。机动车检验检测机构应根据规定的标准物质期间核查的频次、方式、结果及其评价、记录等要求对标准物质进行期间核查,以维持其可信度。

五、机动车检验检测机构管理体系的要求

(一)总则

检验检测机构应当具有保证其检验检测活动独立、公正、科学、诚信的管理体系,并确保该管理体系能够得到有效、可控、稳定实施,持续符合检验检测机构资质认定条件以及相关要求。《检验检测机构资质认定评审准则》对检验检测机构采用何种形式的管理体系,但因为机动车检验检测机构以前都是基于 RB/T 214—2017《检验检测机构资质认定能力评价 检验检测机构通用要求》规定构建管理体系,为了降低运营成本,建议现有机动车检验检测机构继续沿用 RB/T 214—2017,新建机动车检验检测机构也按 RB/T 214—2017 建立管理体系。

RB/T 214—2017 中 4.5.1 要求"检验检测机构应建立、实施和保持与其活动范围相适应的管理体系,应将其政策、制度、计划、程序和指导书制定成文件,管理体系文件应传达至有关人员,并被其获取、理解、执行"。

(1)管理体系:用一套制度对机动车检测机构进行全方位管理,既能满足多个体系标准认证要求,又能促进各项管理职能有机融合,充分利用有限资源,建立自我完善的运行机制,有利于提高企业整体管理的效率和效果,实现企业的目标。检验检测机构应将其管理体系、组织结构、程序、过程、资源等过程要素文件化。

(2)管理体系文件:给出了最好的、最实际的达到质量目标的方法;界定了职责和权限,处理好了接口,使管理体系成为职责分明、协调一致的有机整体。后面我们会专门学习如何编写管理体系文件,这里就不展开了。

(二)方针目标

RB/T 214—2017 中 4.5.2 要求"检验检测机构应阐明质量方针,制定质量目标,并在管

理评审时予以评审"。

(三)文件控制

RB/T 214—2017 中 4.5.3 要求"检验检测机构应建立和保持控制其管理体系的内部和外部文件的程序,明确文件的标识、批准、发布、变更和废止,防止使用无效、作废的文件"。

(四)合同评审

RB/T 214—2017 中 4.5.4 要求"检验检测机构应建立和保持评审客户要求、标书、合同的程序"。

(五)分包

检验检测机构分包是指检验检测机构将所承检验检测项目的一部分依法发包给具有相应资质的检验检测机构。(机动车检验不得分包,所以此条不适用。)

(六)采购

RB/T 214—2017 中 4.5.6 要求"检验检测机构应建立和保持选择和购买对检验检测质量有影响的服务和供应品的程序,明确服务、供应品、试剂、消耗材料等的购买、验收、存储的要求,并保存对供应商的评价记录。

(七)服务客户

RB/T 214—2017 中 4.5.7 要求"检验检测机构应建立和保持服务客户的程序,包括:保持与客户沟通,对客户进行服务满意度调查、跟踪客户的需求,以及允许客户或其代表合理进入为其检验检测的相关区域观察"。RB/T 218—2017 中 4.5.4 要求"检验检测机构应明示其许可资质、检验项目、检验标准、收费标准、车辆检验流程图、检验工位布置图和投诉监督栏等服务性设施"。(移动式摩托车检验可不必设置车辆检验流程图、检验工位布置图。)

(八)投诉

RB/T 214—2017 中 4.5.8 要求"检验检测机构应建立和保持处理投诉的程序。明确对投诉的接收、确认、调查和处理职责,跟踪和记录投诉,确保采取适宜的措施,并注重人员的回避"。

(九)不符合工作控制

RB/T 214—2017 中 4.5.9 要求"检验检测机构应建立和保持出现不符合工作的处理程序",明确对不符合的评价、决定不符合是否可接受、纠正不符合、批准恢复被停止的工作的责任和权力。必要时,通知客户并取消工作。该程序包含检验检测前中后全过程。

（十）纠正措施、应对风险和机遇的措施和改进

RB/T 214—2017 中 4.5.10 要求"检验检测机构应建立和保持在识别出不符合时，采取纠正措施的程序"；当发现潜在不符合时，应采取预防措施。"检验检测机构应通过实施质量方针、质量目标，应用审核结果、数据分析、纠正措施、管理评审、人员建议、风险评估、能力验证和客户反馈等信息来持续改进管理体系的适宜性、充分性和有效性"。RB/T 218—2017 中 4.5.8 要求"机动车检验检测机构应有程序来保护和备份以电子形式存储的记录，并防止未经授权的侵入或修改"。

（十一）记录控制

RB/T 214—2017 中 4.5.11 要求"检验检测机构应建立和保持记录管理程序，确保记录的标识、贮存、保护、检索、保留和处置符合要求"。RB/T 218—2017 中 4.5.8 要求"机动车检验检测机构应有程序来保护和备份以电子形式存储的记录，并防止未经授权的侵入或修改"；4.5.9 指出"机动车检验记录，还包括复检记录和路试记录，也包括电子形式存储的记录。检验记录应可通过纸质签名、电子媒介或者其他途径记录检验员个人身份标识并追溯到检验员。检验员个人身份标识具有唯一性，并保证安全，防止盗用和误用"。

（十二）内部审核

RB/T 214—2017 中 4.5.12 要求"检验检测机构应建立和保持管理体系内部审核的程序，以便验证其运作是否符合管理体系和本标准的要求，管理体系是否得到有效的实施和保持。内部审核通常每年一次，由质量负责人策划内审并制定审核方案。内审员须经过培训，具备相应资格。若资源允许，内审员应独立于被审核的活动。检验检测机构应：

a) 依据有关过程的重要性、对检验检测机构产生影响的变化和以往的审核结果，策划、制定、实施和保持审核方案，审核方案包括频次、方法、职责、策划要求和报告；
b) 规定每次审核的审核准则和范围；
c) 选择审核员并实施审核；
d) 确保将审核结果报告给相关管理者；
e) 及时采取适当的纠正和纠正措施；
f) 保留形成文件的信息，作为实施审核方案以及做出审核结果的证据"。

（十三）管理评审

RB/T 214—2017 中 4.5.13 要求"检验检测机构应建立和保持管理评审的程序。管理评审通常 12 个月一次，由管理层负责"。

（十四）方法的选择、验证和确认

RB/T 214—2017 中 4.5.14 要求"检验检测机构应建立和保持检验检测方法控制程序。

检验检测方法包括标准方法、非标准方法(含自制方法)。应优先使用标准方法,并确保使用标准的有效版本。在使用标准方法前,应进行证实。检验检测机构应跟踪方法的变化,并重新进行证实或确认。必要时,检验检测机构应制定作业指导书"。

(十五)测量不确定度

RB/T 214—2017 中 4.5.15 要求"检验检测机构应根据需要建立和保持应用评定测量不确定度的程序"。

机动车检验检测机构申请资质认定的检验检测项目中无测量不确定度的要求,此条不适用,因此机动车检验检测机构可不制定该程序。

(十六)数据信息管理

RB/T 214—2017 中 4.5.16 要求"检验检测机构应获得检验检测活动所需的数据和信息,并对其信息管理系统进行有效管理。检验检测机构应对计算和数据转移进行系统和适当的检查。当利用计算机或自动化设备对检验检测数据进行采集、处理、记录、报告、存储或检索时,检验检测机构应:

a)将自行开发的计算机软件形成文件,使用前确认其适用性,并进行定期确认、改变或升级后再次确认,应保留确认记录;

b)建立和保持数据完整性、正确性和保密性的保护程序;

c)定期维护计算机和自动设备,保持其功能正常"。

RB/T 218—2017 中 4.5.6 要求"机动车检验的固定式检验仪器,应具有数据通讯接口,能够进行联网控制和计算机联网,并应满足与主管部门数据传输接口要求,不得改变联网检验仪器设备的测试原理、分辨率、测量结果数据的有效位数和检验结果数据"。{数字式数据处理二次仪表包括工控计算机、单片机、单板机、数字信号处理系统[数字信号处理器(digital signal processor,DSP)]等。}

(十七)抽样

RB/T 214—2017 中 4.5.17 要求检验检测机构"应建立和保持抽样控制程序。抽样计划应根据适当的统计方法制定,抽样应确保检验检测结果的有效性。当客户对抽样程序有偏离的要求时,应予以详细记录,同时告知相关人员"。(机动车检验检测机构不涉及抽样,此条不适用。)

(十八)样品处置

RB/T 214—2017 中 4.5.18 要求"检验检测机构应建立和保持样品管理程序,以保护样品的完整性并为客户保密。检验检测机构应有样品的标识系统,并在检验检测整个期间保留该标识。在接收样品时,应记录样品的异常情况或记录对检验检测方法的偏离。样品在运输、接收、制备、处置、存储过程中应予以控制和记录。当样品需要存放或养护时,应保持、监控和记录环境条件"。

机动车检验的样品可直接使用具有唯一性的车辆识别代码(VIN码)和车辆号牌,或车架号。

(十九)结果有效性

RB/T 214—2017 中 4.5.19 要求"检验检测机构应建立和保持监控结果有效性的程序。检验检测机构可采用定期使用标准物质、定期使用经过检定或校准的具有溯源性的替代仪器、对设备的功能进行检查、运用工作标准与控制图、使用相同或不同方法进行重复检验检测、保存样品的再次检验检测、分析样品不同结果的相关性、对报告数据进行审核、参加能力验证或机构之间比对、机构内部比对、盲样检验检测等进行监控。检验检测机构所有数据的记录方式应便于发现其发展趋势,若发现偏离预先判据,应采取有效的措施纠正出现的问题,防止出现错误的结果。质量控制应有适当的方法和计划并加以评价"。

(二十)结果报告

RB/T 214—2017 中 4.5.20 要求"检验检测机构应准确、清晰、明确、客观地出具检验检测结果,符合检验检测方法的规定,并确保检验检测结果的有效性。结果通常应以检验检测报告或证书的形式发出"。RB/T 218—2017 中 4.5.10 要求"机动车检验报告应可明确追溯到检验报告中所有检验项目的检验记录,检验报告和检验记录的编号应具备唯一性,不得用车辆识别代码(VIN码)和车辆号牌或车架号代替检验报告和检验记录的编号"。(应注意人工检验、路试检验、移动检验检测设备检验等非联网检验检测项目记录编号、检验员身份识别等问题,保证记录的可追溯性。)

(二十一)结果说明

RB/T 214—2017 中 4.5.21 要求"当需对检验检测结果进行说明时,检验检测报告或证书中还应包括下列内容:
a)对检验检测方法的偏离、增加或删减,以及特定检验检测条件的信息,如环境条件;
b)适用时,给出符合(或不符合)要求或规范的声明;
c)当测量不确定度与检验检测结果的有效性或应用有关,或客户有要求,或当测量不确定度影响到对规范限度的符合性时,检验检测报告或证书中还需要包括测量不确定度的信息;
d)适用且需要时,提出意见和解释;
e)特定检验检测方法或客户所要求的附加信息。报告或证书涉及使用客户提供的数据时,应有明确的标识。当客户提供的信息可能影响结果的有效性时,报告或证书中应有免责声明"。

(二十二)抽样结果

RB/T 214—2017 中 4.5.22 要求"检验检测机构从事抽样检验检测时,应有完整、充分的信息支撑其检验检测报告或证书"。（机动车检验检测机构此条不适用。）

（二十三）意见和解释

RB/T 214—2017 中 4.5.23 要求"当需要对报告或证书做出意见和解释时,检验检测机构应将意见和解释的依据形成文件。意见和解释应在检验检测报告或证书中清晰标注"。

（二十四）分包结果

RB/T 214—2017 中 4.5.24 要求"当检验检测报告或证书包含了由分包方出具的检验检测结果时,这些结果应予以清晰标明"。（机动车检验检测机构此条不适用。）

（二十五）结果传送和格式

RB/T 214—2017 中 4.5.25 要求"当用电话、传真或其他电子或电磁方式传送检验检测结果时,应满足本通用要求对数据控制的要求"。

（二十六）修改

RB/T 214—2017 中 4.5.26 要求"检验检测报告或证书签发后,若有更正或增补应予以记录。修订的检验检测报告或证书应标明所代替的报告或证书,并注以唯一性标识"。RB/T 218—2017 中 4.5.11 强调"不得在已出具的检验报告上做任何修改和增加内容。如确需对检验报告进行修改或增加内容,应将报告收回、作废,并发出新的报告"。

（二十七）记录和保存

RB/T 214—2017 中 4.5.27 要求"检验检测机构应当对检验检测原始记录、报告或证书归档留存,保证其具有可追溯性。检验检测原始记录、报告或证书的保存期限不少于 6 年"。RB/T 218—2017 中 4.5.12 指出"在保证安全性、完整性、可追溯性的前提下,可使用电子形式存储的记录和报告,代替纸质文本存档"。

（二十八）小结

（1）机动车检验检测机构应建立和保持服务客户的程序,有为客户服务的意识;在允许客户进入检验检测现场时,应确保其他客户的机密不受泄露,不对检验检测结果产生不利影响,并保证进入现场人员的人身安全;与客户保持良好的沟通,以便准确、及时地了解客户的需求,当服务发生延误或偏离时,应通知客户;应收集顾客满意与否的信息,对收集到的信息进行分析,并作为评价管理体系和改进的依据,必要时及时采取纠正措施。

（2）机动车检验检测机构应建立和保持投诉处理程序,明确对投诉接收、确认、调查以及作出决定的部门和人员的职责。对与客户投诉相关的人员,对投诉人的回复决定进行审查和批准及送达通知的人,应采取回避措施。应保存所有投诉的接收、确认、调查和采取纠正措施的记录,将处理的措施、投诉的情况等信息输入管理评审。

(3)机动车检验检测机构应建立和保持出现不符合的处理程序,不符合工作控制程序应确保:

①在发生不满足管理体系要求或与客户约定的要求时,或发生检验检测结果不符合时,明确不符合工作处置的职责和权限,包括停止检验检测工作和在必要时收回结果报告等;

②明确对不符合工作的严重性作出评估、立即采取纠正和对不符合工作的可接受性作出决定的职责和权限;

③规定必要时通知客户并取消工作;

④规定批准恢复工作的责任人及责任;

⑤适用时,应规定检验检测前中后发生不符合工作的处置要求;

⑥有需要执行纠正措施程序;

⑦记录所描述的不符合工作和措施。

(4)机动车检验检测机构应建立和保持识别、收集、索引、存取、存档、存放、维护和清理质量记录和技术记录的程序。

(5)内部审核可以根据检验检测机构实际情况覆盖管理体系的所有要素,覆盖与管理体系有关的所有部门、所有场所和所有活动。可以依据有关过程的重要性、对检验检测机构产生影响的变化和以往的审核结果,策划、制定、实施和保持审核方案。

(6)质量负责人在管理体系中的职责是确保质量管理体系得到实施和保持,内部审核是履行其职责的有效方法。应通过与管理层的充分沟通,依据有关过程的重要性、对检验检测机构产生影响的变化和以往的审核结果,策划针对特定时间段和特定目标的内部审核,并组织实施。可以计划和系统的方式定期实施覆盖全部程序的内部审核,以验证管理体系实施的有效性。

(7)内部审核应由具备资格、熟悉检验检测、熟悉《检验检测机构资质认定能力评价 检验检测机构通用要求》和管理体系要求、具备审核能力的人员实施。只要资源许可,内审员不应审核自己或与自己相关的工作。内审员应经过审核过程和审核方法技巧的培训,并具备开展审核活动所需的充分的技术知识。

(8)检验检测机构的管理层应按策划的时间间隔组织管理评审,以对检验检测机构管理体系的适宜性、充分性、有效性以及是否能够保证质量方针和目标的实现进行评价,确保检验检测机构管理体系不断改进,持续有效地运行。

(9)机动车检验检测机构应建立和保持检验检测方法控制程序。机动车检验检测机构应使用适合的方法进行检验检测,该方法应是检验检测机构获得资质认定许可的方法。机动车检验检测机构在初次使用标准方法前,应验证能够正确地运用这些标准方法。如果标准方法发生了变化,应重新予以验证,并提供相关证明材料。机动车检验检测机构不得使用非标准方法,也不允许方法偏离。

(10)机动车检验检测机构应获得检验活动所需的数据和信息,并对其信息管理系统进行有效管理。机动车检验检测机构应对计算和数据转移进行系统和适当的检查。

(11)机动车检验报告、检验记录以及车辆流转交接单,其建立的车辆标识系统应具有唯一性。

(12)机动车检验检测机构应建立和保持监控结果有效性(质量控制)的程序,明确检验检测过程控制要求,覆盖资质认定范围内的全部检验检测项目类别,有效监控检验检测结果的有效性和质量。

(13)机动车检验检测机构可采用定期使用标准物质、定期使用经过检定或校准的具有溯源性的替代仪器对设备的功能进行检查。

(14)机动车检验检测机构所有数据的记录方式应便于发现其发展趋势,若发现偏离预先判据,则应采取有效的措施纠正出现的问题,以防止出现错误的结果。质量控制应有适当的方法和计划并加以评价。

(15)验检测原始记录、检验检测报告或证书副本等一并归档,保存的方式应便于追溯。检验检测原始记录、报告和证书档案的保管期限通常不少于6年。

第三章 机动车检验检测机构管理体系

机动车检验检测机构的管理和技术运作应通过建立健全、持续改进、有效运行的管理体系来实现。机动车检验检测机构应建立并有效实施实现质量方针、目标和履行承诺,保证其检验检测活动独立、公正、科学、诚信的管理体系,其管理体系至少应包括管理体系文件、管理体系文件的控制、记录控制、应对风险和机遇的措施和改进、纠正措施、内部审核和管理评审。本章依据 RB/T 214—2017《检验检测机构资质认定能力评价 检验检测机构通用要求》和 RB/T 218—2017《检验检测机构资质认定能力评价 机动车检验检测机构要求》,本着重点突出的原则,依次介绍管理体系概述、管理体系文件编制、内部审核和管理评审。

第一节 管理体系概述

一、管理体系含义

出具准确可靠的结果报告是机动车检验检测机构生存和发展的生命线。高效的质量管理是确保检验检测质量的一项重要因素。因此,机动车检验检测机构必须建立与自身情况相适应的质量管理体系,在运行中进行有效控制和持续改进,确保各项工作有序开展、检测质量持续提升。

管理体系,即用一套制度对机动车检验检测机构进行全方位管理,既能满足多个体系标准认证要求,又能促进各项管理职能有机融合,充分利用有限资源,建立自我完善的运行机制,有利于提高机动车检验检测机构整体管理的效率和效果,实现机构的目标。

为使机动车检验工作有效运行,机动车检验检测机构必须系统地识别和管理许多相互关联和相互作用的过程,称为"过程方法"。该方法使机动车检验检测机构能够对体系中相互关联和相互依赖的过程进行有效控制,有助于提高整体效率。过程方法包括按照检验检测机构的质量方针和政策,对各过程及其相互作用系统地进行规定和管理,从而实现预期结果。机动车检验检测机构的管理体系就是通过对机动车检验检测机构内各种过程进行管理来实现的,因而就要明确对过程管理的要求、管理的人员、管理人员的职责、实施管理的方法以及实施管理所需要的资源,把这些用文件形式表达出来,就形成了该机动车检验检测机构的管理体系文件。

机动车检验检测机构应将其管理体系、组织结构、程序、过程、资源等过程要素文件化。文件可分为4类：质量手册、程序文件、作业指导书、质量和技术记录表格。

机动车检验检测机构管理体系形成文件后，应当以适当的方式传达给有关人员，使其能够获取、理解、执行管理体系。

二、机动车检验检测机构管理体系的组成

按照RB/T 214—2017和RB/T 218—2017条款要求，从方针目标，文件控制，合同评审，采购，服务客户，投诉，不符合工作控制，纠正措施、应对风险和机遇的措施和改进，记录控制，内部审核，管理评审，方法的选择、验证和确认，数据信息管理，样品处置，结果有效性，结果报告，结果传送和格式，修改，记录和保存等19个方面介绍机动车检验检测机构管理体系的组成部分。

（一）方针目标

（1）机动车检验检测机构管理体系的质量方针是由组织管理层正式发布的该组织的总质量宗旨和方向。质量方针应与组织的总方针相一致，并为制定质量目标提供框架。质量方针应有机动车检验检测机构的特色，如"行为公正、方法科学、数据正确、服务便捷"。质量目标是在质量方面所追求的目的，通常依据组织的质量方针制定，且应对组织的相关职能和层次分别进行规定。质量方针一般应在质量手册中予以阐明，也可用单独文件发布。质量方针声明应在管理层的授权下发布。机动车检验检测机构的质量方针应包括以下内容：

①机动车检验检测机构管理者对良好职业行为和为客户提供机动车检验服务质量的承诺。

②要求机动车检验检测机构所有与检验活动有关的人员熟悉体系文件，并在工作中执行这些政策和程序。

③与质量有关的管理体系的目的，也就是机动车检验检测机构的质量目标（质量目标实现情况应提交管理评审）。质量目标要具有挑战性、可测量性、可实现性、关联性、时限性。质量目标是经过机动车检验检测机构努力才能完成的，与自身实际相关联，并规定实现目标的时限，具有可操作性。在制定质量目标后，要将目标具体化，分解到实现目标涉及的各个部门和岗位。

④机动车检验检测机构所有相关工作人员应熟悉机构管理体系文件，并在工作中贯彻执行这些政策与程序。

（2）管理层应提供建立和实施管理体系以及持续改进其有效性承诺的证据。应与RB/T 214—2017中4.5.10"纠正措施、应对风险和机遇的措施和改进"联系起来考虑，并需要重点关注。

（3）质量手册应描述整个管理体系文件的架构，能清楚地展示整个管理体系文件有哪些

内容。作为质量手册的支持性程序文件,有的可以包括在质量手册内。如果不能包含在质量手册中,则在质量手册中必须包含其目录清单以便于查找。支持性程序文件应包括技术程序在内。

(4)质量手册应明确规定技术负责人和质量负责人的职责、权限和作用,包括确保遵循 RB/T 214—2017 和 RB/T 218—2017 的责任。

(5)策划和实施管理体系的变更时,管理层应确保管理体系的完整性。机动车检验检测机构的管理层应知道如何策划实施机构管理体系文件的修订或换版。在策划时,应考虑管理体系文件的完整性,应从总体结构考虑,以保证整个管理体系修订或换版的一致性、充分性和完整性。

(二)文件控制

(1)机动车检验检测机构应建立文件控制程序,对文件的编制、审核、批准、发布、标识、变更和废止、归档及保存等各个环节进行管理。文件制定的目的是传递信息、沟通意图和统一行动。文件具有可控制、可获得、可实施、可督查、可留存、可追溯的性质。

(2)应明确文件控制范围,构成机动车检验检测机构管理体系的所有文件,质量和技术文件等均需要控制。机动车检验检测机构的所有文件并不是都需要控制,而是与管理体系相关的所有文件才要纳入受控范围。这些文件包括内部制定的文件和来自外部的文件。

(3)为确保文件的充分性和适宜性,需要控制的文件在发布之前应经授权人员审批后方能使用。文件的批准与发布需要注意以下 5 个方面:

①程序文件中应按职责权限对文件批准授权作出明确的规定。

②为确保文件的规范性和完整性,文件应包括:a)文件名称、文件编号(唯一性);b)发布者及发布时间;c)文件内容;d)文件依据或来源;e)文件发布或使用范围;f)起草人、审核人、批准人(适用于内部文件);g)版本或当前版本的修订日期或修订号。

③机构制定的管理体系文件应有唯一性标识。该标识应包括发布日期、修订标识、页码、总页数或表示文件结束的标记和发布机构。唯一性标识的作用是区分不同文件并确保其完整性和有效性。

④为防止使用无效、作废的文件且便于查阅,可采用编制受控文件清单(能识别文件的更改和当前的修订状态,证明其现行有效)来管理和方便查询受控文件,也可以采用文件分发的控制清单记录文件去向,便于监督、核查、及时更新。

⑤文件发布后,应配套相应的宣贯或培训计划和相关人员是否掌握文件的评价记录。

(4)为确保管理体系文件能被使用者正确掌握并在活动中实施,应注意以下 3 个方面:

①机构应保证在重要作业场所都能够得到适用的相应版本文件,但并不要求所有作业场所都能得到全部文件的相应版本。

②为了防止误用无效或作废文件,机构应及时从所有使用现场或发放场所撤除无效或作废文件,或用其他方法加以控制,如对无效或作废文件做适当的标识,尤其是技术标准汇编,其中有些是现行有效文件,有些是无效作废标准,往往需要通过标识加以区别。

③若出于法律需要（如文件变更引起法律诉讼）或知识保存目的而保留作废文件，应有适当的标记。

(5)为确保文件的持续适宜性和有效性，机动车检验检测机构应定期审查文件，必要时进行修订，修订后的文件须重新批准。

（三）合同评审

(1)合同评审是指在合同签订前，为了确保质量要求合理、明确并形成文件，且供方能实现，供方所进行的系统的活动。

(2)合同评审的目的是充分理解客户的要求，满足客户的要求，并争取超过客户的期望。通过评审，保证客户提出的质量要求或其他要求合理、明确并文件齐全，且机动车检验检测机构确实有能力和资源履行合同。

(3)机动车检验检测机构应制定评审客户要求、标书和合同的相关程序文件，必须明确常规检验（注册登记检验和在用机动车检验）和特殊检验的评审要求。

(4)机动车检验检测机构应对不同类型的委托书、标书或合同，按照不同的规定实施评审。

（四）采购

(1)机动车检验检测机构应根据自身需求，对需要控制的服务和供应品进行识别，并采取有效的控制措施。通常情况下，机动车检验检测机构至少采购3种类型的供应品和服务：

①选择设备时应考虑满足检测或校准方法以及 RB/T 214—2017 的相关要求，应单独保留主要设备的生产商记录；对于设备性能不能持续满足要求或不能提供良好售后服务的生产商，检验检测机构应考虑更换生产商。

②选择校准服务、标准物质和参考标准时，应满足 RB/T 214—2017 相关溯源性要求。

(2)采购服务，包括校准和（或）检定服务、设施与环境的设计、安装、调试服务、设备和设施维护维修、人员培训教育、样品传递和制备等。

(3)影响机动车机构输出质量的物品或服务的采购文件所包含的信息资料可包括型号、种类、级别、标识、规格、图纸、检验说明、测试结果要求、质量要求、制造商获得管理体系认证资格要求等。

（五）服务客户

(1)机动车检验检测机构建立和保持服务客户的程序文件。客户是指接受产品的组织或个人。政府部门、认证机构、制造商、生产厂、委托人（代理人）、消费者都可能成为客户。

(2)服务客户不仅仅是为客户提供检验检测服务，强调的是与客户的交流、配合、沟通合作，强调的是机动车检验检测机构应有为客户服务的意识，持续改进对客户的服务。

(3)客户的反馈意见是检验检测机构识别改进需求的重要信息。向客户征求反馈意见，使用并分析这些意见（无论是正面的还是负面的），有利于改进机动车检验检测机构的整体业绩、管理体系、检验检测活动和对客户的服务。客户意见反馈的形式包括客户满意度调查、征求客户的意见、与客户一起评价机动车检验检测结果报告。

(4)机动车检验检测机构应在便于车主观察的位置公示其认定资质、检验项目、检验标准、收费标准、车辆检验流程图、检验工位布置图和投诉监督栏等服务性设施。公示的证书文件可以是影印件,但内容应清晰醒目。客户应方便获悉机动车检验检测机构的承检车型、收费价格、业务流程、监督方式信息,以保证机动车检验工作的公开透明、公平公正、快捷高效,也便于客户监督。

(5)移动式摩托车检验可不必设置车辆检验流程图、检验工位布置图,但其他应该公示的内容不能缺少。

(六)投诉

(1)机动车检验检测机构应建立和保持处理投诉的程序,投诉处理过程应至少包括对投诉的接收、确认、调查以及决定采取处理措施过程的说明,跟踪并记录投诉,确保采用适当的措施解决投诉。

(2)接到投诉的机动车检验检测机构应负责收集并验证所有必要的信息,以便确认投诉是否有效。对于有效投诉应采取纠正措施。

(3)机动车检验检测机构应指定责任部门或责任人接待和处理客户的投诉,明确其职责和权力。对客户的每一次投诉,均应按照机构的规定进行处理。

(4)与客户投诉相关的人员、被客户投诉的人员,应采取适当的回避措施。对投诉人的回复决定,应由与投诉涉及的检验活动无关的人员作出,包括对该决定的审查和批准。

(5)机动车检验检测机构应对投诉的处理过程及结果形成记录,并按规定全部归档。只要可能,机动车检验检测机构应将投诉处理过程的结果正式通知投诉人。

(七)不符合工作控制

(1)"不符合",即"未满足要求"。机动车检验检测机构发生不符合一般分为两种情况:一是检验过程中发现不满足标准或者技术规范的要求;二是检验过程中发现不满足管理体系的要求。

(2)机动车检验检测机构应针对不同类型的不符合,分别规定其处理程序及其职责权限。不符合处理程序的内容应包括:发生不符合时暂停工作或扣发检验报告;对其严重性进行评价;立即纠正和对其可接受性作出决定;必要时通知客户并取消工作以及恢复工作的职责和权限等。

(3)机动车检验检测机构人员应熟悉不符合处理程序,以便在发生不符合时快速反应、及时处理,将其影响降低到最小。

(4)如果不符合工作有可能再度发生,机动车检验检测机构应立即执行纠正措施程序。

(5)处置不符合工作应保存记录,便于跟踪验证。

(八)纠正措施、应对风险和机遇的措施和改进

(1)纠正是为消除已发现的不合格所采取的措施。纠正可连同纠正措施一起实施。纠正措施是为消除已发现的不合格或其他不期望情况的原因所采取的措施。预防措施是事先主动识别改进机会,为消除潜在不合格或其他潜在的不期望情况的原因所采取的措施。

(2)纠正措施和预防措施是改进的方法、手段和途径。改进是纠正措施和预防措施的目的和归宿,是提高绩效的活动。机动车检验检测机构管理体系的策划不是一劳永逸的,是需要通过周期性改进,随着时间的推移而进化的动态系统。

(3)机动车检验检测机构应通过实施质量方针、质量目标,应用审核结果、数据分析、纠正措施、预防措施、管理评审、人员建议、风险评估、能力验证和客户反馈等信息持续改进管理体系适宜性、充分性和有效性。

(九)记录控制

(1)记录分为质量记录和技术记录两类:
①质量记录指检验检测机构管理体系活动中的过程和结果的记录,包括合同评审、分包控制、采购、内部审核、管理评审、纠正措施、预防措施和投诉等记录;
②技术记录指进行检验检测活动的信息记录,应包括原始观察、导出数据和与建立审核路径有关信息的记录,检验检测、环境条件控制、人员、方法确认、设备管理、样品和质量控制等记录,也包括发出的每份检验检测报告或证书的副本。

(2)每项检验检测活动技术记录应包含充分的信息,该检验检测在尽可能接近原始条件情况下能够重复。技术记录应包括每项检验检测活动、审查数据结果的日期和责任人。

(3)原始的观察结果、数据和计算应在观察到或获得时予以记录,并应按特定任务予以识别。观察结果、数据应在产生时予以记录,不允许补记、追记、重抄。

(4)记录形成过程中如有错误,应予以更改,但应确保技术记录的修改可以追溯到前一个版本或原始观察结果,实施记录改动的人员应在更改处签名或等效标识。应保存原始的以及修改后的数据和文件,包括更改的日期、标识更改的内容和负责更改的人员。这里说的更改日期是针对特定情况下,如计算错误的更改、文字错误的更改需要注明更改日期。原始数据不允许日后更改,只能当时更改,不需要更改日期。

(5)所有记录的存放条件应有安全保护措施,对电子存储的记录也应采取与书面媒体同等措施,并加以保护及备份,防止未经授权的侵入及修改,以避免原始数据的丢失或改动。电子记录(文件)的处理、保存应符合国家的安全保密规定,针对自然灾害、非法访问、非法操作、病毒侵害等采取与系统安全和保密要求相符的防范对策,如网络设备安全保证、数据安全保证、操作安全保证、身份识别方法等。

(6)机动车检验检测机构大部分检验结果、数据、图像使用计算机存储,机构应采取定期备份、存储、防病毒等措施,保证电子信息的存储安全和使用安全,存储备份记录要有多份且在不同地点由专人保管,存储环境应满足长期保存的要求。

(7)机动车检验记录包括人工检验记录、仪器设备检验记录、复检记录(如有复检)、路试记录(如有路试)、检验报告等纸质记录,也包括以电子形式存储的检验信息、检验数据、判定结论、图形、图片、视频等电子记录。

(8)机动车检验的每一份检验记录中的每一个检验数据和结果,都应能追溯到检验员。检验员在纸质记录的签名应清晰、完整,具有唯一性,对检验项目的结果负责;签名应便于识别,不能代签。使用电子记录时,使用电子媒介存储的检验记录,应由检验员通过自己的用户名登录检验软件系统,经系统验证和确认身份后,在系统中相应的项目上记录和识别检验员。检验员登录或确认的密码应满足安全要求,并定期更换,以防止被盗用和误用。检验人员不得将密码泄露给其他人员。

(十)内部审核

(1)内部审核是检验检测机构自行组织的管理体系审核,按照管理体系文件规定,对其管理体系的各个环节组织开展的有计划的、系统的、独立的检查活动。检验检测机构应当编制内部审核控制程序,对内部审核工作的计划、筹备、实施、结果报告、不符合工作的纠正、纠正措施及验证等环节进行合理规范。

(2)内部审核对检验检测机构工作能力和服务水平的提高起重要作用,我们后面会专门学习。

(十一)管理评审

(1)管理评审由管理层负责。管理层应确保管理评审后得出的相应变更或改进措施予以实施,并确保管理体系的适宜性、充分性和有效性。

(2)管理审核对提高检验检测机构工作效率起重要作用,我们后面会专门学习。

(十二)方法的选择、验证和确认

(1)机动车检验检测机构应建立和保持检验检测方法控制程序。机动车检验检测机构应使用标准的方法进行检验检测,该方法应是机动车检验检测机构获得资质认定许可的方法。

(2)机动车检验检测机构的检验方法应是标准方法,不采用非标准方法(或机动车检验检测机构自制方法)。

(3)机动车检验检测机构在初次使用标准方法前,应验证能够正确地运用这些标准方法。如果标准方法发生了变化,应重新予以验证,并提供相关证明材料。

(4)如果标准、规范、方法不能被操作人员直接使用,或其内容不便于理解,规定不够简明或缺少足够的信息,或方法中有可选择的步骤,会在方法运用时造成因人而异,可能影响检验检测数据和结果的正确性时,则应制定作业指导书(含附加细则或补充文件)。

(5)偏离指一定的允许范围、一定的数量和一定的时间段等条件下的书面许可。机动车检验检测机构一般不允许发生对检验检测方法的偏离。

(6)机动车检验检测机构无需自己制定的检验检测方法,也不可使用自己制定的检测方法。

(7)机动车检验检测机构应对所使用的检验检测方法实施有效的控制与管理,明确每个新方法投入使用的时间,并及时跟进检验检测技术的发展,定期评审方法能否满足检验检测需求。对于标准方法,应定期跟踪标准的制修订情况,及时采用最新版本标准。

(十三)数据信息管理

(1)动车检验检测机构应获得检验检测活动所需的数据和信息,并对其信息管理系统进行有效管理。

(2)机动车检验检测机构应对计算和数据转移进行系统和适当的检查。当利用计算机或自动化设备对检验检测数据进行采集、处理、记录、报告、存储或检索时,机动车检验检测机构应:

①对所有媒介上的数据予以保护,制定数据保护程序,保证数据的完整性、正确性和保密性;

②定期维护计算机和自动设备以确保其功能正常,并提供保护检测和校准数据完整性所必需的环境和运行条件;

③所用检验仪器应采用数字式二次仪表;

④所用检验仪器应有数据通信接口,能够进行联网控制;

⑤所用固定式检验仪器应采用计算机联网,实现自动检验、打印报告;

⑥计算机联网检验控制系统,不得改变联网检验仪器设备的测试原理、分辨率、测量结果数据的有效位数和检验结果数据。

(十四)样品处置

(1)机动车检验检测机构应当制定和实施承检车辆管理程序,对承检车辆在接收、处置、保护、检验或交回等过程应予以控制和记录。

(2)机动车检验检测机构应当建立承检的标识系统,应具有唯一性标识和检验检测过程的状态标识。机动车检验标识可直接使用车辆识别代码(VIN码)/车架号;在用车检验时,机动车检验标识可直接使用车辆识别代码(VIN码)/车架号或车辆号牌。

(3)使用车辆号牌作为机动车检验标识时,应将车辆号牌和号牌种类(号牌颜色)一并使用,防止不同种类的车辆号牌发生混淆。复检时应核对车辆识别代号(VIN码),以防止复检时替检。在用机动车检验报告记录的车辆识别代码(VIN码)/车架号、车辆号牌应与机动车行驶证记录的一致,注册登记检验报告的车辆识别代码(VIN码)/车架号应与机动车整车出厂合格证明或货物进口证明书一致。

(4)机动车检验检测机构在车辆接收时,应对其适用性进行检查,记录异常情况或偏离。当对车辆是否适合于检验检测存有疑问,或当车辆与所提供的说明不相符时,或者对所要求的检验检测规定得不够详尽时,检验检测机构应在开始工作之前问询客户,予以明确,并记录讨论的内容。

(十五)结果有效性

机动车检验检测机构应有监控结果有效性的程序。记录结果数据的方式应便于发现其发展趋势,如可行,应采用统计技术审查结果。机动车检验检测机构应对监控结果有效性的程序进行策划和评审,监控应包括但不限于以下适当的方式:

(1)使用标准物质或质量控制物质;

(2)使用其他已校准且能够提供可溯源结果的仪器;

(3)测量和检测设备的功能核查;

(4)适用时,使用核查或工作标准,并制作控制图;

(5)测量设备的期间核查;

(6)使用相同或不同方法进行重复检测或校准;

(7)机动车不同特性结果之间的相关性;

(8)审查报告的结果;

(9)检验检测机构内比对;

(10)盲样测试。

(十六)结果报告

(1)机动车检验检测机构应准确、清晰、明确和客观地出具检验检测报告或证书,可以以书面或电子方式出具。

(2)机动车检验检测机构应制定检验报告或证书控制程序,保证出具的报告或证书满足以下基本要求:

①检验检测依据正确,符合客户的要求;

②报告结果及时,按规定时限向客户提交结果报告;

③结果表述准确、清晰、明确、客观,易于理解;

④使用法定计量单位;

⑤检验检测报告或证书应有唯一性标识;

⑥检验检测报告或证书应有签发人的姓名、签字或等效的标识和签发日期;

⑦检验检测报告或证书应当按照要求加盖资质认定标志和检验检测专用章;

⑧机动车检验检测机构开展由客户送样的委托检验时,检验检测数据和结果仅对接收的机动车负责。

(3)机动车检验报告中所有检验项目都应有相应的记录提供支撑,包括人工检验记录和设备检验记录。记录应能体现记录编号、检验人员、检验设备、检验项目、检验数据、检验结论、检验时间、执行标准、车辆信息和状态、检测环境等。通过这份记录,当再次开展检验时,能够在接近原有的条件下重复检验内容及检验结果。

(4)人工检验、设备检验中的路试检验及移动检验检测设备检验等为非联网检测项目,其记录编号、检验员身份识别等也应具备唯一性,以保证记录的可追溯性。

(5)每一份检验报告或检验记录的编号应具有唯一性。一台车辆可能检验多次(若有复检),每台车辆的一次检验可以有多个记录或报告,车辆与记录、报告之间不是一一对应的,如用车辆识别代码(VIN码)或车辆号牌(号牌种类)代替检验报告或检验记录的编号,可能会出现混淆。

(十七)结果传送和格式

(1)当需要使用电话、传真或其他电子(电磁)手段来传送检验检测结果时,机动车检验检测机构应满足保密要求,采取相关措施确保数据和结果的安全性、有效性和完整性。当客户要求使用该方式传输数据和结果时,机动车检验检测机构应有客户要求的记录,并确认接收方的真实身份后方可传送结果,切实为客户保密。

(2)必要时,机动车检验检测机构应建立和保持检验检测结果发布的程序,确定管理部门或岗位职责,并对发布的检验检测结果、数据进行必要的审核。

(十八)修改

(1)机动车检验检测机构若要对已发布的检测报告或证书进行修改,则应满足本标准的所有要求,并仅以追加文件或资料更换的形式进行。

(2)当需要对已发出的结果报告作更正或增补时,应按规定的程序执行,详细记录更正或增补的内容,重新编制新的更正或增补后的检验报告,并注以区别原检验报告的唯一性标识。当以追加文件的形式进行时,应声明是"对检验检测报告或证书的补充,系列号……(或其他标识)",或以其他等效的文字形式表述。

(3)若原检验报告不能收回,应在发出新的更正或增补后的检验报告的同时,声明原检验报告作废。若原检验报告可能存在导致潜在其他方利益受到影响或者损失的,机动车检验检测机构应通过公开渠道声明原检验报告作废,并承担相应责任。

(4)当有必要发布全新的检验检测报告或证书时,应注以唯一性标识,并注明所替代的原报告或证书。必要时,标注修改的原因。

(十九)记录和保存

(1)应明确规定记录的保存期。

(2)不同种类的记录保存的期限应有所不同,最少为6年。

(3)记录保存期限应根据法律法规、客户、法定管理机构、资质认定机构和《检验检测机构资质认定能力评价　检验检测机构通用要求》规定的要求、记录的使用价值以及检验检测机构的具体情况作出明确的规定。例如:所有技术人员的档案和设备档案应长期保存(除非已从机构调离或报废),重要的质量记录(如内部审核报告和管理评审报告以及纠正措施、应对风险和机遇的措施和改进等记录)不少于资质认定有效期。超过保存期的记录需要销毁时,应经审批,由授权人员在监督下销毁,以免泄密和造成无可挽回的损失。

（4）机动车检验检测机构要使用电子形式存储的记录和报告来代替纸质文本存档，应确保检验记录和报告的软件系统规定了分级权限及密码，对检验数据和检验结果、检验结论、检验员签字及授权签字人签字等记录加以数字签名，保证其数据的不可篡改和可追溯。

三、管理体系的建立和运行

机动车检验检测机构管理体系的建立和有效运行是一个长期的过程，需要机构各部门的密切配合才能有效实施。

（一）领导层重视、管理层全方位的理解和支持、全员参与

领导层对质量体系重要性的认识是机动车检测机构质量体系建立的首要关键因素。在建设管理体系的过程中，领导层需要统一认识，下定决心，明确给予质量管理体系建立小组支持，并设置一位最高管理者具体负责组织和协调。

管理层主要由管理、技术部门的负责人组成。这些人员是质量管理体系执行的中坚力量，既要领会领导层的意思，也要负责将质量管理体系的内容和要求传递到下层员工，起承上启下的作用，要对他们进行 RB/T 214—2017、RB/T 218—2017 等文件的培训。部门负责人应先从理论上对机构质量体系有比较清晰的认知，然后在质量体系建立过程中逐步通过实践增加对质量体系的了解和认识，认识到建立质量体系的重要性，进而在质量体系建立和运行过程中提供足够的支持。

质量体系的建立和运行，需要全体检验人员的配合才能实现，而想要全体人员自觉执行质量体系的各种规定和要求，则一定要增强全体人员的质量意识。在质量体系运行前期，一定要通过充分的培训学习，宣传和贯彻质量手册和程序文件，使全体人员对公司的质量体系文件有比较清晰的了解。

（二）制定质量方针和质量目标

质量方针从本质上体现了机动车检验检测机构对质量的追求、对客户的承诺，也是员工质量行为的准则和质量工作的前行方向。

质量方针既要符合机构发展的愿景，也应通俗易懂，以便全体人员都能理解和坚持执行。质量目标可以包括年度目标和中长期目标。质量目标的制定，应综合考虑机动车检验检测机构服务特点，同时也要考虑实施过程中的可操作性。

质量目标应是可测量的。比如：

报告合格率＝（一次性通过审核发出报告数/总报告数）×100%

客户满意度＝[（总检验数量－客户投诉数量）/总检验数量]×100%

（三）完成质量体系文件化

质量管理体系建立应将机动车检验检测机构的组织结构、职责、工作程序、质量活动及

各类资源等协调统一起来,按照 RB/T 214—2017 和 RB/T 218—2017 相关要求,结合机构实际情况,建立质量管理体系,并将其文件化。

质量管理体系文件是机动车检验检测机构各项工作开展的重要依据,也是内部管理的规范性文件,没有统一的标准化文件格式,编制时注意其适用性及可操作性。各体系文件之间应相互协调、互相印证,处理好各种接口,避免不协调或职责不清。

(四)管理体系试运行

管理体系的运作实际上是执行管理体系文件、贯彻质量方针、实现质量目标、保持管理体系有效和不断完善的过程。体系文件一旦发布,各项工作开展均应严格按照文件要求执行,做到"写我所做,做我所写"。

1. 全员培训,体系宣贯

管体系文件发布后,应该组织宣贯,力求全员工明确自身职责,理解相关要求。由于文件涉及内容较多,需要领导层给予足够支持,以确保宣贯效果,避免流于形式。要使全体员工认识到建立质量管理体系是对整个机构的管理运行和检测工作的提高起作用,是为了符合市场经济发展的需求,也是机构自我完善发展的要求。

2. 明确职责和权限,确立过程和接口

需要规定机构内各个部门和人员的岗位责任与权力范围,在管理体系和工作中应承担的任务与责任,以及对工作中的失误应负的责任。最主要是要使全体人员对某项工作了解清楚:谁去做,做什么,怎么做,什么时候做,在哪里做,工作的要求是什么,为什么这样做以及相互之间如何联系。将承担管理、执行、核查的人员责任逐级落实,形成全覆盖、不空缺、不重叠的人员管理架构。

3. 切实做好记录管理和归档

质量记录为证明满足质量要求的程度或为质量管理体系的要素运行的有效性提供客观证据,同时也保证了检测报告的可溯性得以实现。

在外部评审时经常会发现存在体系运行过程缺少足够的记录证明运行过程有效和受控的现象。有部分原因是体系建立过程中文件的遗漏,这个需要质量管理人员在形成体系文件时按照要素审查文件,尽量做到有据可查;另一部分原因是部分检验检测机构在人员配置上不足,工作强度大,没有及时完成;还有可能的原因就是部分员工质量意识差,没有对体系运行的要求有明确的认知,造成质量记录工作延误。因而所有与质量活动相关的人员都应该加强质量教育,遵照体系文件的要求,做好质量信息的收集、分析、传递、反馈、处理和归档等工作。

(五)管理体系的改进

质量管理体系文件发布后,需要全员积极参与,将发现的问题进行整理和记录,为质量管理体系文件的修改、补充和完善提供证据,可通过以下几种举措改进质量管理体系。

1. 加强日常质量监督

质量监督的目的是确保人员能力满足规定要求,其最终目的是确保检验检测数据满足规定要求。我国现阶段采用的资质认定评审依据 RB/T 214—2017 中提出"应由熟悉检验检测目的、程序、方法和结果评价的人员,对检验检测人员包括实习员工进行监督"。监督员一般由工作中专业扎实、经验丰富且具备一定管理水平的人员担任。监督员的数量无具体要求,但要覆盖所有检测类别。

质量监督应得到领导层的授权,确保监督员具有相应权力开展监督工作。除领导层的支持程度、监督员的技术能力外,监督效果还与监督员的责任心有关。监督活动是找问题,一定程度上会受到监督对象的抵触,如果监督员怕麻烦,敷衍了事,监督活动也只能流于形式。

管理层需要对监督情况要定时总结,对于较易出问题的环节,可适当安排培训,通过不断学习,切实保证人员能力。

监督记录属于质量记录,是体系运行的重要证据,也是资质认定评审的重点内容,所以,切记监督工作应实时予以记录。

2. 认真开展内部审核和管理评审

质量管理体系内部审核是检查本单位各项质量活动是否符合评审准则与质量管理体系文件的一项重要工作。通过内部审核,能自我发现问题,分析原因,采取措施解决问题,以实现质量管理体系的持续改进。

管理评审以会议的形式进行,由最高管理者主持,目的是评价质量管理体系的适宜性、充分性、有效性,以及质量方针及目标是否达成。

通过内部审核及管理评审找到整改方向后,跟进、确认尤为重要。没有检查、没有跟进就没有执行力。无论质量监督、内部审核还是管理评审,最终取得效果如何,除了领导层的支持程度外,检查、跟进至关重要。

3. 重视外部评审和客户反馈

除自己查找问题,确定改进方向外,外部评审及客户反馈也是为检测机构提供改进方向的有效途径。

外部评审主要包括资质认定评审及监督检查。外部评审由于是第三方评审,评审组从旁观者的角度审核检验检测机构质量管理体系的运行情况,因此更具公正性,更容易提出问题。

客户较高的满意度也是检验检测机构需要达成的目标,要建立较为全面的客户反馈途径。足够重视收到的客户投诉,认真记录,妥善处理,做到每项投诉有人应,事事有落实。通过与客户的不断沟通,不断改进,做到自我提升。

4. 体系文件的修订

体系运行过程中,如发现部分条款不适应实际工作或发现不完善之处,可修订体系文件。通过不断找寻实际工作与文件要求不符之处,不断修订,最终使体系文件与实际工作一致,切实指导各项工作有序开展。

第二节 管理体系文件编制

建立和保持质量管理体系文件是机动车检验检测机构进行质量运行的重要手段之一,也是进行内、外部评审的主要依据之一,由一整套文件构成。质量管理体系文件的编写是建立并保持质量管理的重要环节,是质量管理经验的总结和提高。由于"放管服"改革的深入进行,机动车检验检测机构如雨后春笋般增长,导致很多新增的机动车检验检测机构在申请资质过程中只是照葫芦画瓢,与实际情况相距甚远;在获得资格许可后,管理层疏于管理,态度不端正,导致质量管理体系有名无实,机构缺陷重重。如何编写一套规范化、适合于机构自身的质量管理体系文件对质量管理体系有效运行起着至关重要的作用,也是当前机动车检验检测机构需要解决的一个问题。本节主要从质量手册、程序文件、作业指导书和记录表格的编制方法分别进行详细介绍。

一、管理体系文件的编制方法

管理体系是指为建立方针和目标并实现这些目标的体系,包括质量管理体系、技术管理体系和行政管理体系。管理体系的运作包括体系的建立、体系的实施、体系的保持和体系的持续改进。检验检测机构管理体系至少应包括管理体系文件、管理体系文件的控制、记录控制、应对风险和机遇的措施和改进、纠正措施、内部审核和管理评审。检验检测机构应建立符合自身实际状况,适应自身检验检测活动并保证其独立、公正、科学、诚信的管理体系。

管理体系文件包括表述质量管理体系和提供质量管理体系运行见证的文件。文件的主要作用是通过沟通意图、统一行动而产生增加价值的效果。文件在5个方面起作用:实现产品质量和质量改进,培训,可追溯性,提供客观证据,体系评价。它是质量管理体系设计的结果,是建立和保持质量管理体系的依据。质量管理体系应当具有完整严密、统一协调和科学严谨的成套质量管理体系文件,以便使有关人员有效地遵循质量管理体系的各项规定;同时,向供方提供足够的证据,说明质量管理体系的适用性,证实质量管理体系的有效性。

为使检验检测工作有效运行,检验检测机构必须系统地识别和管理许多相互关联和相互作用的过程,称为"过程方法"。该方法使检验检测机构能够对体系中相互关联和相互依赖的过程进行有效控制,有助于提高整体效率。过程方法包括按照检验检测机构的质量方针和政策,对各过程及其相互作用系统地进行规定和管理,从而实现预期结果。

（一）文件的涵义

（1）文件是信息及其载体，信息即有意义的数据。文件可以承载在纸张上以书面形式表达，也可以采用数字存储设施（如光盘、硬盘等）、模拟设备（如磁带、录像带或磁带机）或缩微胶片、相纸等，还可以是以上媒介的组合。

（2）文件包括质量手册、方针声明、程序文件（或规章制度）、作业指导书和记录表格、会议备忘录、通知、计划（规划、策划）、方案等。

（二）文件的分类

（1）在质量管理体系中使用 4 类文件（质量手册、质量计划、程序、记录），按作用可分为法规性文件和见证性文件两类。

法规性文件：用以规定质量管理工作的原则，阐述质量管理体系的构成，明确有关部门和人员的质量职责，规定各项活动目标、要求、内容和程序的文件。属于这类文件的有质量方针政策、质量手册、程序文件和质量计划等。它们是组织内部实施质量管理的法规，是组织内部各级各类人员必须遵循的行为规范，是开展各项质量活动的依据。在合同情境下，这些文件是组织向顾客证实质量管理体系用以表明适用性的证据。

见证性文件：用以表明质量管理体系运行情况和证实其有效性的文件。质量记录属于这类文件。这些文件记载了各质量管理体系要素的实施情况和产品质量的状态，是质量管理体系的见证。

（2）质量管理体系文件按适用范围可分为通用性文件和专用性（专项性）文件两类。

通用性文件：适用于组织承制的各项产品（服务）而为组织长期遵循的文件。属于这类文件的有质量方针政策、质量手册、程序文件和记录。

专用性（专项性）文件：就某项产品（服务）的特殊要求编制的专项文件。它是作为对通用性文件中一般规定的补充，属于这类文件的有质量计划。

各种质量管理体系文件由于其内容、作用、篇幅和数量的不同，发布的形式和管理的方法也各异。质量方针政策在习惯上一般不列为单项文件单独发布，而是纳入质量手册一起发布。程序文件可以采取单份编制和汇编成册管理的形式，也可与质量手册编在一起。质量记录的内容有两个方面，一是表式，二是实体状态的记载。作为质量管理体系设计结果的是表式。质量记录采取汇编发布和分发使用的形式。

（三）文件的作用

1. 规范性文件

管理体系文件的规范性在于：给出了本机构达到质量目标的方法，界定了职责和权限，使管理体系成为职责分明、协调一致的有机整体；"该说的一定要说到，说到的一定要做到，做到的一定要可追溯"，通过认真执行文件要求最终达到预期的目的。

2. 审核依据

管理体系文件是内部审核和外部审核的依据之一,用于证明过程已经确定,证明程序已被认可并已开展和实施,证明程序处于更改控制中。

3. 管理体系的核心

质量手册作为质量管理体系的纲领性文件,其地位相当于"宪法"。其他各类文件(管理性文件、作业指导书等)则相当于单项"法规",规定了某些方面的具体要求。质量手册的编制就是"立法",发布后的宣贯就是"普法",让每一个人员"知法懂法",并自觉地"依法办事"。还需要专门人员当"警察""执法",不断地依据质量手册的要求去发现和纠正偏差。有了管理体系文件,才能"有法可依,有据可查,知错能改,与时俱进"。当把质量改进成果纳入文件,变成标准化程序时,成果可得到有效巩固。

4. 文件和培训管理体系文件化

文件作为培训全体员工的教材,应对全体员工进行管理体系文件培训和考核,促进文件被全员获取、理解、执行。

(四)文件的层次结构

(1)机动车检验检测机构应将其管理体系、组织结构、程序、过程、资源等过程要素文件化。文件可分为4类:质量手册、程序文件、作业指导书、质量和技术记录表格。

(2)管理体系文件采用金字塔架构,层次可根据机动车检验检测机构的具体情况和习惯进行划分。通常习惯划分为4个层次,把质量手册作为第一层次(A层级),把程序文件作为第二层次(B层级),把质量文件中的作业指导书作为第三层次(C层级),把质量和技术记录表格作为第四层次(D层级)(图3-1)。

(3)文件层次从上到下越来越具体详细,从下到上每一层次都是上一层次的支持文件,上下层次文件要相互衔接、前后呼应,内容要求务必一致,不能有矛盾。

(五)管理体系文件的基本要求

1. 规范性

(1)机动车检验检测机构应对管理体系文件的编制、审核、批准、发布、标识、变更和废止等各个环节实施控制,并依据制定的文件控制程序控制管理体系的相关文件。管理体系文件及其相关文件包括法律法规、标准、规范性文件、质量手册、程序文件、作业指导书和记录表格,以及通知、计划、图纸、图表、软件等。

(2)机动车检验检测机构应定期审查管理体系文件及其相关文件,防止使用无效或作废文件。失效或废止文件一般要从使用现场收回,加以标识后销毁或存档。如果确因工作需

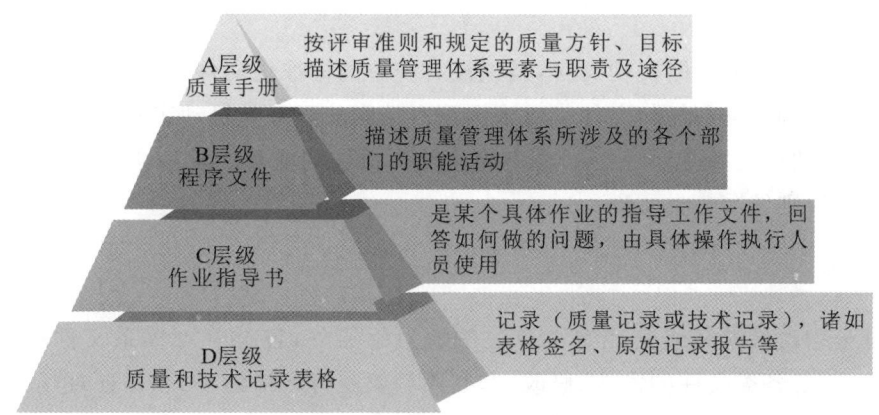

图 3-1 管理体系文件的架构

要或其他原因需要保留在现场的,必须加以明显标识,以防误用。

(3)质量手册及其支持文件都是机动车检验检测机构的规范性文件,必须经审批才能生效执行。批准生效的文件必须认真执行,不得违反。如果要修改则必须按规定的程序进行。任何时候都不能使用无效版本的文件。对机动车检验检测机构内部而言,管理体系文件不是指导性文件,而是必须执行的指令性文件。

2. 系统性

机动车检验检测机构应对其管理体系中采用的全部要素、要求和规定,有系统、有条理地制定成各项方针和程序;所有的文件应按规定的方法编辑成册。必须注意所有文件是一个有机整体,如若修改某一文件,注意修改与之关联的其他文件。

3. 协调性

管理体系文件的所有规定应与机动车检验检测机构的其他管理规定相协调;管理体系文件之间应相互协调、互相印证;管理体系文件之间应与有关技术标准、规范相互协调,避免不协调或职责不清。各类文件的地位、作用是不同的,处于不同的层次上。每类文件除了重视各层次间的衔接,主要是解决本层次的问题。比如,质量手册是处于最高层次的纲领性文件,不涉及纯技术性的细节;作业指导书则是最基础的操作性文件,要求对各项作业给予尽可能详细的指导,而不需要原则性、概括性的阐述。

4. 唯一性

对于一个机动车检验检测机构,其管理体系文件是唯一的;每一项活动只能规定唯一的程序;每一个程序文件或作业指导书只能有唯一的解释;一项任务只能有一个部门(或人)总负责。强调管理体系文件的唯一性,避免出现管理混乱现象。

5. 适用性

对所有机动车检验检测机构而言,虽然没有统一的标准化文件格式,但更应注意其适用性和可操作性,因此,编写任何文件都应依据评审准则的要求和机动车检验检测机构的真实情况,所有文件的规定都应保证在机动车检验检测机构的实际工作中能完全做到;遵循"最简单、最易懂"原则编写各类文件。

6. 受控性

除了部分赠送给顾客或其他有关单位的质量手册外,各类管理体系文件均是受控的。所谓的受控,就是各类文件的发放、修改、作废等均要履行严格的手续,保证现场使用的都是现行有效的文件。这一点非常重要,如果文件控制不严格,那么文件化的管理体系很容易流于形式,导致失败。

(六)编写管理体系文件的原则

1. "质量第一、客户至上"

"质量第一、客户至上",不是空洞的口号,应成为机动车检验检测机构的宗旨。管理体系文件中应处处体现这一思想,通过质量手册、工作程序、作业指导书、质量记录等,把这一思想落到实处。如果指导思想不端正,仅仅为应付检查、审核,是不可能编出质量好的管理体系文件的。

2. 实用有效

编写管理体系文件,不仅要考虑通用要求,更要考虑机动车检验检测机构的实际情况,所写的一定是机构经过努力能够做到和行之有效的。脱离机构实际,最后必然无法实施,整个文件系统也就没有任何价值。比如说 RB/T 214—2017 中 4.5.5 关于分包的条款以及4.5.17 关于抽样的条款,这两个条款对机动车检验检测机构就不适用,因为不允许对送检车辆检验项目进行分包以及对送检车辆进行抽样,所以这两个条款无需执行,应加以删减。

3. 不断改进

管理体系文件具有相对稳定性,但不是一成不变的。随着机动车检验检测机构经营外部环境及内部条件的变化,管理体系文件应有一定的适应能力。例如,质量手册要采用活页装订,制定文件修改程序,注明版本号等,主要是为了便于修改。通过定期内部审核等方式,找出现行文件的不足,不断对体系文件进行改进,保证其先进性和适用性。

4. 目的明确

要编好管理体系文件,一定要有一个明确的目的。目的是对机动车检验检测机构实施标准化和规范化的管理,提升机动车检验检测机构管理水平和能力,从而提高机动车检验检测机构市场竞争力。因此在评审时不仅要看体系文件是否符合准则、标准,更要看体系文件是否已经实施、实施的证据、实施的效果。只是为"符合"准则、标准而拼凑的东西,是不能产生任何实用价值和用途的。

5. 领导重视

既然管理体系文件的编写是机动车检验检测机构的一项重要的"立法"工作,涉及机构的方方面面,若没有主要领导的重视和支持,是肯定做不到的。因此,主要领导应直接抓该项工作的落实。若领导尚未认识清楚,就不要急着做,一旦做了,也只是表面文章,不能起到应有的作用。

6. 组织落实

为编写好管理体系文件,要有相应的组织。通常建立两个小组,一个是管理体系文件编写领导小组,主要负责编写原则的确定、编写人员的选择,以及管理体系文件的初审和终审。另一个是管理体系文件编写小组,负责具体的文件编写工作。一般主要由机构质量管理部门负责,另外从各个职能部门各抽出一个人员,组成编写小组。对编写小组成员要经过挑选,要求对工作认真负责,对机构情况熟悉,具有较强的文字能力。

7. 资源保证

对管理体系文件编写所需的必要办公条件要给予保证,包括调查研究、培训学习、资料搜集、电脑排印等所需费用以及时间保证。

(七)质量管理体系文件编写流程

1. 培训学习,理解标准

编写人员应掌握文件编写方法,初步掌握结合本机构的实际及如何编制有关文件的基本知识。学习的内容有两个大的方面:一是相关法律、法规和文件、规定,计量、标准化、产品质量基础知识等;二是质量手册、程序文件、作业指导书、质量计划、记录的编写知识,包括实施阶段主要任务和工作内容、分工。

2. 资料调研及机构实际情况调查

以编写小组成员为主对机构进行调查,了解组织机构的现状(包括机构的业务范围及能力、设备设施、人员构成、环境以及其他相关资源)、各部门职能权限的现状、现有的管理制度及执行状况、现有的各项标准执行等情况,写出调研分析报告。

3. 拟订计划,分工编写

管理体系文件多,不是一个或几个人就能完成的,因此,在正式编写管理体系文件之前,应先拟定管理体系编写格式,制订编写计划。对各个层次文件的编排方式、编写格式、内容要求以及它们之间的衔接关系做出设计,并要制订编写管理体系文件的编写实施计划,做到每个项目有人承担、有人检查,按时完成。

4. 统一汇总,完成草案

编写组按照评审准则和机构实际情况分工合作进行编写。个人项目编写完成后,编写组对所有项目进行汇总,形成草稿。编写组对草稿反复进行研讨、协调、修改、完善,最终形成草案。

5. 下发草案,试点运行

(1)管理体系文件是描述管理体系的一整套文件,包括方针、目标、政策、制度、计划、程序、指导书等,它是开展各项质量活动的依据,也是评价管理体系、进行质量改进不可缺少的依据。其作用是便于沟通意图,统一行动。编写完成的管理体系文件草案应向有关人员宣贯,通过培训使他们理解并贯彻执行,以达到确保检验检测质量的目的。

(2)要求机构人员必须认真执行管理体系文件草案,并将发现的问题进行整理和记录,为管理体系文件的修改、补充和完善提供证据。

6. 组织内部审核,形成正式文件

对机构管理体系的管理活动和检验检测活动进行全面的内部审核,以验证所编制的管理体系文件草案是否符合评审准则的要求,是否符合机构的具体情况。以评审准则为标准,对管理体系文件草案进行符合性审核,对不符合要求的文件进行修改、补充,形成正式文件,经领导批准,正式运行。质量管理体系文件编写过程见图3-2。

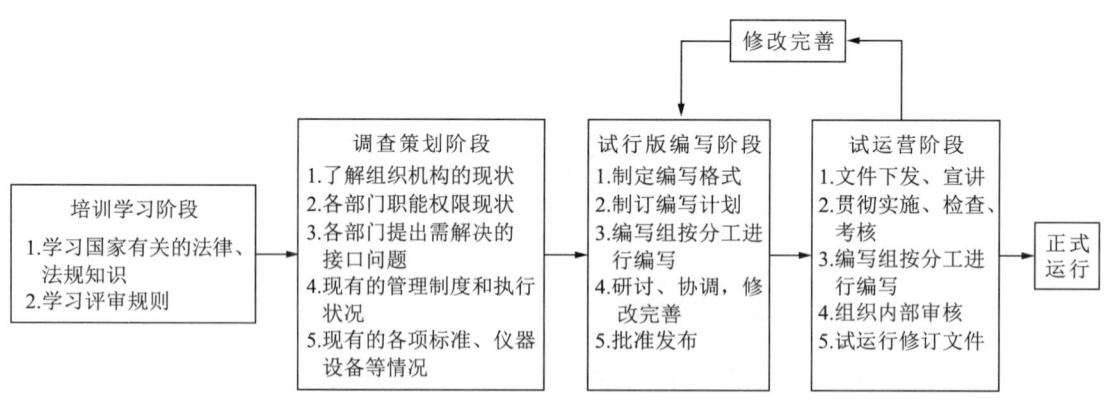

图3-2 管理体系文件编写过程框图

(八)管理体系文件的编写方法

1. 自上而下依次展开的编写方法

这种方法按质量方针、质量手册、程序文件、作业指导书、记录的顺序编写。此方法有利于上一层次文件与下一层次文件的衔接。此方法对文件编写人员,特别是手册编写人员的评审准则和机动车检验检测机构方面的业务知识要求较高,文件编写时间较长,必然会有反复修改的情况。

2. 自下而上的编写方法

此方法按基础性文件、程序文件、质量手册的顺序编写,适用于管理基础较好的机构。此方法因无文件总体方案设计指导,易出现混乱。

3. 从程序文件开始,向两边扩展的编写方法

先写程序文件,再开始手册和基础性文件的编写。此方法的实质是从分析活动、确定活动程序开始。此方法有利于评审准则要求与组织的实际紧密结合,可缩短文件的编写时间。

采用何种编写方法,不一而足,每一个检验检测机构可以根据自身需要,采用一种或几种编写方法进行编写,适用、高效的编写方法就好。

(九)文件控制

检验检测机构应建立文件控制程序,对文件的编制、审核、批准、发布、变更和废止、归档及保存等各个环节进行管理。应明确文件控制范围,构成检验检测机构管理体系的所有质量文件和技术文件等均需要控制。

1. 文件控制要求

(1)应保证检验检测机构有效运行的所有重要作业场所都能得到相应的授权版本文件。所有与检验检测工作有关的指导书、标准、手册和参考资料均应保持现行有效且易于员工取阅。

(2)应及时从所有使用现场或发放处撤销无效或作废文件,或通过适当标识等其他方法确保防止误用。

(3)若出于法律需要或知识保存目的而保留的作废文件,应有适当的标记。

2. 文件的批准与发布

文件的批准与发布应经授权人批准。

(1)文件在发布之前,应经授权人员审批。程序文件中应对文件批准发布的职责权限有明确的规定。

(2)文件应有唯一性标识,包括发布日期、修订状态标识、页码、总页数或表示文件结束的标记和发布机构等。文件标识可以有多种形式,检验检测机构应选择简易有效的、适合自己的方法。

(3) 为防止使用无效、作废的文件且便于查阅,机构可采用编制受控文件清单,表明管理体系文件构成及其修订状态,还应建立文件分发清单,记录文件去向,以便于监督、核查和文件变化时及时更新。

3. 文件的定期审查

(1) 为确保文件的持续适宜性和有效性,检验检测机构应定期审查文件,必要时进行修订,修订后的文件须重新批准。

(2) 为保证文件的适宜性,应在文件控制程序中规定文件审查程序,并对文件的适宜性和有效性等进行识别、分析、评估以及对该文件的修订提出建议,审查情况和结果应有记录。

4. 文件的变更

(1) 除非另有特别指定,文件的变更应由原审查责任人进行审查和批准。若有特别指定,被指定的人员应获得进行审批所依据的有关背景资料(如为什么变更、变更内容、原来如何规定等)。

(2) 可行的话,更新的内容应在文件或相应附件中标明。

(3) 如果检验检测机构的文件控制体系允许手写修改,则应明确规定此类修改的程序和权限,修改之处应清楚地表明,并签名和注明日期;修改的文件应尽快正式发布。

(4) 应制定程序来描述如何更改和控制保存在计算机系统中的文件。

二、质量手册的编写

质量手册是阐明一个组织的质量目标、质量管理体系和质量实践的文件。它是质量管理体系的概括表述,是质量管理体系文件中的主要文件,也是在实施和保持质量管理体系的过程中应长期遵循的纲领性文件。

在组织内部,质量手册是内部实施质量管理的基本法规。它由组织最高管理者批准发布。质量手册作为组织内部有权威的文件,为各项质量管理活动提供了统一的标准和共同的行为准则。质量手册系统、原则地规定了各项质量职责和程序,以协调体系的运行和为质量审核提供依据,保证质量管理体系的有效性。质量手册对外是组织质量保证能力的文字表述,以使供方和第三方确信,本组织的技术和管理能力能保证承制产品(服务)的质量达到规定的要求。

(一) 质量手册的内容

(1) 阐明机动车检验检测机构的质量方针、目标以及管理体系中全部活动的政策。

(2) 按照 RB/T 218—2017《检验检测机构资质认定能力评价 机动车检验检测机构要求》,规定和描述管理体系。

(3)规定对管理体系有影响的管理人员的职责和权限。
(4)明确管理体系中的各种活动的行动准则及具体程序。
(5)明确其组织结构及质量管理、技术管理和行政管理之间的关系。

(二)质量手册的目的

质量手册可以是作为机动车检验检测机构指导内部实施质量管理的法规性文件,也可以是代表机动车检验检测机构对外作出承诺的证明性文件。编制质量手册的主要目的如下。

(1)传达机动车检验检测机构的质量方针、目标、程序和要求。
(2)促进机动车检验检测机构管理体系有效运行,确保管理体系要求融入检验检测的全过程。
(3)规定改进的控制方法及促进质量保证活动的途径。
(4)环境改变时,保证管理体系及其要求的连续性、适宜性、有效性、充分性。
(5)为管理体系审核提供依据。
(6)作为有关人员的培训教材。
(7)对外展示、介绍本机动车检验检测机构的管理体系。
(8)证明本机动车检验检测机构的质量管理体系与客户或认证机构要求的质量管理体系标准完全符合,且有效。
(9)作为承诺,向客户提供最满意的产品或服务。

(三)质量手册的作用

(1)对内:是由机构最高管理者批准发布的、权威的、实施各项质量管理活动的基本法规和行动准则。
(2)对外:是证明机动车检验检测机构质量体系的存在,是具有质量保证能力的文字表征和书面证据,是取得客户和第三方信任的必要手段;不仅为协调质量体系有效运行提供了有效手段,也为质量体系的评价和审核提供了依据。

(四)质量手册的结构

质量手册的结构和形式没有统一的标准化规定,各机动车检验检测机构可根据具体情况自行安排章节结构,但必须清楚、准确、全面、简要地阐明质量方针和控制程序,保证必要的事项得以合理安排。通常结构如下。

1. 封面部分(没有统一格式,封面应包含以下几项内容)

(1)手册标题:"质量手册"四字用较大字体印在中间偏上位置。
(2)版本号:可以直接编在文件编号内或印在封面中间,如"第一版",如果不是首次发布的手册,还应标明版次。

(3)组织名称:应用全称,排在封面的上部或下部。

(4)文件编号:按组织关于文件标记、编目的规定,决定手册的文件编号,排在封面的右上角。

(5)受控状态:放在中下部。

(6)发放编号:按手册发放的数量编顺序号,排在中下部。各手册的持有者应有相应的编号,以便登记管理。

2. 概述部分

(1)批准页:撰写组织最高管理者批准实施的指令、签署及日期。

(2)任命书:由最高管理者签发的管理者代表任命书。

(3)目录:手册的一个组成部分。一般由章号、章名和页次组成。篇幅长的手册,可编入节号、节名。在目录中应能反映出构成质量管理体系的各要素。

(4)质量手册说明:叙述手册的主题内容、性质、宗旨、编制依据和适用范围;对手册的发放范围、持有者资格、领发手续、保管要求与责任、手册密级、评审、修改控制和换版程序作出简明的阐述和原则规定。如对标准有删减的,应说明理由,根据组织实际情况,在限于既不影响组织提供满足顾客和适用法规要求的产品能力,也不免除组织的相应责任的那些质量管理体系要求这个前提下,删减标准中的有关条款,引用或配合使用有关标准和文件、术语和定义(对于质量手册中采用的术语,若现行标准中已有规定者,可说明所依据的标准;无规定者,则应给出定义或说明)。

(5)质量手册修改控制:手册的管理应执行《文件控制程序》的规定,这里只记录修改手册的章节、条款、修改日期、修改人、审核人、批准人。

(6)组织概况:主要阐述的内容包括组织性质、规模、产品类型、设施、能力和质量情况等,其中,重点要阐明生产设施、检测手段和技术力量。同时应注明组织所在的地址、电话、传真、邮编等。

(7)组织结构:主要用图示来表述,辅以文字说明。用以说明的图有组织机构图、质量管理体系结构图。

(8)质量管理体系过程职责分配表:将质量管理体系的相关过程职责分配到各职能部门或个人。

3. 正文部分

正文部分一般按标准要求及层次划分章节进行阐述。在编写质量手册时,可以将若干项要求合为一章阐述,也可以将一项要求分写成几章。章节的顺序一般可按标准中所列各项要求的顺序编排,也可以按组织结构、质量职责和其他要求依次编排。其要求的顺序,一般采用过程方法按顺序阐述。其要求一般应阐述下述的各项内容。

目标和原则:阐明该要求的目标和实施要求应遵循的准则。要求的目标是指其职能发挥至最佳状态时应达到的期望目的。

活动程序：质量手册原则是规定要求的活动程序，必要时应辅以工作流程图和信息流程说明。应就程序中各阶段阐明其活动的过程。这个过程包括输入、转换和输出3个方面。在输入方面，应列出输入的文件、物品和人员的项目，它是活动的依据。在转换方面，按照原则规定活动的条件、内容、阶段、要求、方法、承担部门或人员。在输出方面，应列出与输入项相应的输出项目，它是活动的结果，包括在活动中形成的书面证据形式和记录项目，以表明要求的证实程度。同时，还应规定各项活动之间的分工界限和工作接口及协调措施。

与其他要求间关系：应阐明本要求与其他要求的联系及接口。明确规定本要求所含各项活动内容范围，以示与其他要求各活动间的区别。

上述3项内容的层次编排，可视情而定。阐述程序的程度不宜过于详细，以能概括和覆盖各项要求为宜，详细的各项活动的工作程序可在程序文件中作出具体规定，在质量手册中也可以引用这些文件。

正文主要内容如下。

（1）质量管理体系：阐述建立体系目的、范围、职责、要求等以及其他相关内容（也可包括文件控制程序和质量记录控制程序）。

（2）管理职责：内容包括管理承诺、以顾客为关注焦点、质量方针、质量策划（质量目标）、职责和权限（各级部门和人员的质量职责、权限和相互关系应有详细的制度作出规定。在质量手册中，只就直接影响产品质量的从事质量管理、执行、验证或评审工作的组织高层领导、独立行使权力的人员、合同环境下的组织代表等岗位以及生产技术业务部门的质量职责作出原则的规定）、管理评审。

（3）资源管理：包括资源的提供、人力资源（能力、培训和意识）、基础设施、工作环境。

（4）产品实现：内容有实现过程的策划、与顾客有关的过程、设计和开发、采购、生产和服务的提供、监视和测量装置的控制。

（5）测量、分析和改进：包括顾客满意程度测量、内部审核、过程和产品的监视和测量、不合格品控制、数据分析、改进（持续改进的策划、纠正措施、预防措施）。

4. 附录部分

附录主要是文件清单、质量记录清单。也可将两份清单作为文件独立出来不予附录。

在实施2000版ISO 9001标准过程中，有的组织在编制质量手册时将程序文件一同编入手册，将其作为一个章节，这也是一种可行的办法，各组织可视情况自行决定分开还是合并编写。

（五）编制质量手册等工作步骤

1. 成立编写小组

质量手册编写小组由机动车检验检测机构最高管理者（或授权代表）、各有关业务主管、编写人员组成，编制质量手册的整体框架。

2. 明确和制定质量方针

质量方针声明应经最高管理者授权发布，至少包括下列内容：
（1）对良好职业行为和为客户提供检验检测服务质量的承诺。
（2）最高管理者关于服务标准的声明。
（3）质量目标。
（4）要求所有与检验检测活动有关的人员熟悉质量文件，并执行相关政策和程序。
（5）最高管理者对遵循本准则及持续改进管理体系的承诺。

3. 确定质量手册格式和结构

确定质量手册格式和结构，列出相应的编制计划。质量手册的格式和结构没有统一要求，但要全篇统一，条目清晰，层次分明，便于阅读。

4. 收集资料

收集涉及管理体系的资料初次认证的机动车检验检测机构要采取各种方法，如调查表、访问的资料，收集原始文件或参考资料；把符合标准或基本符合标准的做法及其规章制度，经过必要的修改、补充，纳入编制的质量手册或程序文件中。

5. 编写质量手册草案

首先编写办公室提出一份质量手册编写的框架（包括颁发令、前言、目次、质量手册正文、质量手册管理使用规定、支持性文件目录的具体编写提纲、分工、进度等），分工编制，形成草案。

6. 质量手册的批准、发布

质量手册在发布前，应由机动车检验检测机构负责人对其进行最后审查，以保证其清晰、准确、适用和结构合理，也可以请预定的使用者对质量手册的适用性进行评定，然后由最高管理者批准发布。

7. 质量手册试运行与修订

质量手册发布后，进入试运行阶段。试运行阶段，全方位体验质量手册的适宜性、充分性和有效性。质量部门负责及时收集运行中的相关资料，记录整理使用者的意见和建议。在质量手册运行6个月左右，对质量手册运行以来，出现的各种问题进行归纳总结，对各方意见和建议加以汇总，进行一次内审和管评，修订完成质量手册的正式版本，并颁布执行。

质量手册是对质量体系作概括表述、阐述及指导质量体系实践的主要文件，是机动车检验检测机构质量管理和质量保证活动应长期遵循的纲领性文件。质量手册的编写要根据机动车检验检测机构自身情况来写，切忌

扫一扫学习【视频】
质量手册的编写流程

千篇一律照抄评审准则。

三、程序文件的编写

（一）程序文件概述

（1）机动车检验检测机构管理体系文件中的程序文件是规定质量活动方法和要求的文件，是质量手册的支持性文件。管理体系所选定的每个要素或一组相关的要素一般都应该形成书面程序。

（2）在整个质量管理体系文件中，质量管理体系程序文件是质量手册的下一个层次的文件。质量手册的主要目的是对质量管理体系作出充分的阐述，是实施管理体系时应长期遵循的文件。因此，质量手册中应包括或涉及质量管理活动的管理体系程序文件，要包括本单位所选用的质量管理体系标准中所有适用的要素。

（二）程序文件的编制要求

（1）基本上与质量手册编制要求相同。程序文件的编制，特别要注意协调性、可行性和可检查性。程序的内容必须符合质量手册的各项规定并与其他的程序文件协调一致。在编制程序文件时，可能会发现质量手册和其他程序文件的缺点，这时应作相应的更改，以保证文件之间的统一。

（2）程序文件中所叙述的活动过程应就过程的每一个环节作出细致、具体的规定，应具有较强的可操作性，以便于基层人员的理解、执行和检查。

（3）程序文件是质量活动实践中的经验结晶，因此编制程序的过程应该是总结经验教训进行质量管理优化的过程。

（4）在编制程序文件时，应注意如下两点：

①按照管理体系文件化的原则，一般对本机动车检验检测机构管理体系所选定的每个体系要素的各项质量活动都应建立其程序。

②程序文件一般不应涉及纯技术性的细节，需要时可引用技术程序或作业指导书。

（三）程序文件的主要内容

（1）说明程序文件所控制的质量活动及目的。
（2）说明程序文件所涉及部门和人员的各类工作和活动。
（3）规定负责实施程序文件的部门或人员及其职责和权限。
（4）说明在程序文件实施过程中所涉及的其他程序文件的名称和编号，以及所涉及的其他管理性文件（包括作业指导书、法规、标准等）。
（5）写明工作程序：规定质量活动的实施者、实施时间、实施地点、实施办法、所采用的材料、设备、引用的文件等；如何进行控制和评价；应保留的记录；特殊情况的处理办法等。

(四)程序文件的编写

程序文件的编制可以分为计划、编制、校审、审定和批准5个阶段。

(1)计划:按照程序项目制订程序的编制计划。明确各程序的目的、范围和内容要求,统一规定程序文件的格式、体例、章节编排、术语和符号,按编、校、审、批确定责任人员和决定工作进度及完成期限。

(2)编制:程序的编制可由质量管理部门集中人员编写,也可组织职能部门分工编写。

(3)校审:校审工作可先按单项程序校审和修改,然后对其中的主要程序组织评审,并协调统一各部门的意见。对评审中提出的意见,应分析采纳,进行文件修改。一份较完善的程序文件,往往要在校审阶段进行多次修改。

然后,由主持程序编制的负责人进行审定,由组织分管质量工作的领导批准。审批工作按单项程序文件进行。在审批工作结束后,汇编成册发布。

(五)程序文件的组成

封面:基本同于质量手册。

正文部分内容如下。

(1)标题:标题由管理对象和业务特性两部分组成。例如:"文件控制程序"中的文件控制是管理对象,程序是管理业务特征。

(2)目的:简要说明编制该程序的目的,一般不超过50字。

(3)适应范围:适用范围主要规定应用领域。

(4)职责:阐述与该程序相关部门的职责。

(5)程序:规定活动遵循的准则和应达到的期望目的。规定流程中各环节之间的输入和输出的内容,包括工件、器具、材料、文件、记录和报告、单据等物品或文件,并明确它们与其他要求的接口;规定开展各环节活动在资源方面应具备的条件;明确每个环节内转换过程中的各项因素,即由谁(部门、岗位),依据和采用什么文件和器具,做什么,如何做,做到什么程度,达到什么要求,如何控制,形成什么记录和报告及其相应的签署手续,记录,信息反馈和人员职责。对工作流程,可辅以工作台或文件的流程图表述,图内所用符号代号和线条的含义应符合现行标准的规定,对不易理解的要在图中予以注明。

(6)相关文件:列出与该程序相关的程序和其他文件目录。

(7)质量记录:在程序文件正文后面,应附上质量记录样式或写明编号和名称,以便于贯彻。

四、作业指导书的编写

(一)作业指导书的概述

1. 含义

作业指导书是规定质量基层活动途径的操作性文件,其针对的对象是具体的作业活动;

程序文件描述的对象是某项系统的质量活动,作业指导书是程序文件的细化。作业指导书也属于程序文件范畴,内容更具体。

2. 分类

机动车检验检测机构至少应制定以下 4 个方面的作业指导书。
(1)方法方面:用以指导检测过程(如汽车外廓尺寸测量作业指导书)。
(2)设备、标准物质方面:设备期间核查与标准物质期间核查作业指导书等。
(3)送检车辆方面:包括送检车辆的条件、停放场所和交接方法等。
(4)数据方面:检测的有效位数、异常值的剔除以及测量不确定度的表征规范等。

对常识性的操作技能可不编制作业指导书,如钢卷尺、钢直尺、秒表、游标卡尺的使用等操作。需要注意的是,作业指导书的编写应以申请检验检测机构资质认定的"检测标准"或"检测方法标准"为依据。如果这些标准已详细地规定了检测的步骤、方法和顺序,且机动车检验检测机构按照这些标准执行检测时,可以保证检测活动的有效性和一致性,那么机动车检验检测机构技术主管可以考虑将这些检测标准直接转化为检测作业指导书。比如:GB 38900—2020《机动车安全技术检验项目和方法》中附录 B"外廓尺寸测量",可以直接转化为检测作业指导书。

3. 内容

1)标题、适用范围、唯一性标识
(1)标题应直接反映适用于什么工作。
(2)适用范围除了说明适用工作外,必要时还应注明适用的产品、部门、场所、时间等。
(3)应对作业指导书进行唯一性编号标识。
2)作业资源条件
(1)设备(包括仪器、仪表的名称)、型号、规格、编号、设立条件(电压、电流、温度、时间、速度、压力、密度等)。
(2)工具名称、数量、规格。
(3)工作环境要求。
(4)需用物品名称、数量。
(5)需要参考的文件与图表的名称、编号。
3)作业方法与步骤
(1)按专业技术和工艺要求的顺序编写。
(2)遵照人体动作经济原则。
(3)遵照工具、设备经济原则。
(4)遵照物流、场所布置经济原则。
(5)可使用流程图、样品、插图、照片等形式,以便更加清楚、鲜明。
(6)适当时可指明记录要求。

4)作业应达到的质量标准

(1)每项作业的具体标准。

(2)涉及本作业的质量检查的标准。

(3)涉及本作业的统计抽样的标准。

5)安全提示

涉及设备和人身安全的因素,应提出保护措施。

6)标准工时

标准工时是时间研究、统计综合的结果,是衡量作业效率的尺度。

7)注意事项

提醒作业者最容易忽视且重要的事项。

(二)作业指导书的组成

1. 作业指导书的要素(5W1H)

(1)在什么时候(When)使用该作业指导书。

(2)在哪里(Where)使用此作业指导书。

(3)什么人(Who)使用该作业指导书。

(4)此项作业的名称及内容(What)是什么。

(5)此项作业的目的(Why)是什么。

(6)按怎样(How)的步骤完成作业。

2. 作业指导书的格式

作业指导书的格式包括封面、修改页、刊头、正文内容和刊尾等部分。每个单独的作业指导书由文头、正文内容和文尾等部分组成,每部分的格式有具体要求,以保证作业指导书的标准化、内容的规范化。

(1)封面:包括作业指导书名称、机动车检验检测机构名称、文件编号、发放编号、持有人、版本号(含修订次数)、受控状态、编写人员、审核人、批准人、发布日期、实施日期等。

(2)修改页(如存在):包括序号、修改号(文件编号和章节条号)、修改内容、审批人等。

(3)刊头:在每页文件的上部加刊头,便于文件控制和管理。刊头包括机动车检验检测机构名称、作业指导书名称、文件编号、版本号(含修订次数)、页码、颁布日期、实施日期等。

(4)正文:内容上包括文字和图表等,可以有不同的表达形式,但通篇格式应统一。格式上应包括题目格式(字体、字号)、章节条目格式(字体、字号)、表格格式(表序、表题)、插图格式(图序、图题)、正文(字体、字号、行间距)。

(5)刊尾(如需要):每页文件或每份文件的末页底部加刊尾说明文件起草、会签及审批情况。刊尾包括每个作业指导书的编制人、会签人及日期、批准人、批准日期、作业指导书内容解释人员(如有)等。

3. 编写步骤

(1) 明确编写目的是编写作业指导书的首要环节。在动手编写作业指导书之前，必须明确作业指导书的编写目的，否则，无法按照作业指导书快速有效完成检验操作。

(2) 作业指导书的编写任务一般由具体部门承担。参加编写作业指导书的人员应熟悉本机构实际情况，掌握检验检测标准及评价方法，熟悉检验检测、方法及检验检测流程，能编制检验检测记录单及检测报告。

(3) 编写作业指导书应首先编制检验检测流程图，流程图应符合实际工作流程。之后就可以按照既定的、统一的格式，根据流程图顺序编写作业指导书。

(三) 作业指导书的管理

1. 作业指导书的编制管理

作业指导书应该基于标准，而比标准更详细，易于操作。编制草案通过评审、修改、报批、审批过程，通过严格流程管控，得到保证，在科学性、可操作性、完整性和协调性等方面显著改善，有利于作业指导书的权威性、可行性。

2. 作业指导书的批准

作业指导书编写完成后，应按管理体系规定的程序批准后才可执行。未经批准的作业指导书不能生效。

3. 作业指导书的分发与更改管理

经审批后的作业指导书，当由负责文件实施的管理者批准，并由被授权的人员发放到使用者手中，确保能够得到适用文件的正确版本。使用者应注意妥善保管并适时使用。

4. 作业指导书的归档及保存

作业指导书同其他质量管理体系文件一样，检验检测机构应进行归档保存（包括修订更改的版本），并建立完整的、全部的检验检测机构作业指导书目录。作业指导书一般不外借给检验检测机构以外的人员和单位，因特殊原因需要外借，应按有关程序规定办理。

5. 作业指导书的使用

作业指导书是受控文件，必须加盖受控标记。经批准的作业指导书只能在规定的场合使用。严禁执行作废的作业指导书。如果标准、方法、仪器设备等发生变化，应按规定的程序对作业指导书进行更改，更换下来的文件及时收回并加盖作废章。

(四)编写误区及注意事项

1. 编写作业指导书的误区

(1)作业指导书的数量越多越好。
(2)把工作标准当作作业指导书。
(3)将标准或检测方法标准作为作业指导书。
(4)指导书是无用的,既费时又妨碍人操作。
(5)将标准或检测方法标准作为作业指导书。
(6)将仪器的使用说明或者操作规程当作业指导书。
(7)用文字将现有的操作按步骤详细地描述下来就是作业指导书。
(8)在仪器设备更换、标准规范修订后,不及时更新作业指导书。

2. 作业指导书的编写注意事项

(1)作业指导书的唯一性。
(2)作业指导书的法规性。
(3)切合实际并全面控制。
(4)形式多样而写法各异。
(5)作业指导书的适用性。
(6)协调好作业指导书和程序文件关系。
(7)PDCA[plan(计划)、do(执行)、check(检查)、act(处理)]循环过程,持续改进。

在新技术发展的背景下,检验检测标准在不断更新,及时标准查新和贯宣体系文件,有利于车检工作有章可循,检验过程控制规范化,处于受控状态,以确保车检工作的服务质量。

五、记录表格的编写

按标准建立质量管理体系的组织应按标准要求和组织确定的要求形成活动的证据文件,即记录。在质量管理体系文件中,记录是最基础的文件。为了便于管理和提高工作效率,记录一般应设计固定的格式。

(一)记录表格设计的要求

(1)记录表格的设计一般应与其相关的文件同时进行编制,以使记录与相关文件协调一致、接口清楚。
(2)规划质量管理体系所需要的记录。
(3)规定表格名称、标识方法、编目、表格形式、记载的项目、填写、审核与批准要求。
(4)应避免重复性,内容和格式安排应考虑填写方便。

(5)与所对应文件的要求不应有矛盾或遗漏的内容。
(6)兼顾周期性与信息容量,便于收集装订和保存。
(7)设立"备注"栏,以适用于特殊情况。
(8)规定一式几份和传送部门。

(二)记录表格使用的要求

(1)根据程序文件中规定的记录的要求确定记录表格的数量。
(2)清理现有的记录表格,分析其正确性和适用性。
(3)列出需要补充、修改的记录表格目录。
(4)按记录表格使用部门落实设计责任人,明确工作要求。
(5)由文件编写小组组织相关部门审核每份记录表格。
(6)试用记录表格,跟踪评价其正确性和适用性,修改不完善之处。
(7)按规定的权限审核、批准、印刷(必要时)。
(8)汇编成册(也可附在每份程序文件之后),并编制记录目录清单,发布后执行。
(9)必要时,可对复杂的记录表格形式注明其填写方法。

(三)记录的管理

记录的管理按标准要求,制定专门的控制程序,控制记录的标识、贮存、检索、保护、保存期限和处置办法。

第三节　内部审核

机动车检验检测机构应建立和保持管理体系内部审核的程序,以便验证其运作是否符合管理体系、RB/T 214—2017 和 RB/T 218—2017 的要求,管理体系是否得到有效的实施和保持。在日常的工作实践中,很多机动车检验检测机构对管理体系内部审核还存在认识不足的问题。如何才能使机动车检验检测机构质量管理体系的内部审核更加有效?本节主要从内部审核概述(定义、目的、范围、依据、原则和频次)、内审中各部门和人员的职责、内审步骤(内审的策划与准备、内审的实施、编写内审报告、纠正措施的实施及跟踪验证、全面审核报告的编写和纠正措施计划完成情况汇总分析)等方面进行系统介绍。

一、内部审核概述

(一)内部审核的定义

内部审核是机动车检验检测机构自行组织的管理体系内部审核,按照管理体系文件规定,对其管理体系的各个环节组织开展的有计划的、系统的、独立的检查活动。内部审核简称"内审",是机动车检验检测机构自己进行的,用于内部目的的审核,也称第一方审核,是一种自我约束、自我诊断和自我完善的活动。机动车检验检测机构应当编制内审控制程序,对内部审核工作的计划、筹备、实施、结果报告、不符合工作的纠正、纠正措施及验证等环节进行合理规范。

（二）内部审核的目的

管理体系内审是检查本单位各项质量活动是否符合评审准则与质量管理体系文件的一项重要工作。通过内审,能自我发现问题、分析原因、采取措施解决问题,以实现质量管理体系的持续改进。内审活动由质量负责人组织,必须得到最高管理者的全面支持,否则无法开展,也不会产生预期的效果。审核结果报告需经最高管理者审批,不符合项需由各相关责任部门制定整改措施,由内审员对整改结果实施验证,进行纠正行动,并制定预防措施。

(1)确定满足审核准则的程度：

①确定受审核部门的质量管理体系对规定要求的符合性。

②评价对客户、法律机构和认可组织要求的符合性。

③确定所实施的质量管理体系满足规定目标的有效性。

(2)最高管理者将根据内审情况作出改进和完善质量管理体系目标的决策。

(3)最高管理者可以通过内审了解质量体系的活动情况与结果,为改善质量管理体系创造机会和条件。

（三）内部审核的范围

审核活动的范围是指在包括固定的、临时的、可移动的或多个地点的场所的设施以及部门、要素等审核活动所涉及的领域或范围。

（四）内部审核的依据

(1)机动车检验检测机构的质量方针、目标和管理体系文件(包括质量手册、程序文件、作业指导书、质量监控计划等)。

(2)客户的要求、标书和合同条款。

(3)国家或行业的有关法律、法规或标准。

(4)RB/T 214—2017《检验检测机构资质认定能力评价　检验检测机构通用要求》、RB/T 218—2017《检验检测机构资质认定能力评价　机动车检验检测机构要求》。

（五）内部审核的原则

(1)审核的客观性:依据客观证据;形成审核发现;审核过程形成文件。

(2)审核的独立性:审核是被授权的活动;审核过程公正、客观;审核员不能审核与自己直接相关的活动。

(3)审核的系统性:审核活动有程序可依;对审核活动先行策划,制订活动计划,依计划进行;有规范的步骤和技巧。内审发现问题应采取纠正、纠正措施并跟踪验证其有效性,对发现的潜在不符合制定和实施预防措施。内审过程及其采取的纠正、纠正措施、预防措施均应予以记录。内审记录应清晰、完整、客观、准确。

(六)内部审核的频次

(1)常规审核:按年度计划进行。每年至少一次,覆盖质量管理体系的所有要素。
(2)特殊情况下审核:当出现下列情况时,增加内审频次。
①出现质量事故或客户对某一环节连续投诉。
②内部监督连续发现质量问题。
③组织结构、管理体系、人员、技术、设施发生较大变化。
④第二方或第三方,比如认证认可机构现场评审前。

二、内审中各部门和人员的职责

内审员应当经过培训,能够正确理解评审准则,清楚内审的工作程序,掌握内审的技巧方法,具备编制内部审核检查表、出具不符合项报告的能力。在人力资源允许的情况下,应当保证内审员与其审核的部门或工作无关,确保内部审核工作的客观性、独立性。

(一)人员职责

1. 最高管理者

(1)支持内审员的工作。
(2)认识内审工作的意义和作用。
(3)及时了解内审结果,为改进提供依据。

2. 质量负责人

(1)策划内审并批准组织年度内审计划。
(2)指定组成内审组及任命组长。
(3)将内审计划通知组长和受审核部门。
(4)责任不符合项追踪。
(5)负责内审质量和内审员培训。
(6)批准内审总结报告。

3. 内审组长

(1)编制内审实施计划。

(2)组织内审组实施内审。

(3)负责与被审核部门沟通与反馈信息。

(4)主持内审首次与末次会议。

(5)向质量负责人报告内审实施进程中遇到的重大问题。

(6)清晰明确地报告内审结论。

(7)签发不符合项通知书。

(8)编写内审报告。

4. 内审员

(1)编制内审检查表。

(2)向受审核方传达和阐明审核要求。

(3)有效地执行内审实施计划。

(4)记录审核发现。

(5)报告审核结果并形成不符合项通知书。

(6)负责对内审发现的不符合项跟踪和验证。

(7)收存与审核有关的文件(通称"内审记录")。

(二)各部门职责

1. 质量管理部门

(1)编制内审计划并通知相关人员和部门。

(2)协调内审工作。

(3)准备内审文件。

(4)收集内审记录。

(5)分析内审结果。

(6)组织跟踪验证纠正措施。

(7)管理内审员。

(8)起草内审总结。

(9)完成内审材料归档。

2. 受审部门

(1)编制内审计划并通知相关人员和部门。

(2)协调内审工作。

(3)准备内审文件。

(4)收集内审记录。

(5)分析内审结果。

(6)组织跟踪验证纠正措施。

(7)管理内审员。

三、内审步骤

质量管理体系内审的步骤一般分为 5 个阶段:内审的策划与准备、内审的实施、编写内审报告、纠正措施的实施及跟踪验证、全面审核报告的编写和纠正措施计划完成情况汇总分析。

(一)内审的策划与准备

1. 成立内审组

质量负责人依据管理体系审核年度计划的审核内容和审核对象组建内审组,内审组成员应经培训考核合格,取得内审员资格证书,且内审员与被审核部门无直接责任关系。质量负责人召开内审组组员会议,任命内审组组长和宣读内审员守则,并依据内审年度计划提出本次评审目的、范围内容和要求。

2. 制订内审计划

内审组长制订内审实施计划,依据本机构的职能分配表编制各受审核部门的审查内容,由质量负责人审批后实施。内容包括内审的目的、性质、依据、范围、审核组人员、日程安排。实施计划应在正式审核前一周由内审组长发至各有关部门和人员。

3. 审核组预备会

内审实施计划经质量负责人批准后,审核组长召开审核组预备会议,研究有关体系文件并应决定是否需要补充文件,明确分工和要求,确保每位内审员都清楚了解审核任务,全部完成审核前的准备工作。工作文件主要是指审核所依据的《质量手册》《程序文件》《作业指导书》和国家有关法律法规等文件以及编制《现场审核检查记录表》《不符合项报告表》《内部审核结果表》等。所准备的文件必须是有效版本,且已在机动车检验检测机构得到实施。

4. 编制检查表

审核前,内审员应根据分工编制检查表。内审检查表编制的好坏直接影响内审实施的质量,因此在整个内审中至关重要。内审检查表中审核内容要依据受审部门的职能编制,突出审核区域的主要职能;采取的审核方式和方法(查、问、听、看)要恰当;审核时需要抽样的数量要合理。要选择典型关键质量问题作为重点进行编制(如上次审核的有关信息、管理上的薄弱环节、客户的反馈、发生过的质量问题等)。所有内审员的检查表合在一起应覆盖管理体系的全部职能,包括本实验室和客户的一些特殊要求。检查表使用一段时间后应形成相对稳定的内容,作为标准检查表,为以后内审提供参考。

(二)内审的实施

1. 通知审核

内审至少提前一周通知受审部门具体的审核日期、安排和要求,可采取文件或口头两种形式。必要时受审方应准备基本情况介绍,审核实施计划应得到受审方确认。

2. 首次会议

现场审核前由内审组组长召开并主持首次会议,由质量负责人、受审核部门负责人、内审组全体成员及相关人员参加,与会人员须签到。首次会议内容包括:

(1)向受审核方负责人介绍内审成员及分工。

(2)说明审核目的、范围、依据和所采取的方法和程序。

(3)宣读审核实施计划及解释实施计划中不明确的内容。

(4)内审组与受审核部门取得正式联系。

3. 现场审核

1)现场审核应遵循的原则

以客观事实为依据的原则,客观事实以证据为基础,可陈述、验证,不含个人推理成分;标准与实际核对的原则,凡标准与实际未核对过的项目,都不能判定为符合或不符合;依次递进审核原则,该有的程序有没有、执行没执行、执行后有无记录 3 个方面;独立公正的原则。

2)收集客观证据

内审员按照审核实施计划、内审检查表规定的检查内容,通过交谈、查阅文件、现场检查、调查验证等方法收集客观证据并逐项实事求是地记录。记录应清楚、易懂、全面,便于查阅和追溯;记录应准确、具体,如文件名称、合同号、记录的编号、设备的编号、报告的编号和工作岗位等。审核时,审核员应及时与被审核方沟通和反馈审核中的发现,并对事实证据进行确认。

3)内部会议

在现场审核的后期,审核组长主持召开一次审核组内部会议,对在现场审核中收集到的客观证据进行整理、分析、筛选,得到审核证据。将审核证据与《检验检测机构资质认定评审准则》及质量体系文件等依据相比较,作出客观的判断和综合评价,形成审核发现,确定不符合项,并根据不符合项的产生原因确定不符合项类型是体系性不符合、实施性不符合或是效果性不符合,以及根据不符合项的性质,判断是轻微不符合或是严重不符合,同时根据不符合项的类型和性质提出纠正措施。内审员就不符合事实、类型、结论等编制内审不符合报告时,不符合事实的描述应具体,准确地报告所观察到的事实,不符合判断依据的条款和程序要写清楚。

4)末次会议

内审组组长组织内审组及有关人员(同首次会议)召开末次会议,到会人员签到。末次会议是审核组在现场审核阶段的最后一次活动,向受审核部门、单位领导报告审核情况。

会议主要内容包括:重申审核的目的、范围和依据;介绍审核情况;宣读不符合项报告,作出审核评价和结论;提出后续工作要求,包括纠正措施、跟踪验证及要求。

(三)编写内审报告

(1)内审报告是内审组结束现场审核后必须编制的重要文件。内审组长在末次会议后应尽快完成内审报告的编写,报告对审核中发现的问题(不符合项)作出统计、分析、归纳和评价,内审报告应规范化、定量化、具体化。内审报告经内审组全体成员通过,并签名报质量负责人批准后由质量管理部门发至各部门。

(2)审核报告内容:

①审核的目的、范围、方法和依据。

②审核组成员、受审部门。

③审核实施情况(包括审核的日期、审核过程概况简述等)。

④审核发现问题的描述和不符合项统计分析。

⑤对存在的主要问题的分析及改进意见。

⑥上次审核主要不符合项纠正情况。

⑦审核中有争议问题及处理建议。

⑧审核结论(对质量管理体系运行状况的综合评价,评价实施管理体系的有效性和符合性,肯定优点,指出不足,作出审核结论)。

⑨审核报告的批准及发放范围。

(四)纠正措施的实施及跟踪验证

(1)审核结束后,各部门对审核发现的不符合项和实验室体系中存在的薄弱环节,进行分析研究,找出原因,制订纠正、预防和改进措施计划,明确完成日期并组织实施。

(2)内审组长应指定一名或几名内审员对不符合项的纠正、对纠正措施有效性进行跟踪验证并确认完成及合格后,做好跟踪验证记录,将验证记录等材料整理归档(纠正措施完成情况即纠正措施的验证情况,可在不符合项报告中一并体现)。

(五)全面审核报告的编写和纠正措施计划完成情况汇总分析

本年度的内审全部完成后,尤其是滚动内审或多场所内审全部完成后,质量管理部门或质量负责人应进行汇总分析,对本年度的内审工作进行全面的评价,包括年度计划是否合适、组织是否合理、内审人员是否适应内审工作、经验教训及今后的打算。如果是例行审核,则在所有部门及条款审核完成后(一般是一年后),质量管理部门负责人应根据各部门的审核报告，汇总编写出一份全面的审核报告，并分析评价整个体系的有效性；还要与上次内审结果相比较，评价其进步情况；同时对全年各部门实施纠正措施加以汇总分析。这些结果均应上报最高管理者作为管理评审的输入之一。

第四节 管理评审

机动车检验检测机构应建立和保持管理评审的程序，可通过管理评审来评价管理体系存在的缺陷，然后通过更新管理要求（呈现方式为体系文件）予以纠正，形成管理层和员工正确的行事规范，从而保证机构管理体系高效、稳定地持续运行。管理评审作为管理体系运行的关键一环，对自查自纠、提升效率、提高市场竞争力和适应力等都有着关键性的作用。本节在了解机动车检验检测机构管理评审的概述后，重点从管理评审计划的制订、确定管理评审的输入、准备工作、召开管理评审会议、确定管理评审的输出、管理评审报告的撰写、监督与改进等7个方面介绍机动车管理评审的具体步骤，便于员工更好执行和落实。

一、管理评审概述

管理评审是实验室最高管理者主持，质量负责人、技术负责人等管理层参与的，对管理体系运行情况、质量方针、质量目标及全部检测活动的评审。管理评审是对机动车检验检测机构管理体系的现状、充分性和适应性进行综合评价，具体为质量管理体系是否实现本部门的质量方针和质量目标，是否适合公司内外部环境的变化，是否需要改进，过程识别是否充分，过程是否充分展开并形成文件，文件是否充分得到实施。确保管理体系持续有效地满足RB/T 214—2017《检验检测机构资质认定能力评价　检验检测机构通用要求》等相关准则和条款的要求，找出质量管理的短板，根据短板制定整改措施并持续改进，以达到不断提升机动车检验检测机构质量的目的。

管理评审须由最高管理者主持。机动车检验检测机构应当编制管理评审计划，明确管理评审的目的、内容、方法、时机以及结果报告，最高管理者应确保管理评审输出的实施。机动车检验检测机构应当对评审结果形成评审报告。对提出的改进措施，最高管理者应确保负有管理职责的部门或岗位人员启动有关工作程序，在规定的时间内完成改进工作，并对改进结果进行跟踪验证。机动车检验检测机构应保留管理评审的记录，作为持续改进的依据。

二、管理评审步骤

（一）管理评审计划的制订

管理评审原则上是每12个月进行一次，每年年初制订年度管理评审计划，由最高管理者批准。如果机动车检验检测机构组织机构及体制发生重大变化,或发生重大事故,或内审存在严重的不符合项,或相关法律法规发生变化,由最高管理者决定是否增加管理评审的频次。实施计划包括评审的目的、内容、参评人员、时间、依据等。

(二)确定管理评审的输入

每次管理评审要结合机动车检验检测机构的不同发展阶段面临的问题,即使每次管理评审能解决自身的一个问题即可。应联系机动车检验检测机构的实际情况,有的放矢,对症下药,以求实效。

管理评审常见问题通常包括以下几个方面(表3-1)。

表3-1 管理评审常见问题

序号	输入名称	准备人员
1	检验检测机构相关的内外部因素的变化	经理
2	目标的可行性	质量负责人
3	政策和程序的适用性	技术负责人
4	以往管理评审所采取措施的情况	质量负责人
5	近期内部审核的结果	内审员
6	纠正措施	经理
7	由外部机构进行的评审	经理
8	工作量和工作类型的变化或检验检测机构活动范围的变化	经理
9	客户反馈	经理
10	投诉	经理
11	实施改进的有效性	经理
12	资源配备的合理性	技术负责人
13	风险识别的可控性	质量负责人
14	结果质量的保障性	质量负责人
15	其他相关因素,如监督活动和培训	质量监督员等

管理评审的内容不仅仅局限于准则明确要求的内容,输入评审的材料可以是多方面的。实际上,只要是与机动车检验检测机构的管理体系运行相关的所有影响因素均可以作为管理评审的输入,但为了保证管理评审的效率和效果,一般情况只将准则明确要求的内容之外的一些体系运行中主要影响因素提交管理评审会议讨论,其他重要的内容可能在"日常管理会议"中进行讨论更加合理。

(三)准备工作

至少提前一个月开始准备,质量负责人编制《管理评审实施计划表》,明确具体的时间、地点及参评人员,将管理评审涉及的全部问题分配到各关键岗位,交予最高管理者批准。质量负责人下达管理评审通知单,并提出相关工作要求。各关键岗位人员准备管理评审所需要的资料。

(四)召开管理评审会议

最高管理者(或委托代理人)召集主持,最高管理层成员、各部门负责人、质量管理员参加,指定人员做好会议记录。质量负责人汇报一年来检测机构管理体系运行的情况,技术负责人汇报检测机构技术方面的改进及遇到需要解决的问题,所有参会人员对评审内容进行逐项讨论评审。针对现有或潜在的不符合项,分析存在的原因,并提出纠正措施、预防措施和合理化建议,确定责任人和完成期限。最高管理者对涉及的评审内容作出最终结论,对管理体系持续性、符合项、有效性和充分性作出总体评价。

为了提高管理评审会议的效率,会前最好把准备在管理评审会上讨论的材料发放到参会人员,在评审会议上就不用再宣读材料内容,并且各参会者也可以提前准备自己的见解和改进意见,从而压缩评审会议时间。

(五)确定管理评审的输出

评审会议参会人员须在会议结束时确定管理评审的输出,包括如下内容:①改进措施;②管理体系所需的变更;③资源需求。

(六)管理评审报告的撰写

质量负责人在会议结束后尽快完成管理评审报告。管理评审报告包括以下5个方面内容:

(1)实施管理评审计划的全过程情况。
(2)对质量管理体系内审报告中提及的整改措施的落实情况进行的评价。
(3)对《质量手册》和相关质量管理体系文件的适用性提出的意见。
(4)对质量管理体系运行及适用性等情况作出综合性的评价。
(5)提出改进目标。

管理评审报告经最高管理者批准后执行,与评审有关的资料、材料、记录等由质量负责人委托质量管理部门归档。

(七)监督与改进

管理评审报告经最高管理者审批后,由质量负责人或质量管理部门分发到最高管理层和各部门负责人,由相关的主管领导及职能部门组织落实,管理评审决定的各项改进措施应反映在本年度的工作目标、计划及质量管理体系文件的修订等方面,质量负责人对改进措施的完成情况进行监督和控制,并将其作为下次管理评审的输入信息。管理评审应该是最高管理者审查各部门工作的一个良机,也是机动车检验检测机构寻求持续改进的一种有效途径。

第四章 机动车安全技术检验检测

2022年5月1日开始施行的《机动车登记规定》提出:机动车所有人应当到机动车安全技术检验检测机构对机动车进行安全技术检验,取得机动车安全技术检验合格证明后申请注册登记。这对机动车安全技术检验提出了要求。

第一节 机动车检验检测基础

一、机动车分类

GB 7258—2017《机动车运行安全技术条件》对汽车、机动车等做了明确定义:

(1)机动车:由动力装置驱动或牵引、上道路行驶的供人员乘用或用于运送物品以及进行工程专项作业的轮式车辆,包括汽车及汽车列车、摩托车、拖拉机运输机组、轮式专用机械车、挂车。

(2)汽车:由动力驱动、具有4个或4个以上车轮的非轨道承载的车辆,包括与电力线相连的车辆。

(3)挂车:设计和制造商需由汽车或拖拉机牵引,才能在道路上正常使用的无动力道路车辆,包括全挂车(牵引杆挂车)、中置轴挂车和半挂车。(注意:汽车不包括挂车,车辆包括挂车。)

(4)载客汽车:设计和制造上主要用于载运人员的汽车,包括装置有专用设备或器具但以载运人员为主要目的的汽车。

(5)乘用车:设计和制造上主要用于载运乘客及其随身行李和/或临时物品的汽车。包括驾驶员座位在内不超过9个座位。

(6)客车:设计和制造上主要用于载运乘客及其随身行李的汽车。包括驾驶员座位在内座位数超过9个。(注意:客车不是载客汽车的简称。比如:迈巴赫62S,车长大于6 m,不属于客车。)

(7)货车:设计和制造上主要用于载运货物或牵引挂车的汽车。

(8)面包车:发动机中置且宽高比小于等于0.9的乘用车。根据GA 802—2019《道路交

通管理　机动车类型》,面包车特征为:平头或短头车身结构、单层地板,发动机中置(发动机缸体整体位于汽车前后轴之间的布置形式),宽高比(车宽与车高的比值)小于等于0.9,乘坐人数小于等于9人,安装座椅的载客汽车。

外形:以长方形为主,与轿车不同,没有突出的行李舱和发动机舱。

车门:4～5门,驾驶室和副驾驶室各1门,后部车仓1～2个拉门,尾部行李舱有1门。

七座:驾驶座、副驾驶座及5个座位(前2后3)。

机动车规格术语分类和结构术语分类见表4-1、表4-2。

表4-1　机动车规格术语分类

分类		说明
汽车	载客汽车 大型	车长大于等于6000 mm或者乘坐人数大于等于20人的载客汽车
	载客汽车 中型	车长小于6000 mm且乘坐人数为10～19人的载客汽车
	载客汽车 小型	车长小于6000 mm且乘坐人数小于等于9人的载客汽车,不包括微型载客汽车
	载客汽车 微型	车长小于等于3500 mm且发动机气缸总排量小于等于1000 mL的载客汽车
	载货汽车 重型	最大允许总质量(以下简称"总质量")大于等于12 000 kg的载货汽车
	载货汽车 中型	车长大于等于6000 mm或者总质量大于等于4500 kg且小于12 000 kg的载货汽车,不包括低速货车(三轮汽车和低速货车的总称,下同)
	载货汽车 轻型	车长小于6000 mm且总质量小于4500 kg的载货汽车,但不包括微型载货汽车和低速汽车
	载货汽车 微型	车长小于等于3500 mm且总质量小于等于1800 kg的载货汽车,但不包括低速汽车
	载货汽车 三轮汽车	以柴油机为动力,最大设计车速小于等于50 km/h,总质量小于等于2000 kg,长小于等于4600 mm,宽小于等于1600 mm,高小于等于2000 mm,具有3个车轮的货车。其中,采用方向盘转向、由传动轴传递动力、有驾驶室且驾驶人座椅后有物品放置空间的,总质量小于等于3000 kg,车长小于等于5200 mm,宽小于等于1800 mm,高小于等于2200 mm的三轮汽车不应具有专项作业的功能
	载货汽车 低速货车	以柴油机为动力,最大设计车速小于70 km/h,总质量小于等于4500 kg,长小于等于6000 mm,宽小于等于2000 mm,高小于等于2500 mm,具有4个车轮的货车(低速货车不应具有专项作业的功能)
	专项作业车	专项作业车的规格术语分为重型、中型、轻型、微型,具体参照载货汽车的相关规定确定
摩托车	普通	最大设计车速大于50 km/h或者发动机气缸总排量大于50 mL的摩托车
	轻便	最大设计车速小于等于50 km/h,且若使用发动机驱动,发动机气缸总排量小于等于50 mL的摩托车

续表 4-1

分类		说明
挂车	重型	总质量大于等于 12 000 kg 的挂车
	中型	总质量大于等于 4500 kg 且小于 12 000 kg 的挂车
	轻型	总质量小于 4500 kg 的挂车

表 4-2 机动车结构术语分类

分类		说明
汽车	载客汽车	
	普通客车	车身为长方体或近似长方体,单层地板,一厢或两厢式结构,安装座椅的载客汽车
	双层客车	车身为长方体或近似长方体,双层地板,一厢或两厢式结构,安装座椅的载客汽车
	卧铺客车	车身为长方体或近似长方体,单层地板,一厢或两厢式结构,安装卧铺的载客汽车
	铰接客车	车身为长方体或近似长方体,单层地板,由铰接装置连接两个车厢且连通,安装座椅的载客汽车
	轿车	车身结构为两厢式且乘坐人数不超过 5 人,或者车身结构为三厢式且乘坐人数小于等于 9 人的载客汽车
	专用客车	需经特殊布置安排后才能载运人员(通常为特定人员)的载客汽车,如囚车、殡仪车、救护车、专用校车等,包括旅居车和乘坐人数大于 9 人的专用汽车(如电力工程车)
	无轨电车	以电动机驱动,与电力线相连,具有 4 个或 4 个以上车轮的非轨道承载道路车辆
	越野客车	车身结构为一厢式或者两厢式,所有车轮能够同时驱动,接近角、离去角、纵向通过角、最小离地间隙等技术参数按照高通过性设计的载客汽车
	载货汽车	
	普通货车	载货部位的结构为栏板的载货汽车,但不包括具有自动倾卸装置的载货汽车
	厢式货车	载货部位的结构为封闭厢体且与驾驶室各自独立的载货汽车
	仓栅式货车	载货部位的结构为仓笼式或栅栏式且与驾驶室各自独立的载货汽车
	封闭货车	载货部位的结构为封闭厢体且与驾驶室联成一体,车身结构为一厢式的载货汽车
	罐式货车	载货部位的结构为封闭罐体的载货汽车
	平板货车	载货部位的地板为平板结构且无栏板的载货汽车
	集装箱车	载货部位为框架结构或者地板,专门运输集装箱的载货汽车

续表 4-2

分类		说明
汽车	载货汽车 自卸货车	载货部位具有自动倾卸装置的载货汽车
	载货汽车 特殊结构货车	载货部位为特殊结构，专门运输特定物品的载货汽车。如运输小轿车的双层结构载货汽车、运输活禽畜的多层结构载货汽车、混凝土搅拌运输车等
	载货汽车 半挂牵引车	不具有载货结构，专门用于牵引半挂车的载货汽车
	载货汽车 全挂牵引车	不具有载货结构，专门用于牵引全挂车的载货汽车
	专项作业车	装置有专用设备或器具，用于专项作业的汽车，如汽车起重机、消防车、混凝土泵车、清障车、高空作业车、洒水车、扫地车、吸污车、钻机车、仪器车、检测车、监测车、电源车、通信车、采血车、卫星转播车等。但不包括以载运人员或货物为主要目的的专用汽车
摩托车	二轮摩托车	装有两个车轮的摩托车
	正三轮载客摩托车	装有与前轮对称分布的两个后轮，具有载客装置的摩托车
	正三轮载货摩托车	装有与前轮对称分布的两个后轮，具有载货装置的摩托车
	侧三轮摩托车	在二轮摩托车的右侧装有边车的摩托车
全挂车	普通全挂车	载货部位为栏板结构的全挂车
	厢式全挂车	载货部位为封闭厢体结构的全挂车
	仓栅式全挂车	载货部位的结构为仓笼式或栅栏式的全挂车
	罐式全挂车	载货部位为封闭罐体结构的全挂车
	平板全挂车	载货部位的地板为平板结构且无栏板的全挂车
	集装箱全挂车	载货部位为框架结构且无地板，专门运输集装箱的全挂车
	自卸全挂车	载货部位具有自动倾卸装置的全挂车
	专项作业全挂车	装置有专用设备或器具，用于专项作业的全挂车
	旅居全挂车	装置有必要的生活设施，用于旅游和野外工作人员宿营的全挂车
中置轴挂车	中置轴旅居挂车	装置有必要的生活设施，用于旅游和野外工作人员宿营的中置轴挂车
	中置轴车辆运输挂车	设计和制造上专门用于运输商品车的框架式中置轴挂车
	中置轴普通挂车	其他中置轴挂车
半挂车	普通半挂车	载货部位为栏板结构的半挂车
	厢式半挂车	载货部位为封闭厢体结构的半挂车
	仓栅式半挂车	载货部位的结构为仓笼式或栅栏式的半挂车
	罐式半挂车	载货部位为封闭罐体结构的半挂车
	平板半挂车	载货部位的地板为平板结构且无栏板的半挂车
	集装箱半挂车	载货部位为框架结构且无地板，专门运输集装箱的半挂车

续表 4-2

分类		说明
半挂车	自卸半挂车	载货部位具有自动倾卸装置的半挂车
	低平板半挂车	采用低货台（货台承载面离地高度不大于 1150 mm）、轮胎规格最大为 8.25-20(8.25R20)、与牵引车的连接为鹅颈式的半挂车，车轴主要为轴线结构（一线二轴或二线四轴）
	特殊结构半挂车	载货部位为特殊结构，专门运输特定物品的半挂车
	专项作业半挂车	装置有专用设备或器具，用于专项作业的半挂车
	旅居半挂车	装置有必要的生活设施，用于旅游和野外工作人员宿营的半挂车
轮式专用机械车	轮式装载机械	具有装卸设备的轮胎式自行机械
	轮式挖掘机械	具有挖掘设备的轮胎式自行机械
	轮式平地机械	具有平地设备的轮胎式自行机械
符合无轨电车或越野客车结构术语定义的汽车，即使同时符合其他客车结构术语的定义，也应确定为无轨电车或越野客车；同时符合两者结构术语定义的汽车，应确定为无轨电车。 邮政车、冷藏车、保温车等以载运货物为主要目的的专用汽车，根据其载货部位的结构特征确定为相对应的载货汽车。		

车辆类型根据机动车规格术语和机动车结构术语相加确定，规格术语在前，结构术语在后，如"大型普通客车""中型罐式货车""重型专项作业车""重型集装箱半挂车""普通二轮摩托车"等。但低速货车的结构术语在前，规格术语在后，如"普通低速货车""厢式低速货车""罐式低速货车"等。轿车按照其规格术语确定为"大型轿车""小型轿车"和"微型轿车"。

（一）车辆"型式认证"分类

车辆"型式认证"分类如表 4-3 所示。

表 4-3 机动车类别划分

	二轮或三轮机动车辆	
L 类	L1 类	排气量小于等于 50 mL，最高设计车速小于等于 50 km/h 的二轮车辆
	L2 类	排气量小于等于 50 mL，最高设计车速小于等于 50 km/h 的三轮车辆
	L3 类	排气量大于 50 mL，最高设计车速大于 50 km/h 的二轮车辆
	L4 类	排气量大于 50 mL，最高设计车速大于 50 km/h，3 个车轮相对于车辆纵向中心平面为非对称布置的车辆（带边斗的摩托车）
	L5 类	排气量大于 50 mL，最高设计车速大于 50 km/h，3 个车轮相对于车辆纵向中心平面为对称布置的车辆

续表 4-3

M 类	至少有 4 个车轮并且用于载客的机动车辆	
	M1 类	包括驾驶员座位在内,座位数小于等于 9 座的载客汽车
	M2 类	包括驾驶员座位在内,座位数大于 9 座,且最大设计总质量小于等于 5000 kg 的载客汽车
	M3 类	包括驾驶员座位在内,座位数大于 9 座,且最大设计总质量大于 5000 kg 的载客汽车
N 类	至少有 4 个车轮并且用于载货的机动车辆	
	N1 类	最大设计总质量小于等于 3500 kg 的载货车辆
	N2 类	最大设计总质量大于 3500 kg,但小于等于 12 000 kg 的载货车辆
	N3 类	最大设计总质量大于 12 000 kg 的载货车辆
O 类	挂车	
	O1 类	最大设计总质量小于等于 750 kg 的挂车
	O2 类	最大设计总质量大于 750 kg,但小于等于 3500 kg 的挂车;
	O3 类	最大设计总质量大于 3500 kg,但小于等于 10 000 kg 的挂车
	O4 类	最大设计总质量大于 10 000 kg 的挂车

(二)机动车安全技术检验项目机动车分类

根据 GB 38900—2020《机动车安全技术检验项目和方法》,机动车分为以下六大类:①非营运小型、微型载客汽车;②其他类载客汽车;③货车(三轮汽车除外)、专项专业车(公告时注明专项作业车的车辆);④挂车;⑤三轮汽车;⑥摩托车。

针对不同的车辆类型提出了针对性的检验检测项目。(注:非营运机动车指个人或单位不以获取利润为目的而使用的机动车。)

(1)非营运小型、微型载客汽车指机动车行驶证上签注的使用性质为"非营运"的小型、微型载客汽车,并不包括签注的使用性质为出租转非、营转非、曾用、消防、救护、工程救险的小型微型载客汽车。

(2)车辆按照使用性质分:非营运、公路客运、公交客运、出租客车、旅游客车、货运、租赁、警用、消防、救护、工程救险、出租转非、营转非、教练、幼儿校车、小学生校车、中小学校车、初中生校车、危化品运输。

(3)专项作业车:装置有专用设备或器具,用于专项作业的汽车。如工程抢险车、洒水车、吸污车、水泥搅拌车、起重车、医疗车等。专项作业车不属于客车,不需要办理营运手续。

(三)机动车检验对引车员准驾车型的要求

机动车检验时,不同车型对引车员的驾照种类提出了不同要求(表 4-4)。需要注意的是,引车员的驾驶证类型会影响机构检验能力。大型客车引车员必须是 A1 照;重型、中型全挂、半挂汽车列车引车员必须是 A2 照。

表 4-4　机动车驾驶证中准驾车型要求

准驾车型	代号	准驾的车辆	准予驾驶的其他准驾车型
大型客车	A1	大型载客汽车	A3、B1、B2、C1、C2、C3、C4、M
牵引车	A2	重型、中型全挂、半挂汽车列车	B1、B2、C1、C2、C3、C4、M
城市公交车	A3	核载10人以上的城市公共汽车	C1、C2、C3、C4
中型客车	B1	中型载客汽车(含核载10人以上、19人以下的城市公共汽车)	C1、C2、C3、C4、M
大型货车	B2	重型、中型载货汽车;重型、中型专项作业车	C1、C2、C3、C4、M
小型汽车	C1	小型、微型载客汽车以及轻型、微型载货汽车;轻型、微型专项作业车	C2、C3、C4
小型自动挡汽车	C2	小型、微型自动挡载客汽车以及轻型、微型自动挡载货汽车	
低速载货汽车	C3	低速载货汽车	C4
三轮汽车	C4	三轮汽车	
残疾人专用小型自动挡载客汽车	C5	残疾人专用小型、微型自动挡载客汽车(只允许右下肢或者双下肢残疾人驾驶)	
普通三轮摩托车	D	发动机排量大于50 mL或者最大设计车速大于50 km/h的三轮摩托车	E、F
普通二轮摩托车	E	发动机排量大于50 mL或者最大设计车速大于50 km/h的二轮摩托车	F
轻便摩托车	F	发动机排量小于等于50 mL,最大设计车速小于等于50 km/h的摩托车	
轮式自行机械车	M	轮式自行机械车	
无轨电车	N	无轨电车	
有轨电车	P	有轨电车	

二、检测流程

(一)检测线基础知识

机动车检验检测机构必须有至少2条检测线(1条安全检测线、1条环保检测线)。所谓检测线就是由若干检测设备按顺序排列后组成的检测系统。

根据检验检测对象不同,安全检测线分为汽车检测线、摩托车检测线和汽车摩托车复合检测线。

根据制动检验台选配类型不同,安全检测线分为滚筒检测线和平板检测线。

根据检验检测对象燃料不同,环保检测线分为汽油车检测线、柴汽混合检测线(一般只可检测轻型柴油车)和柴油车检测线(可检测重型柴油车)。

(二)机动车检测流程

机动车送检时,应首先进行车辆预检。检查送检人是否提供送检机动车的机动车行驶证和有效的机动车交强险凭证,送检机动车是否清洁,无明显漏油、漏水、漏气现象,轮胎完好,轮胎气压正常且胎冠花纹中无异物,发动机运转平稳,怠速稳定,无异常;送检机动车不应该有与防抱死制动系统(antilock brake system,ABS)、电动助力转向系统(electric power steering,EPS)及其他与行车安全相关的故障信息,车辆环保辅助系统也不应有故障信息。

预检合格的机动车在登记后,进行联网查询车辆和唯一性检查,再经人工检验后,进行环保检测,排放合格方可进行安检的仪器设备检验,否则告知送检人员对车辆进行调整、整改(图4-1)。不适合仪器设备检验的车辆须进行路试。

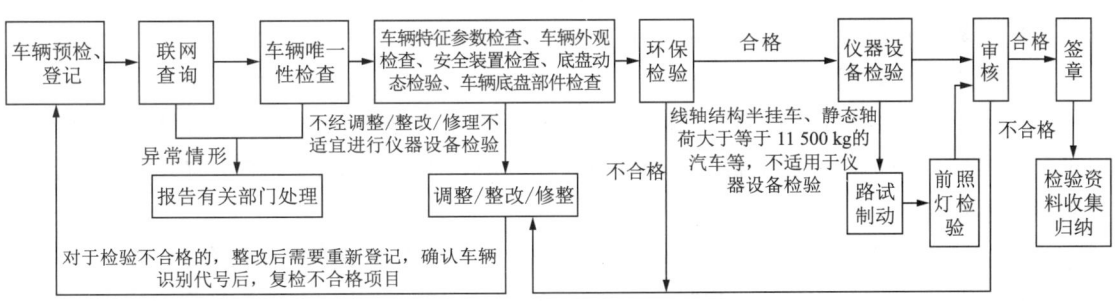

图4-1 机动车检测流程

对达不到以下基本要求的送检机动车,机动车安全技术检验检测机构应要求整改,符合要求后再进行检验检测。

纯电动汽车、插电式混合动力汽车、燃料电池汽车不应有与电驱动系统、高压绝缘、动力电池等有关的报警信号。

组成汽车列车的牵引车的准牵引总质量应大于等于挂车总质量,组成乘用车列车的乘用车在设计和制造上应具有牵引功能。

集装箱车、集装箱运输半挂车不应载有集装箱,货车不应装载货物。

(三)检测结果处置

1. 环保检测结果处理

环保检测无论是否合格,检验检测机构应出具《机动车环保检验报告》,并注明所有不合格项目(如有),报告一式三份,一份交机动车所有人(或者由送检人转交机动车所有人),一份留存检验检测机构,一份上交环保局。

《机动车环保检验报告》分《注册登记检验(测)报告》和《在用车检验(测)报告》两种。检验(测)报告采用字母数字编号。编码规则为:行政区划代码(6位)+检验检测机构联网顺序号(2位)+检验时间(12位)+自定义码(4位)。

2. 安全检测结果处置

1)检验合格处置

对于检验合格的机动车,检验检测机构应出具《机动车安全技术检验报告》,报告一式三份(对于营运车辆,一式四份),一份交机动车所有人(或者由送检人转交机动车所有人),一份提交车辆管理所作为机动车安全技术检验合格证明,一份提交交通运输部门(营运车辆),一份留存检验检测机构。检验检测机构可采用高拍仪等方式采集上传《机动车安全技术检验报告》,替代提交车辆管理所、交通运输部门的纸质《机动车安全技术检验报告》。

检验检测机构应按 GB/T 26765—2011《机动车安全技术检验业务信息系统及联网规范》、GA 1186—2014《机动车安全技术检验监管系统通用技术条件》以及交通运输部门规定的要求传递数据及图像。

2)检验不合格处置

若检验结果不合格,检验检测机构应出具《机动车安全技术检验报告》,并注明所有不合格项目,报告一式两份,一份交机动车所有人(或者由送检人转交机动车所有人),一份留存检验检测机构。

检验检测机构应通过拍照、摄像或保存数据等方式对不合格项取证留存查备。

检验检测机构应按 GB/T 26765—2011、GA 1186—2014 以及交通运输部门规定的要求传递数据及图像。

3)异常情形处置

发现送检机动车有拼装、非法改装、被盗抢、走私嫌疑时,检验检测机构及其检验员应详细登记该送检机动车的相关信息,拍照、录像以固定证据,通过机动车安全技术检验监管系统上报,并报告当地公安机关交通管理部门处理。

注册登记安全检验时,发现送检机动车的车辆特征参数、安全装置不符合 GB 1589—

2016《汽车、挂车及汽车列车外廓尺寸、轴荷及质量限值》、GB 7258—2017《机动车运行安全技术条件》等机动车国家安全技术标准、机动车产品公告、机动车出厂合格证时,应拍照、录像以固定证据,详细登记送检机动车的车辆类型、品牌/型号、车辆识别代号(或整车型号和出厂编号)、发动机号码/驱动电机号码、整车生产厂家、生产日期等信息,通过机动车安全技术检验监管系统上报。

(四)资料存档

1. 环保检测

(1)应通过计算机系统实时自动检测、记录、传输、存储及判定 OBD 检查(如适用)、排气污染物检测信息和过量空气系数检测信息。通过计算机系统记录和保存外观检验信息,应将标准中要求进行的仪器检查级检定(含校准)结果自动储存在计算机系统中。

(2)检验检测机构应向生态环境主管部门实时传输检验信息。

(3)检验报告纸质档案保存期限不得少于 6 年,电子档案保存应不少于 10 年。

2. 安全检测

检验检测机构应保存《机动车安全技术检验报告》《机动车安全技术检验表(人工检验部分)》《机动车安全技术检验表(仪器设备检验部分)》和车辆识别代号(或整车出厂编号)的拓印膜或照片(注册登记安全检验时保存拓印膜或1:1等比例扫描照片,在用机动车安全检验时保存车辆识别代号照片)等资料。

机动车检测时,各工位应保证足够的检验时间(表 4-5)。

表 4-5 各检验工位建议检验时间

检验工位		最少检验时间/s		
		非营运小型、微型载客汽车	载客汽车(非营运小型、微型载客汽车除外)、载货汽车(三轮汽车除外)、挂车	摩托车、三轮汽车
人工检验	车辆唯一性检查、特征参数检查、外观检查、安全装置检查	120	240	90
	底盘动态检验	60	60	
	底盘部件检查	40	100	
线内检验	制动*	40	60	30
	前照灯远光发光强度	60	60	30

注:"*"指使用平板式制动检验台时最短检验时间为 15 s。

三、仪器设备的使用及维护

(一)检定

为了确保机动车检验检测结果的可信度及有效性,必须做好仪器设备的维护。仪器设备必须定期进行检定。

设备检定的目的是确定测量设备示值误差的大小,并通过测量标准将测量设备的量值与整个量值溯源体系相联系,使测量设备的量值具有溯源性。

设备使用人员负责定期查看自己所使用设备的校准情况,确保计量合格标识无损且在有效期。设备管理员随时关注设备的检定周期,如有到期设备列出《设备送检明细》,送国家法定计量检定机构进行设备检定。待送检结束,将取回的设备、《检定证书》与《设备送检明细》一一核对,确认证书与设备全部取回后,按照《检定证书》上检定日期及有效期更新《设备周期检定计划表》,按照《检定证书》填写计量《合格标签》,粘贴至对应的设备上,同时将旧的标签除去或遮盖,不允许一台设备出现多个计量《合格标签》,也不允许出现超期的计量合格标识,设备使用人员同时负责填写《计量确认表》,连同对应的《检定证书》统一汇总后,放到设备档案里归档(图4-2)。

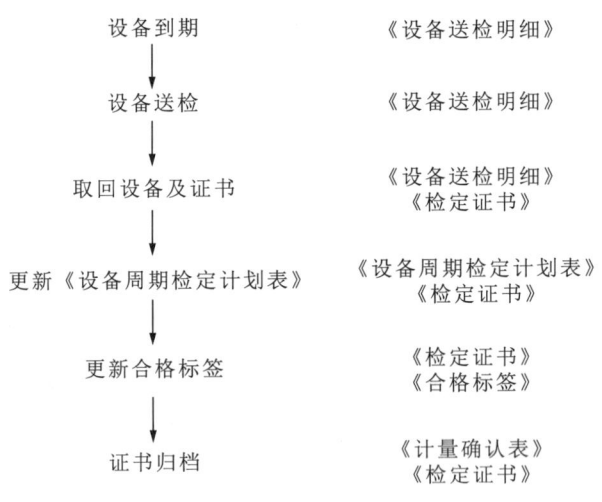

图4-2 设备检定溯源流程

仪器设备在下列情况下必须进行检定:①新购设备使用前;②设备维修后;③固定是检测设备移装后;④设备借出归还后;⑤日常使用中发现异常时。

常见设备的建议检定周期如表4-6所示。

表 4-6 常见设备的建议检定周期表

序号	检验检测仪器设备名称	建议检定周期
1	地磅	1年
2	声级计	1年
3	制动踏板力计/手拉力计	1年
4	汽车外廓尺寸检测仪	1年
5	汽车底盘间隙仪	1年
6	钢卷尺	1年
7	钢直尺	1年
8	透光率计	1年
9	轮胎气压表	6个月
10	游标卡尺（轮胎花纹深度尺）	1年
11	逆反射系数测试仪	1年
12	方向盘转向参数测试仪	1年
13	机动车检验智能终端（PDA）	1年
14	汽车行驶记录仪器检测装置	1年
15	平板制动试验台	1年
16	滚筒反力式汽车制动检验台	1年
17	滚筒反力式汽车制动检验台（轴轮重部分）	1年
18	便携式制动性能测试仪	1年
19	秒表	1年
20	汽车轴（轮）重试验台	1年
21	汽车侧滑检验台	1年
22	机动车前照灯检测仪	1年
23	温湿度表	1年
24	汽车排放气体测试仪	1年
25	汽车排气流量分析仪	1年
26	工况法汽车排放测试系统（底盘测功机）	1年
27	透射式烟度计	1年
28	燃油消耗测试装置	1年
29	环境参数变送器	1年
30	不透光烟度计滤光片	1年

(二)期间核查

期间核查(intermediate checks)是指为保持对设备校准状态的可信度,在两次检定之间进行的核查,一般须保证在设备检定周期内至少核查一次。

期间检查情况应记录并归档。期间检查中发现设备运行有问题时,应停用报修。对运行有问题的设备所涉及检测结果有效性有影响时,应对检测项目进行重新检测,对已出具的检测报告如需修改,应书面形式通知客户。

(三)使用

机动车检验检测使用到的仪器设备可分为线内检验用仪器设备和人工检验用仪器设备。本章只介绍人工检验用仪器设备的使用方法,线内检验用设备的使用方法在第五章仪器设备检测时结合安检、环检方法介绍。

四、常见人工检验仪器使用方法

人工检验的仪器设备有轮胎气压表、逆反射系数测试仪、钢直尺、钢卷尺、轮胎花纹深度尺、转向盘转向角检测仪、OBD诊断仪、制动踏板力计/手拉力计、声级计、透光率计、汽车底盘间隙仪等(表4-7、表4-8)。

表4-7 人工检验应配备仪器设备表

序号	检验设备	主要用途
1	检验智能终端(PDA)	用于拍摄检验照片(或视频)、记录检验信息,判断检验结果、查询《公告》等
2	钢卷尺	用于测量机动车外廓、轴距、栏板高度、侧面及后下防护装置的尺寸等参数
3	钢直尺	用于测量主要零部件、车身外缘对称部位高度及后防护装置的尺寸等参数
4	透光率计	用于测量车窗玻璃的透光率
5	通道、引道测量装置	用于检查客车乘客通道和引道
6	轮胎花纹深度尺	用于测量机动车轮胎胎冠上花纹深度
7	轮胎气压表	用于测量机动车轮胎气压
8	秒表	用于测量坡道驻车时停车时间等
9	制动踏板力计	用于测量制动踏板力
10	制动操纵力计	用于测量操纵装置的操纵力
11	转向角测量仪	用于测量方向盘最大自由转动量

续表 4-7

序号	检验设备	主要用途
12	逆反射系数测试仪	用于检测车身反光标识、尾部标志板的反光性能
13	金属探伤仪或油漆层微量厚度检测仪	用于探测 VIN 码打刻部位是否有焊接、打磨、重新喷涂等情形
14	内窥镜	用于辅助观察车辆识别代号、发动机号打刻部件周边位置情况
15	放大镜	用于对车辆识别代号、发动机号打磨、凿改、挖补、垫片、重新打刻等异常情形,也可用于辅助观察车辆识别代号、发动机号打刻部件周边位置情况
16	强光手电	用于车辆识别代号、发动机号、底盘检查、发动机舱检查的辅助照明
17	螺丝刀	用于车辆识别代号、发动机号的查看和查验,清除车辆识别代号附近的漆、油污或覆盖物
18	铅锤	用于辅助测量机动车外廓尺寸
19	水平尺	用于辅助测量机动车外廓尺寸的高度
20	手锤	用于检查车辆底盘部件

表 4-8 人工检验可选配仪器设备表

序号	检验设备	主要用途
1	VIN 码信息采集仪	用于采集 VIN 码的信息图片,并实现对 VIN 码字符的分析、识别(如字体、倾斜角度、字符间距、字高等)
2	激光测距仪	用于尺寸参数的测量
3	伸缩自发光反光镜	辅助 VIN 码、发动机号的检查等
4	蛇管视频探测仪	辅助 VIN 码、发动机号的检查等
5	轮胎花纹深度自动测量装置	用于测量机动车轮胎胎冠上花纹深度

（一）转向盘转向角检测仪

转向盘转向角检测仪用于检测汽车方向盘的自由转角和最大转向力矩,可以测量转向系统的转向力矩、方向盘转角和转向系统其他静态、动态参数。下面以 TC-ZX602 型转向力转向角测试仪为例说明其构造及操作方法。

TC-ZX602 型转向力转向角测试仪,如图 4-3 所示,由操作盘、主机、连接叉和定位杆组成,操作盘由螺丝固定在三爪底盘上,底盘经扭矩传感器同连接叉相连。连接叉上有 3 只可伸缩的活动卡头,测试时与被测车辆方向盘相连。主机固定在底板中央,主机罩装有扭矩传感器、转角传感器和显示电路板。定位杆从仪器面板中心伸出,通过磁力座固定在被测车辆上。

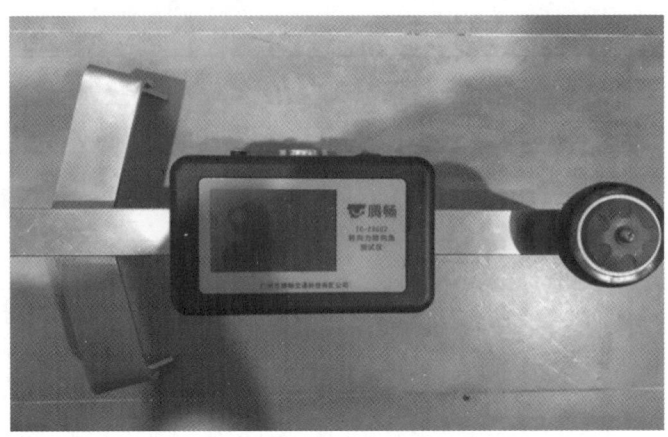

图 4-3 转向盘转向角检测仪

1. 测量步骤

1）锁紧卡具

左手抓住横梁,同时右手食指拉动锁紧装置扳机,右手向外拉出右卡具,调整到与被测方向盘适合的长度,放置在被测方向盘上,并用力向内压缩,同时放开左手的扳机即可。

2）实时检测

主界面选择"实时检测",进入实时检测后设备会自动进行角度清零,清零完成会自动进入实时检测界面(图 4-4)。

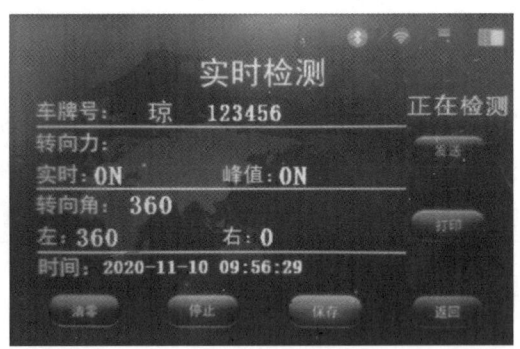

图 4-4 实时检测

信息输入:点击车牌后的信息输入栏,输入被测车辆的省份简称和车牌号码(图 4-5)。输入完成后点击"清零"。清零完成后,即可开始相关测量。

测量完成后可点击"停止",停止测试。停止测试后才可以对检测数据进行保存、打印。

3）放松卡具

左手抓住横梁,同时右手用力向内压缩卡具,同时左手食指拉动锁紧装置扳机,右手向外拉出右卡具,即可解锁。

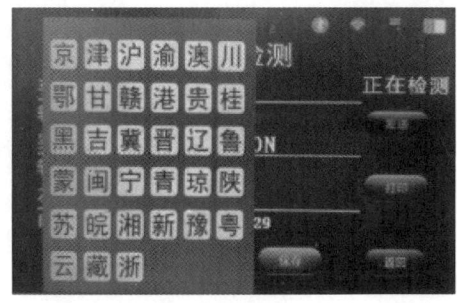

图 4-5 车辆信息录入

2. 检测标准

依据 GB 7258—2017,机动车方向盘的最大自由转动量应小于等于:
①最大设计车速大于等于 100 km/h 的机动车:15°。
②三轮汽车:35°。
③其他机动车:25°。

(二)透光率计

透光率计是用于测量车辆玻璃透光性能的检测仪表。该仪器主要测试车辆玻璃的透光性及透明度,以保证驾驶员在驾驶车辆行驶过程中有良好的视线。

透光率计的测试原理是采用三路完全相同的可见光源照射被测透明物质,感应器分别探测三路光源的入射光强和透过被测透明物质后的光强,透过被测透明物质后的光强与入射光强的比值即为该被测透明物质的光透过率,用百分数表示。ATL-100 玻璃透光率计采用两片式设计,由两片标准片和硬壳箱组成,如图 4-6 所示。

(注:光源的发光强度是无法测出来的。)

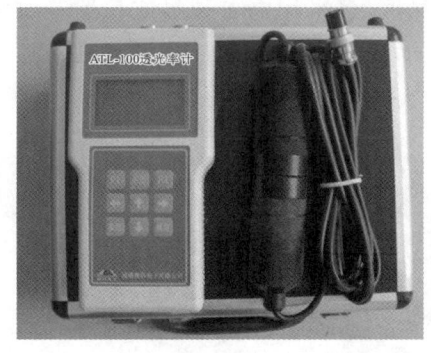

图 4-6 透光率计

1. 操作步骤

注意:测量前先将玻璃擦拭干净,以免影响测量结果。

(1)将 B 盒(没有显示屏)的电源开关开启,B 盒的 5 个 LED 灯亮。

(2)将 A 盒(有显示屏)与 B 盒合在一起,开启 A 盒的光源孔,与 B 盒的接收孔自动对齐。

(3)A 盒的显示屏会显示 100%,此时校准完成。显示值在 97%～103%之间均可使用,无须再校准。

(4)将 A 盒与 B 盒分离(此时不需要关电源),将 B 盒放在玻璃的一边(B 盒上下两个吸盘会吸住玻璃),A 盒放在玻璃的另一边与 B 盒重合。这时显示屏会显示出透光率的结果。

(5)测量完成后,将设备电源关闭。

(6)由于 ATL-100 玻璃透光率计使用 9 V 电池,如长期不使用,请将电池取出。在使用过程中,如显示屏显示不出数字,表明电池没电,需更换新电池。

2. 汽车玻璃透光率的检测标准及限值

(1)前、后风窗玻璃及车身两侧驾驶员用于观察倒车镜部位的玻璃透光率大于等于 70%。

(2)车身两侧其他玻璃透光率大于等于 50%。

(3)所有玻璃不允许张贴镜面反光贴膜。

(三)轮胎花纹深度尺

汽车车轮轮胎的花纹形式及其花纹深度对汽车在路面行驶特别是在湿滑路面行驶的安全性影响重大。轮胎花纹深度与车轮的抓地能力和车轮的排水能力成正比,即轮胎花纹深度越小则该车轮的横向抓地力和排水性能将大幅降低,这对于转向车轮尤为重要。GB 7258—2017 规定,乘用车、摩托车及轻便摩托车和挂车轮胎胎冠上的花纹深度不允许小于 1.6 mm,其他机动车转向轮的胎冠花纹深度不允许小于 3.2 mm,其余轮胎胎冠花纹深度不允许小于 1.6 mm。车辆安全技术检验中应重视对轮胎花纹深度的检测。

轮胎花纹深度尺被用来测量轮胎胎冠的花纹深度,多采用电子数显式轮胎花纹深度尺(图 4-7)。由于汽车轮胎胎冠的磨损有时并不均匀,故正式测量前应先完整地观察轮胎胎冠,目测且确定胎冠磨损较严重的部位。测量前先将轮胎花纹深度仪的探针在一平整的物

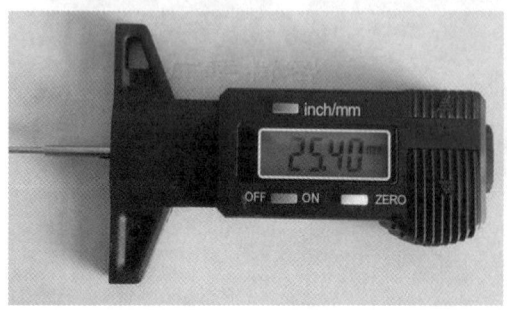

图 4-7 轮胎花纹深度尺

体上(例如一块平板玻璃上)收到底,然后按下零点按钮("ZERO"按钮)。再将轮胎花纹深度尺的探针依次插入磨损最严重部位胎冠的同一横截面所有主花纹沟中,测量出花纹深度,取其最小值(图4-7)。

(四)逆反射系数测试仪

车身反光标识是为增强车辆的可识别性而安装或粘贴在车身表面的反光材料的组合,是用鲜艳的色彩警示车辆的一种标志,在白天以其鲜艳的色彩起到明显的警示作用,在夜间或光线不足的情况下,其明亮的反光效果可以有效地增强人的识别能力。逆反射系数是反映车身反光标识和车辆尾部标志板的重要技术指标,逆反射系数测试仪(图4-8)是用于测量车身反光材料的专用检验仪器。

逆反射系数测试仪,主要由检验光学主体、显示屏、检测开关、操作接口四大部分组成。

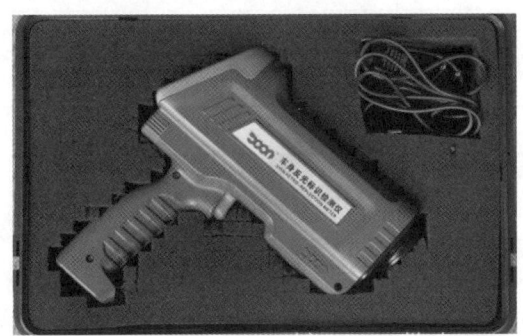 

图4-8 逆反射系数测试仪

1. 检验方法

1)调零

用电源线将电池与仪器主机连接好,打开电池电源开关。这时仪器面板开始显示工作。用黑色遮光罩盖住镜头,此时仪器显示应为"000.",如果显示不是"000.",请旋转调零旋钮调整至"000."。

2)校准

仪器备有一套标准样板,按类型可分为高强级、工程级2种类型,按颜色可分为红、黄、蓝、白、绿5种颜色。当需要测试某种颜色、某种类型的反光膜时,需使用相应的标准板按给定的数据进行校准。将仪器垂直放在标准板上面,按下数据采样保持按钮,这时仪器将有数据显示。如果不是给定的校准值,请调整校准旋钮,直到表头数据显示为标定值。对标准板校准满意后,方可开始测量。

3)测量

调零、校准操作完成后,即可测量。测量时,仪器一定要垂直于被测材料平面。数据稳定后,按下数据采样保持按钮,数据被采集。数据记录后,一定要将采样按钮回零,方可关机或进行第二次测量。

2. 检验标准

采用逆反射系数测试仪检验时,应符合 GB 23254—2009《货车及挂车　车身反光标识》的相关规定。

1)逆反射系数

反光膜的逆反射系数不应低于表 4-9 规定的值。

表 4-9　反光膜的最小逆反射系数　　　　　　　　　　　单位:cd/(lx·m²)

项目		一级车身				二级车身			
观察角		12′		30′		12′		30′	
颜色		白色	红色	白色	红色	白色	红色	白色	红色
入射角	-4°	500	120	130	30	250	60	65	15
	30°	375	90	100	25	250	60	65	15
	45°	90	25	30	8	60	15	15	4

2)逆反射性能均匀性

任意选取红、白单元各 5 个,其中同一颜色的任何一个单元的逆反射系数,应既不大于同一颜色所有单元逆反射系数平均值的 120%,也不小于所有单元逆反射系数平均值的 80%。

(五)便携式制动性能测试仪

便携式制动性能测试仪因其体积小、质量轻且安装方便,是机动车检验检测机构必备的汽车制动性能路试设备。GB 7258—2017 对使用便携式制动性能测试仪进行机动车制动性能道路试验的方法和相关参数限值指标均有明确规定。

目前各厂家生产的便携式制动性能测试仪的结构和功能均相差不大,都是由测试主机(二次仪表)、加速度传感器和制动踏板开关等组成,如图 4-9 所示。

1. 检测方法

(1)保证便携式制动性能测试仪电量充足。正确连接电缆及插头。

(2)将制动性能测试仪的传感器用吸盘支架牢固地吸附在车窗玻璃上。在车辆静止状态下将传感器调整至水平状态,其箭头指向车辆行驶方向,拧紧固定螺丝(图 4-10)。

(3)将制动踏板开关固定在被测车辆的制动踏板上。

(4)按使用说明书要求,输入车辆的相关信息,选择"制动性能测试"。

(5)被检车辆在试验车道上的起点附近位置起步,沿路试道路中线加速行驶至略高于规定的车速(小微型载客汽车及其他小于等于 3500 kg 的汽车不低于 30 km/h,其他汽车、汽车

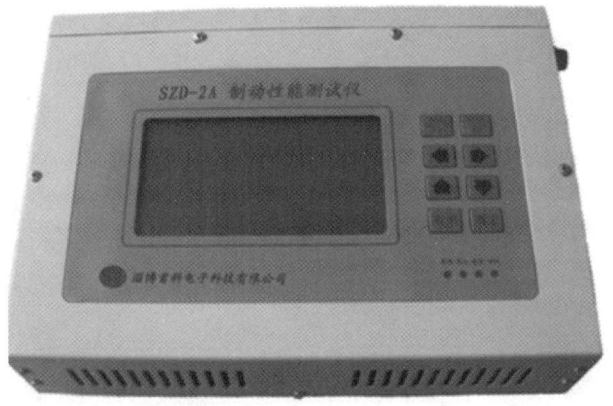

电子式惯性加速度传感器、万向调节强力吸盘支架

图 4-9 便携式制动性能测试仪

图 4-10 便携式制动性能测试仪安装位置

列车不低于 20 km/h),置变速器空挡,迅速踩下制动踏板使车辆停止。二次仪表上会显示出 MFDD(能够充分发挥的平均减速度,mean fully developed deceleration)、制动协调时间等试验参数。

(6)因便携式制动性能测试仪自身并不能检验汽车的制动稳定性,故汽车制动停止之后还应检查被测车辆的车身任何部位有无超出对应的试验道路边线。

(7)打印试验结果,输出的试验数据必须包括被检验车辆的相关信息、试验时间、MFDD、制动协调时间及制动初速度等相关信息。

注意：MFDD 和制动协调时间才是判定车辆制动性能的依据，而制动初速度只是确定本次试验是否成功。

2. 检验标准（表 4-10）

表 4-10　制动性能测试检验标准

机动车类型	制动初速度/ $(km \cdot h^{-1})$	空载检验充分发 出的平均减速度/ $(m \cdot s^{-2})$	满载检验充分发 出的平均速度/ $(m \cdot s^{-2})$	试验通道 宽度/m
三轮汽车	20	≥3.8		2.5
乘用车	30	≥6.2	≥5.9	2.5
总质量不大于 3500 kg 的低速货车	30	≥5.6	≥5.2	2.5
其他总质量不大于 3500 kg 的汽车	30	≥5.8	≥5.4	2.5
铰接客车、铰接式无轨电车、汽车列车	30	≥5.0	≥4.5	3.0
其他汽车	30	≥5.4	≥5.0	3.0

（六）轮胎气压表

轮胎气压表或车用胎压表是一种特殊的压力表，专门用于测量车辆的轮胎气压，其采样管的连接头可以方便与轮胎的充气口连接（图 4-11）。

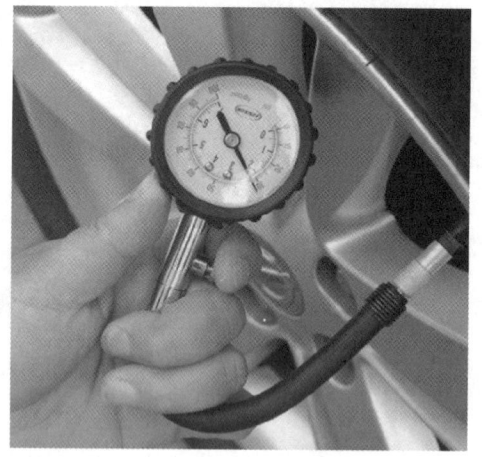

图 4-11　轮胎气压表

1. 使用方法

（1）车辆需停放于平坦的地面。

（2）取下轮胎的充气口防尘盖，将轮胎气压表的采样管与轮胎上的充气口连接。连接要迅速果断，尽量防止轮胎内的气体泄漏。

(3)读取轮胎气压表的压力读数。

(4)拔下轮胎气压表,将防尘罩盖回。

2. 检验标准

通常汽车轮胎上会标注该轮胎的标准胎压,如图 4-12 所示。

图 4-12 轮胎标准胎压的标识

(1)轿车轮胎气压,一般为 200～250 kPa,不超过 350 kPa。

(2)轻卡轮胎气压,一般 6 层级的为 300～350 kPa,8 层级的为 400～450 kPa,10 层级的不超过 550 kPa。

(3)拖车轮胎气压,一般在不超过 420 kPa。

(4)轮胎气压的正确计量单位:hPa 或 kPa。

(七)制动踏板力计/手拉力计

制动踏板力计/手拉力计主要用于机动车制动踏板力和机动车驻车制动操纵杆手拉力的测量(图 4-13)。

1. 检验方法

(1)按使用说明书,连接好设备,确保电量充足。

(2)将踏板力传感器或手拉力传感器固定在制动踏板上或驻车制动操纵杆上。

(3)打开电源,调整仪器进入测试界面。

(4)在车辆进行制动试验时迅速踩下制动踏板或拉动驻车制动操纵杆,读取仪器读数。

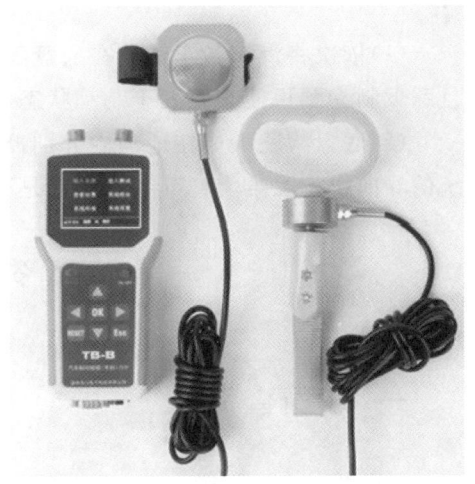

图 4-13 制动踏板力计/手拉力计

(5)踩制动踏板时,脚要踩在踏板力传感器中心部位;手拉力传感器应连接到操纵杆手柄的中间位置。

2. 检验标准(表 4-11)

表 4-11 踏板手刹力检验标准

车型	手刹力/N	踏板力/N
乘用车	≤400	≤500
客车及其他汽车(三轮汽车除外)	≤600	≤500

(八)汽车底盘间隙仪

汽车底盘间隙仪是检验汽车转向系统间隙和汽车悬挂系统间隙的辅助设备,尽管称为底盘间隙仪,但它却并非测量仪器。通常底盘间隙仪左、右各有一组由液压驱动的滑板,其中一组滑板可前、后运动也可左、右运动,另一组滑板只能前、后运动。

1. 汽车转向系统间隙检验方法

(1)将汽车转向轴放在底盘间隙仪滑板的中部位置,引车员保持汽车正直行驶方向且握紧转向盘。

(2)底盘检验人员在地沟内控制滑板左、右运动,且目测左、右转向车轮的转向主销,轮毂轴承以及转向杆系各球销处是否因过量磨损导致旷动(即间隙过大)。

(3)多转向轴的车辆需依次对各转向轴进行操作。

2. 汽车悬挂系统间隙检验

(1)依次将汽车各车轴放在底盘间隙仪滑板的中部位置,引车员保持汽车正直行驶方向且踩下制动踏板使车轮处于制动状态。

(2)底盘检验人员在地沟内分别控制左、右滑板前、后运动,且目测汽车对应车轮悬挂系统的导向机构及推力杆等各球销处是否因过量磨损导致旷动(即间隙过大)。

第二节 人工检测项目

一、联网查询

1. 检查目的

机动车联网查询指利用联网信息系统查询检查车辆是否存在事故、违法、安全缺陷找回等信息。

2. 检查内容

对发生过造成人员伤亡交通事故的送检机动车,人工检验时应重点检查损伤部位和损伤情况,属于使用年限在10年以内的非营运小型、微型载客汽车的,检验项目增加底盘动态检验、车辆底盘部件检查。

对涉及尚未处理完毕的道路交通安全违法行为或道路交通事故的送检机动车,应提醒机动车所有人及时到公安机关交通管理部门处理。

对送检机动车状态为"被盗抢""注销""达到报废标准""事故逃逸""锁定"情形的,应报告当地公安机关交通管理部门处理。

发现送检机动车达到召回计划实施周期而未实施召回的,应提醒机动车所有人及时进行召回处置。

注意:所有车辆都必须进行联网查询。联网查询结果包括转出、被盗抢、停驶、注销、违法未处置、海关监督、事故未处理、嫌疑车、查封、暂扣、强制注销、事故逃逸、锁定、逾期未检测、达到报废标准公告牌证报废、其他异常状态。

二、车辆唯一性检查

(一)车辆识别代号

车辆识别代号也叫 VIN 码,由三部分组成,其中,第一部分为世界制造厂识别代号(WMI),第二部分为车辆说明部分(VDS),第三部分为车辆指示部分(VIS)(图 4 - 14)。车辆识别代号不能出现空位。车辆识别代号由英文字母和阿拉伯数字组成,为防止书写混淆,三个英文字母"I、Q、O"不得使用,因此共剩有 33 个符号供车辆识别代号使用(图 4 - 15)。

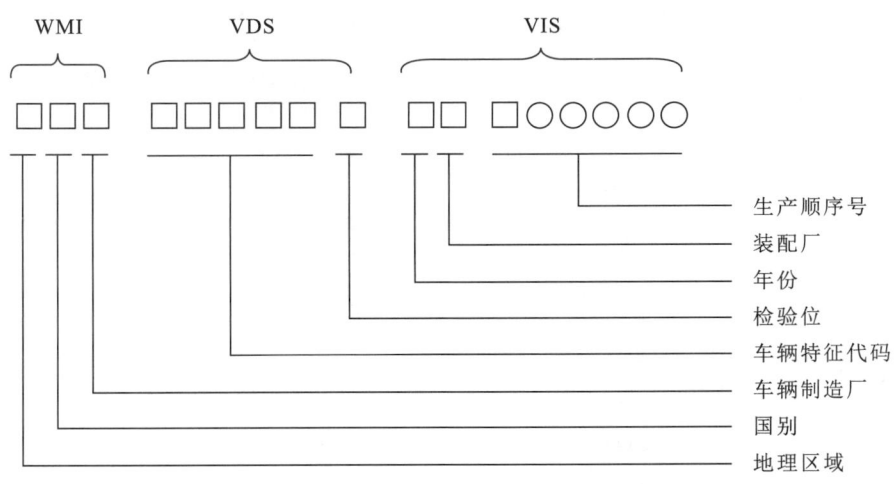

图 4 - 14 VIN 码组成结构图

车辆识别代号：LFV2A21K6A3092399

图 4-15 车辆识别代码示例

VIN 码打刻位置如下：

仪表板左侧，前挡风玻璃左下方；门铰链柱、门锁柱或与门锁柱接合的门边之一的柱子上；车门内侧靠近驾驶员座位处（图 4-16）。

常见车型车架号码及发动机号的位置如表 4-12 所示。

常见车型车辆识别代号打刻位置如表 4-13 所示。

图 4-16 整车 VIN 打刻位置图

表 4-12 常见车型车架号码及发动机号的位置表

车型	车架号码	发动机号
大众系列轿车 桑塔纳、帕萨特、宝来、Polo 等	电瓶与制动总泵之间挡板	发动机左侧、中部，第 3 缸火花塞下方
尼桑系列轿车	前挡风玻璃中下方	发动机前端中部左侧，发动机缸体与变速箱外壳结合处
东风雪铁龙轿车	前挡风玻璃中下方	发动机前端左侧中部，发动机缸体与变速箱外壳结合平面上
奇瑞系列轿车	打开发动机盖，在前挡风玻璃中间下方面向前	发动机前端，排气管上方
别克系列轿车	打开发动机盖，在前挡风玻璃中间下方面向前平面上	发动机前端左侧下方，发动机缸体与变速箱结合处凸处平面上
丰田系列轿车	打开发动机盖，在前挡风玻璃中间下方平面挡板上	发动机前端左侧下方，缸体与变速箱外壳结合处平面上
本田系列轿车	打开发动机盖，在前挡风玻璃中间下方平面挡板上	发动机前端左侧下方，缸体与变速箱外壳结合处平面上
金杯系列客车	前排副驾驶椅右下方，一块 200 mm×2.5 mm 的塑料板上	发动机右侧中部，机油滤芯上方平面上

续表 4-12

车型	车架号码	发动机号
解放、东风系列柴油货车	车身右后侧后轮内侧前部或后端	①在发动机右后侧中部凸出的平面上。②在发动机右后侧下方缸体与油底壳结合部凸出的平面上。③在发动机左侧下方启动马达处,缸体与油底壳结合部凸出的平面上
宇通大客车	车身右侧右后轮后端车架上	发动机机油滤清器旁边

表 4-13　常见车型车辆识别代号打刻位置

车辆识别代号打刻位置	车型
发动机仓内左右减震器上	宝马、君威
车辆发动机舱内右减震器旁	奇瑞瑞虎、大众速腾、迈腾
车辆发动机仓内左前底架侧面	赛欧
发动机舱内右前底架上面	皇冠 JZS132/133 系列
发动机仓没右上侧车架侧面	起亚索兰托
车辆发动机仓前水箱护罩外侧	别克君威
驾驶员副座位前脚踏位置遮挡板下	尼桑天籁、一汽马自达
驾驶员副座位下遮挡板下	奔驰轿车、广州丰田佳美、尼桑奇骏
驾驶员副座后下位置遮挡板下	奔驰轿车、奥迪 A8 等
后座位右侧下面遮挡板内	奔驰轿车
后备箱内最后位置塑料护垫下面	吉普大切诺基
车辆后备箱内备胎右前角位置处	奥迪 Q7、保时捷卡宴、大众途锐
车辆左侧底架子侧面	非承载式车身的越野车,如悍马
存储在车载电脑内,在打开点火开关的初始状态能自动显示	宝马 760 系列、奥迪 A8 系列

1. VIN 码检验要求

注册登记安全检验时,送检机动车的车辆识别代码应满足下列条件:

(1)在汽车检验检测之前,必须核对车上 VIN 码进行核对,属于打刻的,其打刻部位、深度,以及组成字母与数字的字高等应符合 GB 7258—2017 的相关规定,不应出现被凿改、挖补、打磨、垫片、重新涂漆(设计和制造上为保护打刻识别代号而采取涂漆工艺的情形除外)、擅自重新打刻等现象;是否和行车证、出厂合格证(对进口车为海关货物进口证明书等)一致,如果不一致,结束检验检测。

(2)车辆的车架(无车架的机动车为车身主要承载且不能拆卸的部件)上,不应既打刻车辆识别代号(或产品识别代码),又打刻整车型号和出厂编号。

(3)车辆识别代号(或整车出厂编号)一经打刻不允许更改、变动,但按 GB 16735—2019《道路车辆 车辆识别代号(VIN)》的规定重新标示或变更的除外。

(4)不同出厂日期的不同车辆,VIN 码检验应符合如表 4 - 14 所示的要求。

表 4 - 14 机动车 VIN 打刻位置要求

出厂日期	车型	要求
2013 年 3 月 1 日起	乘用车	车外应能清晰识读到靠近风窗立柱的 VIN 码
	总质量小于等于 3500 kg 的货车(低速汽车除外)	
2019 年 1 月 1 日起	总质量大于等于 12 000 kg 的货车	应打刻在右前轮纵向中心线前端纵梁外侧,如受结构限制也可打刻在右前轮纵向中心线附近纵梁外侧
	货车底盘改装的专项作业车	
	牵引挂车	
	半挂车	应打刻在右前支腿前端纵梁外侧(无纵梁的除外)
	中置轴挂车	
2018 年 1 月 1 日起	总质量大于等于 12 000 kg 的栏板式、仓栅式、自卸式、罐式货车;总质量大于等于 10 000 kg 的栏板式、仓栅式、自卸式、罐式挂车	应在其货箱或常压罐体(或设计和制造上固定在货箱和常压罐体上且用于与车架连接的结构件)上打刻至少两个车辆识别代号
		打刻的车辆识别代号应位于货箱(常压罐体)左、右两侧或前端面且易于拍照,深度、高度和总长度应符合 GB 7258—2017 的规定
		若打刻在货箱(常压罐体)左、右两侧时距距货箱(常压罐体)前端面的距离应小等于 1000 mm
		若打刻在左、右两侧连接结构件时应尽量靠近货箱(常压罐体)前端面
2018 年 1 月 1 日起	机动车	车辆识别代号(或产品识别代码、整车型号和出厂编号)总长度应小于或等于 200 mm,字母和数字的字体和大小应相同(打刻在不同部位的车辆识别代号除外)
		打刻的车辆识别代号两端有起止标记的,起止标记与字母、数字的间距应紧密、均匀
		打刻的车辆识别代号(或产品识别代码、整车型号和出厂编号)从上(前)方应易于观察、拓印
		汽车和挂车还应能拍照

注意：登记机动车信息时，仅仅抄车辆行驶证和车辆识别已经不够，无法填满表格。需要根据机动车类型进行参数选择，比如是否电子刹车、是否空气悬架。

2. 车辆型号

(1)车辆型号是对某一类车辆进行识别的工具，其结构分为首、中、尾3个部分，首段代表生产厂家或企业名称代号，中段代表车辆类型代号、主要参数及产品序列号，尾段代表企业自定义代号(图4-17)。它与身份证精确到每个人不同，它具有对同类型车辆统一定义的特点。

(2)企业名称代号一般为中文拼音的首字母，它由2个或3个字母代替，例如SGM代表了上海通用汽车公司，CA代表一汽，EQ代表二汽，BJ代表北京，等等，所体现的是制造厂商或企业品牌。

(3)中段首个阿拉伯数字1代表载货汽车，2代表越野汽车，3代表自卸汽车，4代表牵引汽车，5代表专项作业车，6代表客车，7代表轿车，9代表半挂车及专用半挂车(表4-15)，主要参数例如轿车发动机排量、客车长度、货车总质量等。

(4)尾段一般以字母和阿拉伯数字为主，一般用于企业区别自身开发的产品，比如宝马有1系、2系、3系、A级、B级、C级等。需要注意的是车辆型号中不允许使用"I、Q、O"，因为容易与其他数字混淆，难以精确分辨。比如：BJ2020S——BJ代表北京汽车制造厂，2代表越野车，02代表总质量为2 t，0代表该车为第一代产品，S为厂家自定义；TJ7131U——TJ代表天津汽车制造厂，7代表轿车，13代表排气量为1.3 L，1代表该车为第二代产品，U为厂家自定义。

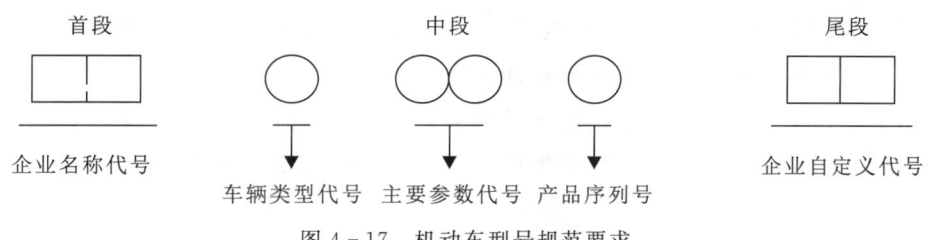

图4-17 机动车型号规范要求

表4-15 车辆类型、主要参数代号含义

汽车类别	车辆类型代号	主要参数代号
载货汽车	1	汽车总质量(t)
越野汽车	2	汽车总质量(t)
自卸汽车	3	汽车总质量(t)
牵引汽车	4	汽车总质量(t)
专项作业车	5	汽车总质量(t)

续表 4-15

汽车类别	车辆类型代号	主要参数代号
客车	6	汽车总长度(m)
轿车	7	汽车排气量(L)
未用	8	—
半挂车及专用半挂车	9	汽车总质量(t)

注意：机动车检验检测登记车辆信息时，一般只用关注主要参数代号。存在车辆类型代号标为5，但公告上并没有划为专项作业车的情况时，必须核查公告。

(二)发动机号码

1. 检查方法

目视检查，目视难以清晰辨别时使用内窥镜等工具。

2. 检查要求

(1)注册登记安全检验时，送检机动车的发动机号码/驱动电机号码应与机动车出厂合格证(对进口车为海关货物进口证明书等)一致，并符合 GB 7258—2017 的相关规定。对除轮边电机、轮毂电机外的其他驱动电机，如打刻的电机型号和编号被覆盖，应留出观察口，或在覆盖件上增加能永久保持的电机型号和编号的标识。

(2)在用机动车安全检验时，送检机动车发动机/驱动电机标识记载的内容或可见的发动机号码/驱动电机号码应与机动车行驶证签注的内容一致。

(3)因更换发动机申请变更登记的机动车检验时，更换的发动机型号应与登记的发动机型号一致，或为机动车产品公告对应车型许可选装的其他发动机型号。

三、车辆特征参数检查

外轮廓尺寸、整备质量/空车质量检测一般由外廓仪自动完成，具体内容参看本章第二节"九、设备检测项目"。

(一)轴距

轴距，是指机动车前轮中心到后轮中心的距离(以两轴车为例)。

1. 检测方法

用长度测量工具测量，有条件时可使用自动测量装置。

将机动车空载时停在平直道路上,再找到前、后轮的中心点,就可以量出两点之间的直线距离(图 4-18)。

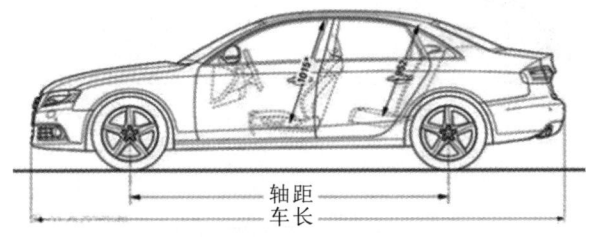

图 4-18 两轴车轴距

2. 检测要求

注册登记安全检验时,机动车的轴距应与机动车产品公告、机动车出厂合格证相符,且误差不超过±1%或±50 mm。

3. 特殊车辆轴距测量方法

1)多轴汽车

对于多轴车辆,还需记录相邻两轴之间的轴距,之间用"+"隔开(图 4-19)。

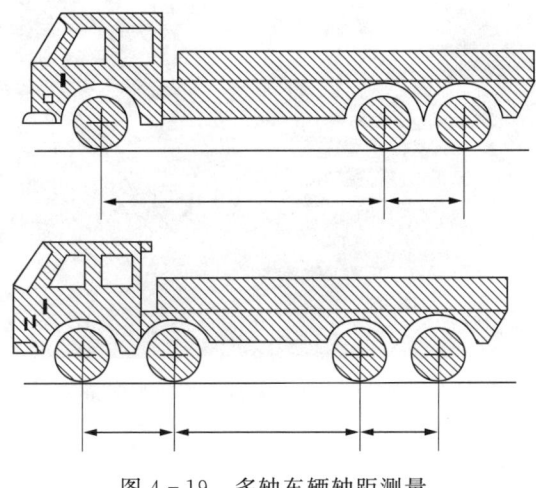

图 4-19 多轴车辆轴距测量

2)挂车

挂车的轴距测量如图 4-20 所示。

3)半挂车

对于半挂车,轴距为第一个轴距数值为半挂牵引销中心线与第一轴之间的距离(图 4-21)。

4)线轴结构的车辆

对于线轴结构的车辆,轴距指"线"与"线"之间的距离,并在其后括号内标明一线两轴、两线四轴或三线六轴(图 4-22)。

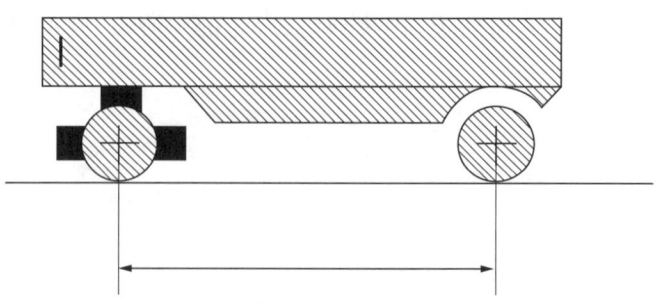

图 4-20 挂车轴距测量

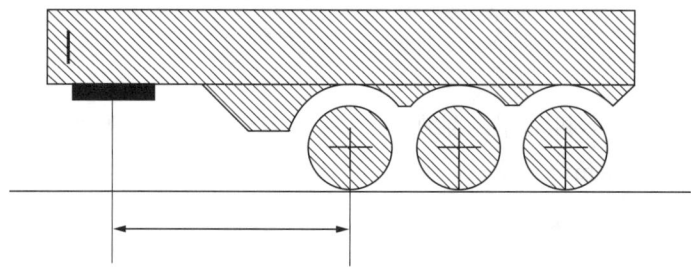

图 4-21 半挂车轴距测量

图 4-22 线轴结构的车辆轴距测量

(二)核定载人数和座椅布置

1. 检查方法

目视检查。注册登记安全检验时目测座椅宽度、深度及驾驶室内宽度等参数偏小或载客汽车座椅布置及固定情形异常的,使用测量工具测量相关尺寸。

2. 检测要求

(1)注册登记安全检验时,机动车的核定载人数应符合 GB 7258—2017 中 4.4.2～4.4.6 的核载规定并与机动车产品公告、机动车出厂合格证相符;机动车的座椅布置应符合

GB 7258—2017 中 11.6 的规定,并与产品使用说明书等资料相符。

(2)在用机动车安全检验时,机动车的座位(铺位)数应与机动车行驶证签注的内容一致,座椅布置和固定方式应无改装情形。

(三)栏板高度

1. 检查方法

用钢尺等长度测量工具测量。

2. 检测要求

(1)注册登记安全检验和在用机动车安全检验时,机动车栏板(含盖)高度不应超出 GB 1589—2016 规定的限值(表 4-16)。

注意:仓栅车的栏板高度指货箱两边边门的高度(图 4-23)。

表 4-16 机动车栏板高度限值要求

车辆类型	栏板(含盖)高度限值/mm
挂车及二轴货车	600
二轴自卸车、三轴及三轴以上货车	800
三轴及三轴以上自卸车	1500

图 4-23 仓栅车的栏板高度

(2)注册登记安全检验时,货车、挂车的栏板(含盖)高度应与机动车产品公告、机动车出厂合格证、驾驶室两侧喷涂的栏板高度数值相符,且误差不超过±50 mm。

(3)在用机动车安全检验时,货车、挂车的栏板(含盖)高度应与机动车登记信息、驾驶室两侧喷涂的栏板(含盖)高度数值相符,且误差不超过±50 mm。

(四)悬架

1. 概述

悬架是汽车行驶系中的一个重要结构。采用不同类型悬架的车辆进行检验检测时,检验项目有所不同。所以,有必要先对悬架有基本了解。下面我们一起学习下悬架的基本知识。

1)悬架的作用

把车桥和车架弹性地连接起来,并用它来吸收和缓和行驶中因路面不平引起的车轮跳动而传给车架的冲击和震动;传递路面作用于车轮的支持力、驱动力、制动力和侧向力及其产生的力矩。

2)悬架组成

一般都是由弹性元件、减震器和导向机构三大部分组成,它们分别起着缓冲、减震、导向和传递力及力矩的作用(图 4-24)。汽车悬架的弹性元件包括钢板弹簧、螺旋弹簧、扭杆弹簧、气体弹簧、横向稳定杆等。

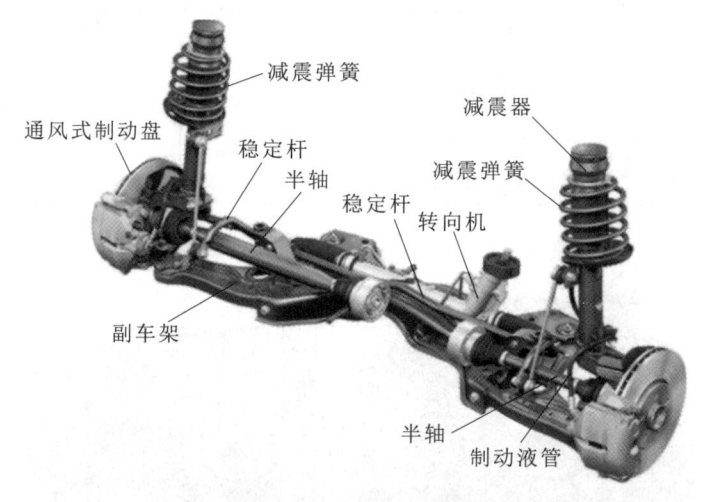

图 4-24 悬架组成

3)悬架分类

悬架主要分为独立悬架和非独立悬架(图 4-25)。

独立悬架的车架与每一侧车轮之间的悬架连接是独立的,它的车桥为断开式,当一侧车轮上下跳动时,不会影响到另一侧车轮位置的变化。这种悬架乘坐舒适性和操纵稳定性都较好,且具有降低汽车重心、减小汽车造型受约束的效果,但其结构较复杂,造价较昂贵。它主要应用在轿车上。

非独立悬架两侧的车轮安装在一根整体式车桥上,若一侧车轮因路面不平跳动时,会影响另一侧车轮位置的变化。这样就影响到车身的平稳和高速行驶的稳定性,但这种悬架结构简单,制造方便,故被载重汽车普遍采用。

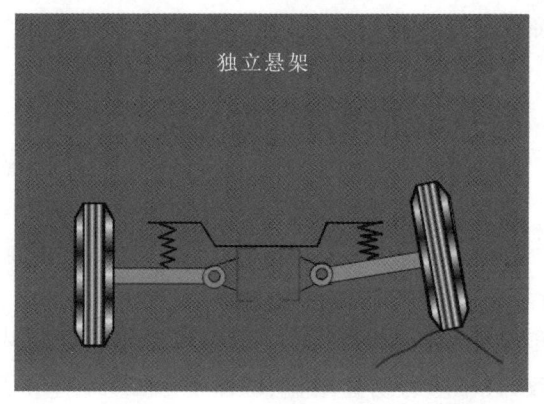 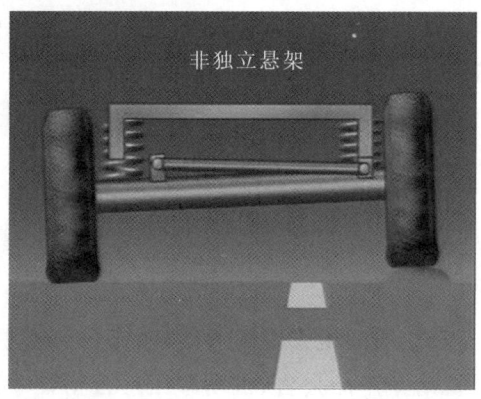

图4-25 独立悬架和非独立悬架

4)空气悬架

空气悬架(图4-26)把弹簧换成了空气弹簧,并且增加一套电子控制系统和气泵。空气悬架可看成车上的轮胎,压它的时候它会压缩,松开的时候它就伸展,由于是空气传递力,所以它压缩行程更大,舒适性比普通悬架更好。它还可调整车身高度,当汽车在高速行驶时,车身下降到最低,这样可以降低重心,获得更好的稳定性;另外停车的时候车身降到最低。当汽车需要通过土路等不好走的路时,车身上升来提升通过性。另外空气悬架可通过车内的不同驾驶模式,提供不同调校的风格,运动模式时悬架变硬,舒适模式时悬架变软。总之这种利用空气来改变软硬的悬架,在舒适性上比弹簧来的舒服。

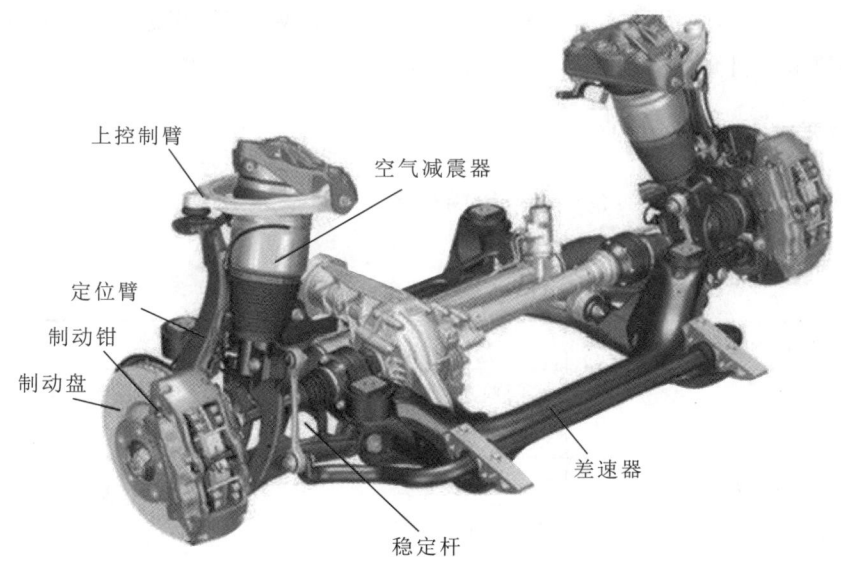

图4-26 空气悬架

采用空气悬架的车辆,总质量为整备质量1.2倍以下的车辆不测试加载轴制动率和加载制动不平衡率。

对于多后轴车辆,存在空气悬架和钢板弹簧悬架复合设置的,经检验确认和机动车产品公告批准状态一致的,应视为复合要求。

2. 检查方法

目视检查。

3. 检测要求

(1)注册登记安全检验时,货车(三轮汽车除外)、挂车、专项作业车的后轴钢板弹簧片数应与机动车产品公告、机动车出厂合格证一致,且不应有明显增宽、增厚情形;2020年1月1日起出厂的总质量大于或等于12 000 kg的危险货物运输货车的后轴,所有危险货物运输半挂车以及三轴栏板式、仓栅式半挂车应装备空气悬架。

(2)在用机动车安全检验时,货车(三轮汽车除外)、挂车、专项作业车的后轴钢板弹簧片数应与机动车登记信息一致,且不应有明显增宽、增厚情形。

(3)车辆行驶过程中其悬架导向机构的各球节、球销等运动副处一定会发生磨损,因此在对在用机动车进行安全技术检验时还需使用底盘间隙仪对车辆悬架系统间隙进行检查。

(五)客车出口

1. 检查方法

检验客车出口时,采用目视法。重点查验乘客门、撤离舱门、应急门、应急窗、应急锤是否达到标准要求。目测应急出口尺寸偏小的,使用长度测量工具测量相关尺寸。

2. 检测要求

(1)对在用车进行检测时,客车出口应满足表4-17要求。

表4-17 在用车客车出口检验要求

检查内容	标准要求
动力开启的乘客门	车门应急控制器应正常且其附近应标有清晰的符号或字样注明操作方法,字体高度应不小于10 mm
其他固定、锁止应急门的装置	无
击碎玻璃式的应急窗	近处配备的应急锤
推拉式应急窗和外推式应急窗	操作装置正常
应急出口的标志	齐全、清晰

(2)注册登记安全检验时,客车出口应满足表4-18要求。

表4-18 注册登记车辆客车出口检验要求

车型	车长/m	出厂日期	车况	乘客门	撤离舱门	应急门	应急窗	应急锤	备注
公路客车、旅游客车	>9	2012年9月1日—2018年12月31日		2个		1个;于车身左侧	外推式;车身左右至少各2个		(1)采用动力开启的乘客门的车门应急控制器应正常且其附近应标有清晰的符号或字样注明操作方法; (2)字体高度大于等于10 mm
		2019年1月1日起		2个		1个;于车身左侧	外推式;车身左右至少各1个	须有;于应急窗附近	
未设置乘客站立区公共汽车	7~8	2019年1月1日起	专用校车及乘坐人数小于20人的其他专用客车除外	2个		1个;于车身左侧	外推式;车身左右至少各2个		
	>9	2018年1月1日—2018年12月31日	专用校车及乘坐人数小于20人的其他专用客车除外			1个;于车身左侧	外推式;车身左右至少各2个		
		2019年1月1日起		2个		1个;于车身左侧	外推式;车身左右至少各1个	须有;于应急窗附近	
未设置乘客站立区其他客车	7~8	2019年1月1日起		2个		1个;于车身左侧			
	>9	2018年1月1日—2018年12月31日				1个;于车身左侧			
		2019年1月1日起		2个		1个;于车身左侧	击碎玻璃式;车身左右至少各2个		

续表 4-18

车型	车长/m	出厂日期	车况	乘客门	撤离舱门	应急门	应急窗	应急锤	备注
客车	>7	2012年9月1日—2013年8月31日	20座内专用客车除外		1个				
			车窗可容800 mm×900 mm矩形	20座内专用客车	1个		推拉式或推式		
			车窗可容500 mm×700 mm矩形	20座内专用客车除外	1个		击碎玻璃式	须有；应急窗时自动破窗无需	
		2013年9月1日起	车窗可容800 mm×900 mm矩形	20座内专用客车			推拉式或推式		
			车窗可容500 mm×700 mm矩形	20座内专用客车除外			击碎玻璃式	须有；应急窗时自动破窗无需	
			有乘客站立区				推拉式或推式	须有；应急窗时自动破窗无需	
	6~7	2013年9月1日—2014年8月31日	车窗可容800 mm×900 mm矩形	20座内专用客车		1个；于车身左或后部	推拉式或推式	须有；应急窗时自动破窗无需	车身右侧仅有1个乘客门且在车身左侧未设置驾驶入门
			车窗可容500 mm×700 mm矩形	20座内专用客车除外		1个；于车身左或后部	击碎玻璃式	须有；应急窗时自动破窗无需	
		2014年9月1日起	车窗可容800 mm×900 mm矩形	20座内专用客车			推拉式或推式	须有；应急窗时自动破窗无需	
			车窗可容500 mm×700 mm矩形	20座内专用客车除外			击碎玻璃式	须有；应急窗时自动破窗无需	

(六)客车乘客通道和引道

1. 检查方法

目视检查。目测通道引道偏窄或高度不符合要求时,使用通道引道测量装置检查。

2. 检测要求

(1)注册登记安全检验时,客车的通道、引道应符合 GB 7258—2017、GB 13094—2017《客车结构安全要求》、GB 24407—2012《专用校车安全技术条件》等相关标准的规定。

(2)在用机动车安全检验时,客车的通道(图 4-27)、引道(图 4-28)应畅通无障碍。

注意:通道指乘客从某个座椅至其他(排)座椅、乘客门引道以及乘客站立区域的行走空间。引道指从乘客门向车内直到最上一级踏步的外边缘(通道的边缘)的延伸空间。当车门无踏步时,引道为从乘客门向内 300 mm 的空间。

图 4-27 通道

图 4-28 引道

（七）货箱/罐体

1. 检查方法

目视检查，目测货箱/罐体有超长、超宽、超高嫌疑时，使用长度测量工具测量相关尺寸。

2. 检测要求

(1)注册登记安全检验时，货箱/罐体应满足以下要求：

①货厢/罐体不应设置有货厢（货箱）加高、加长、加宽的结构、装置，不应有"拆除厢式货车顶盖""拆除仓栅式货车顶棚杆""平板货车/挂车的平板上有用于固定集装箱等的锁具""栏板货车/挂车的栏板上有方便加高栏板的铰链"等情形。

②罐体式样、尺寸应与机动车产品公告相符。

③检验符合表4-19要求。

表4-19 货箱/罐体检验要求

车型	检测位置	要求	备注
仓栅式载货车	载货部位的顶部	安装有与侧面栅栏固定的、不能拆卸和调整的顶棚杆	
	顶棚杆间的纵向距离	≤500 mm	2018年1月1日起出厂
自卸式载货车	车箱栏板	开闭灵活，锁紧可靠	
	侧开式车箱栏板与立柱、底板之间	贴合	
	后开式车箱后栏板与车箱后断面之间	贴合	
厢式载货车	货厢的顶部	封闭、不可开启（翼开式车辆除外）	
	货厢的顶部侧面的连接	采用焊接等永久固定方式	
	后面或侧面	设有固定位置的车门	
侧帘式载货车	车厢	设置有竖向滑动立柱、横向挡货杆、托盘、固货绳钩等防护装置	
	车厢内	设置有对货物进行必要固定和捆扎的固定装置	
	帘布锁紧装置	锁紧可靠	
集装箱车、集装箱运输半挂车	载货部位	采用骨架式结构	
	集装箱与车体	不应用焊接等方式与骨架成为一体	

(2)在用机动车安全检验时,车辆不应有"加高、加长、加宽货厢""拆除厢式货车顶盖""拆除仓栅式货车顶棚杆""换装大尺寸罐体"等非法改装情形;货厢和栏板的锁止机构应齐全、完好;货厢栏板和底板应规整。

(3)在用车安全技术检验时应特别关注危险品运输车的罐体检查,重点检查项目应包括罐体变形及罐体材料腐蚀情况;罐体上安装的底阀、液体管路及管路附件等紧固及渗漏情况;罐体顶部的检修口(人孔)的密封情况、呼吸阀工作状态等。

四、车辆外观检查

(一)车身颜色和车辆外形

1. 检查方法

目视检查。

2. 检查要求

(1)注册登记安全检验时:

①送检机动车的车辆外形(不包括车辆颜色)应与机动车产品公告照片一致(对国产机动车)。

②送检机动车具有允许自行变更的情形视为合格。

③送检乘用车在不改变车辆长度、宽度和车身主体结构且保证安全的情况下,加装车顶行李架、出入口踏步件、换装散热器面罩/保险杠、更换轮辋(更换后轮胎规格不应变化)的视为合格。

(2)在用机动车安全检验时:

①送检机动车的车身颜色、车辆外形应与机动车行驶证上的车辆照片一致(目视不应有明显区别),不应有更改车身颜色、改变车厢形状、改变车辆结构等情形。

②送检机动车具有允许自行变更的情形视为合格。

③送检乘用车在不改变车辆长度、宽度和车身主体结构且保证安全的情况下,加装车顶行李架、出入口踏步件、换装散热器面罩/保险杠、更换轮辋(更换后轮胎规格不应变化)的,提醒机动车所有人及时申请换发机动车行驶证后视为合格。

(二)车身外观

1. 检查方法

目视检查。对封闭式货箱的货车、挂车应打开车厢门检查。对客车、货车操作检查前风窗玻璃刮水器。目测车窗玻璃可见光透射比、车身尺寸等参数有疑问时,使用透光率计、钢直尺、钢卷尺等测量工具测量相关参数。对大型客车、重中型货车、重中型载货专项作业车、重中型挂车,在平整场地上使用钢直尺,在距地 1.5 m 高度内,测量第一轴和最后轴(对挂车仅测最后轴)上方的车身两侧对称部位的高度。

2. 检查要求

车身外观检查要求如表 4-20 所示。

表 4-20 机动车车身部件外观检查要求

车型	检测部位	要求
全部	车身前部外表面的易见部位	至少装置一个能永久保持且与车辆品牌/型号相适应的商标或厂标
	保险杠、后视镜、下视镜	完好
	灯具	无破损、缺失
	车窗玻璃	齐全
		未张贴镜面反光遮阳膜
	前挡风玻璃	无裂纹、破损
	前挡风以外玻璃	无穿孔或长度超过 25 mm 的裂纹
	车体外缘左右对称部位	高度差小于等于 40 mm
	车身外部	无明显的镜面反光现象(局部区域使用镀铬、不锈钢装饰件的除外)
		无任何可能触及行人、骑自行车人等交通参与者的外部构件
		无可能使人致伤的尖角、锐边等凸起物
	车身(车厢)及其漆面	无超过 3 处的轻微开裂、锈蚀和明显变形
	车身广告	不影响安全驾驶
货车和挂车	货厢	安装牢固,其栏板和底板应规整,强度应满足使用要求
	安全架	完好无损

续表 4-20

车型	检测部位	要求
校车和车长大于 7.5 m 的其他客车	车顶	无行李架
设置有车外顶行李架的客车	车外顶行李架	长度不超过车长的 1/3,高度不超过 300 mm
机动车(挂车除外)	外后视镜	左右至少各设置一面
总质量大于 7500 kg 的货车和货车底盘改装的专项作业车	车身右侧	广角后视镜补盲后视镜至少各一面
车长大于 6 m 的平头货车和平头客车	车前	至少设置有一面前下视镜或相应的监视装置
货车和挂车	载货部分	非可伸缩的结构(中置轴车辆运输列车主车后部的延伸结构除外)或设置有乘客座椅
客车、货车	前风窗玻璃刮水器	正常工作,关闭时刮片应能自动返回至初始位置
客车、重中型货车、重中型载货专项作业车	驾驶室	设置防止阳光直射而使驾驶人产生炫目的装置
集装箱车、集装箱挂车	用于固定集装箱箱体的锁止机构	齐全、完好
平板式载货车	平板	无插桩结构、凹槽、集装箱锁具等装置(2019 年 8 月 1 日起出厂)
平板式载货车、仓栅式载货车	载货部位	无具有举升功能或采用自卸结构(2019 年 8 月 1 日起出厂)
车厢可卸式汽车	货厢	封闭式专用货厢
	车架	装备有装卸或举升机构或能升降专用货厢/车架(2019 年 8 月 1 日起出厂)
危险货物运输货车、公路客车、旅游客车和未设置乘客站立区的公共汽车	车身	装备容积小于等于 400 L 的单燃油箱(2019 年 8 月 1 日起出厂)
乘用车	加装的前后防撞装置	
货车、专项作业车和挂车	加装的防风罩、水箱、工具箱、备胎架	不影响安全和号牌识别

续表 4-20

车型	检测部位	要求
三轮汽车和摩托车	前、后减振器、转向上下联板和方向把	无变形和裂损
	左右后视镜	齐全、有效
	座垫、扶手（或拉带）、脚蹬和挡泥板	齐全，且牢固可靠
无驾驶室的三轮汽车	货箱前部	安装有高出驾驶员座垫平面至少 800 mm 的安全架
教练车（三轮汽车除外）	车身	两侧外后视镜上方或者车身前部两侧应至少各具有一面辅助外后视镜
	辅助后视镜	反射面面积应不小于原车相应后视镜反射面面积的 50%。辅助后视镜应安装牢固，不应有任何可能使人致伤的尖角、锐边等凸起物。检验员坐在副驾驶位置上应能完整观察到所有辅助后视镜的反射面，并能通过辅助后视镜有效观察到车辆两侧及后方的交通状态
自学用车	车身	两侧外后视镜上方或者车身前部两侧应至少各具有一面辅助外后视镜
	车内	具有一面辅助内后视镜（原车安装有遮挡内后视镜视野范围的非玻璃材料装置时除外）
	辅助后视镜	反射面面积应不小于原车相应后视镜反射面面积的 50%。辅助后视镜应安装牢固，不应有任何可能使人致伤的尖角、锐边等凸起物。检验员坐在副驾驶位置上应能完整观察到所有辅助后视镜的反射面，并能通过辅助后视镜有效观察到车辆两侧及后方的交通状态
货车货厢（自卸车、装载质量 1000 kg 以下的货车除外）	前部	安装有比驾驶室高至少 70 mm 的安全架
厢式货车和封闭式货车	驾驶室（区）两旁	设置有车窗
	货厢部位	不设置车窗[但驾驶室（区）内用于观察货物状态的观察窗、运输特定物品车辆的通气孔除外]

续表 4-20

车型	检测部位	要求
罐式危险货物运输车	罐体顶部	设置倾覆保护装置（罐体顶部的管接头、阀门及其他附件的最高点应低于倾覆保护装置的最高点至少 20 mm）
乘用车、旅居车、专用校车和车长小于 6 m 的其他客车	前后部	设置有保险杠
货车（三轮汽车除外）	前后部	应设置有前保险杠
无驾驶室的正三轮摩托车	转向机构	方向把式
	方向盘中心立柱（采用方向盘转向时）	距车辆纵向中心平面的水平距离小于等于 200 mm（2013 年 3 月 1 日起出厂）
插电式混合动力汽车	RE ESS 外壳	无裂纹、外伤或电解液泄漏等情形
	目视检查可见区域内 B 级电压电路中的 RE ESS	有符合规定的警告标记标识（2018 年 1 月 1 日起出厂）
插电式混合动力汽车	可见区域内，高、低压线束、连接器	无断裂、破损、表面材料溶解或烧蚀痕迹
	车身	外接充电接口，且充电接口表面不应有明显变形或烧蚀痕迹
纯电动汽车	可见区域内，高、低压线束、连接器	无断裂、破损、表面材料溶解或烧蚀痕迹
	目视检查可见区域内 B 级电压电路中的 RE ESS	有符合规定的警告标记标识（2018 年 1 月 1 日起出厂）
	RE ESS 外壳	无裂纹、外伤或电解液泄漏等情形
	车身（换电式除外）	外接充电接口，且充电接口表面不应有明显变形或烧蚀痕迹
其他新能源汽车	可见区域内，高、低压线束、连接器	无断裂、破损、表面材料溶解或烧蚀痕迹

(三)外部照明和信号装置

1. 检查方法

目视检查并操作。

2. 检测要求

(1)注册登记安全检验时,车辆外部照明和信号装置的数量、位置、光色还应符合 GB 4785—2019《汽车及挂车外部照明和光信号装置的安装规定》等相关标准的规定。

(2)注册登记安全按检验和在用机动车安全检验时,外部照明和信号装置应满足下表4-21要求,目视可见的电器导线应布置整齐、捆扎成束、固定卡紧,并无破损现象。

表4-21 外部照明和信号装置的检测要求

设备	要求	备注
前部照明和信号装置	齐全、工作正常	
前照灯的远、近光光束	变换功能正常	
远光照射位置	无异常偏高现象	
后位灯、后转向信号灯、后部危险警告信号、示廓、制动灯、后雾灯、后牌照灯、倒车灯、后反射器	齐全,工作应正常	
制动灯	发光强度应明显大于后位灯的发光强度	
侧转向信号灯、安装的侧标志灯和侧反射器	齐全,工作正常	
对称设置、功能相同灯具	光色和亮度不应有明显差异	
转向信号灯	光色琥珀色	
每一个后位灯、后转向信号灯和制动灯	透光面面积应大于等于一个80 mm直径圆的面积	2014年9月1日起生产总质量大于等于4500 kg货车、专项作业车和挂车
遮挡外部照明和信号装置透光面的护网、防护罩等装置	不应安装或粘贴	设计和制造上带有护网、防护罩且配光性能符合要求的灯具除外
喇叭	有效发声	
辅助喇叭开关	工作可靠	教练车(三轮汽车除外)
车辆右转弯音响提示装置	应装备	2019年1月1日起出厂的总质量大于等于12 000 kg的货车

续表 4-21

设备	要求	备注
目视可见的电器导线	布置整齐、捆扎成束、固定卡紧,并无破损现象	
外部照明和信号装置数量、位置、光色	符合 GB 4785—2019 等相关标准的规定	注册登记安全检验
除转向信号灯、危险警告信号、紧急制动信号、校车标志灯、扫路车、护栏清洗车等专项作业车在作业状态下的指示灯具	应具有闪烁功能	
除消防车、救护车、工程救险车和警车安装使用的标志灯具		

(四)轮胎

1. 基本概念

使用轮胎时应关注轮胎规格参数,轮胎的规格参数由 7 部分组成,分别为断面宽度、扁平比、轮胎类型、轮辋直径、专业标志、荷重指数、速度代号(表 4-22)。比如:185/60 R14 82H 轮胎的轮胎断面宽度为 185 mm,轮胎扁平比为 60%,内径为 14 英寸,可承载 475 kg,可承受的最大车速为 210 km/h(图 4-29)。

$$195 \,/\, 65 \quad R \quad 14 \quad ST \quad 86 \quad H$$
$$① \quad ② \quad ③ \quad ④ \quad ⑤ \quad ⑥ \quad ⑦$$

表 4-22 轮胎规格参数表

序号	名称	说明	单位
1	断面宽度	轮胎横截面宽度	mm
2	扁平比	断面高度/断面宽度×100%	
3	轮胎类型	R——子午线轮胎,D——斜交轮胎	
4	轮辋直径	轮圈(车轮上周边安装和支撑轮胎的部件)的直径	in(英寸)
5	专业标志	ST 特种专用挂车轮胎标志,LT 轻型载重汽车轮胎标志	
6	荷重指数	轮胎可承载的质量(见表 4-23)	
7	速度代号	轮胎可承受的最大车速(见表 4-24)	

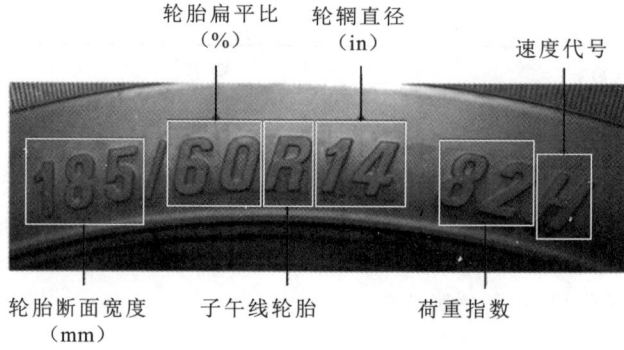

图 4-29 轮胎规格参数位置示例

表 4-23 轮胎荷重指数

荷重指数	可承载的质量/kg	荷重指数	可承载的质量/kg	荷重指数	可承载的质量/kg	荷重指数	可承载的质量/kg	荷重指数	可承载的质量/kg
50	190	71	345	92	630	113	1150		
51	195	72	355	93	650	114	1180		
52	200	73	365	94	670	115	1215		
53	206	74	375	95	690	116	1250		
54	212	75	387	96	710	117	1285		
55	218	76	400	97	730	118	1320		
56	224	77	412	98	750	119	1360		
57	230	78	425	99	775	120	1400		
58	236	79	439	100	800	121	1450		
59	243	80	450	101	825	122	1500		
60	250	81	462	102	850	123	1550		
61	257	82	475	103	875	124	1600		
62	265	83	487	104	900	125	1650		
63	272	84	500	105	925	126	1700		
64	280	85	515	106	950	127	1750		
65	290	86	530	107	975	128	1800		
66	300	87	545	108	1000	129	1850		
67	307	88	560	109	1030	130	1900		
68	315	89	580	110	1035				
69	325	90	600	111	1040				
70	335	91	615	112	1045				

表 4-24　轮胎速度标签

字母速度标签	最大时速/(km·h^{-1})	字母速度标签	最大时速/(km·h^{-1})
N	140	U	200
P	150	V	210
Q	160	W	220
R	170	X	240 或以上
S	180	Y	270
T	190	Z	300

(1)轮胎的扁平比一般指轮胎侧面的长度与宽度的百分比(图 4-30)。高扁平比的轮胎由于胎壁长,缓冲能力强,相对来说舒适性较高,但对路面的感觉较差,转弯时的侧向抵抗力弱。低扁平率轮胎的特性则相反。

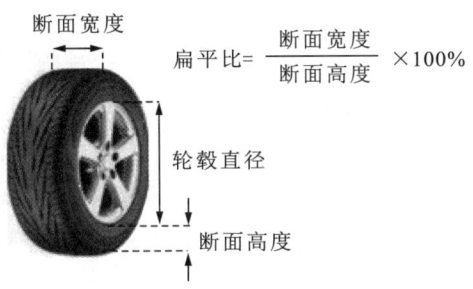

图 4-30　轮胎扁平比参数

(2)轮胎按内部结构形式,分斜交轮胎和子午线轮胎(图 4-31)。相比斜交轮胎(D),子午线轮胎(R)弹性大,耐磨性好,滚动阻力小,附着性能好,缓冲性能好,承载能力大,不易刺穿。但由于两种轮胎帘布层的编织方式不同,子午线轮胎的胎侧帘布层强度比斜交轮胎低,在胎侧受到冲击载荷时帘布容易断线导致胎侧鼓包。

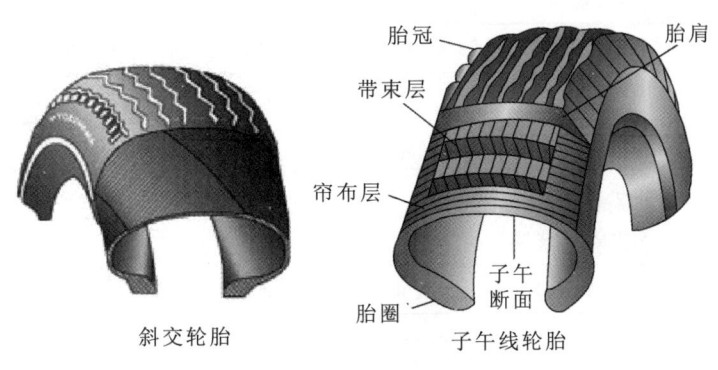

图 4-31　斜交轮胎和子午线轮胎

2. 检测方法

人工检测时,一定要注意看轮胎的磨损程度。不少交通事故就是轮胎磨损严重造成的(图 4-32)。

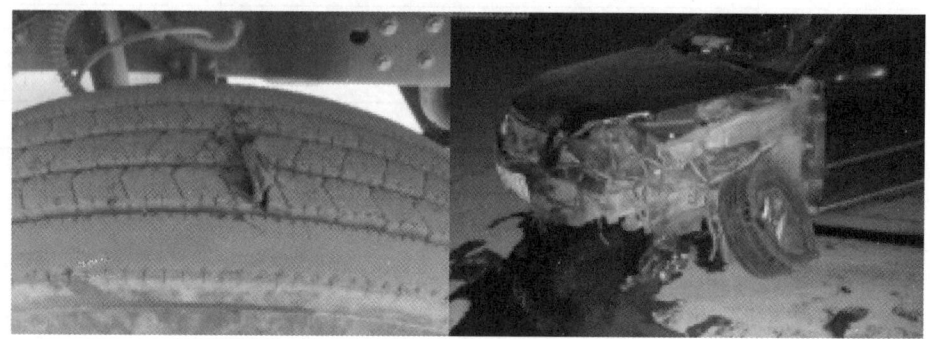

图 4-32 因轮胎破损引发安全事故

一般采用目视及检验锤敲击的办法检查轮胎及配件,目测胎压不正常时,使用轮胎气压表测量相关参数。检查轮胎花纹深度时,对大型客车、重中型货车、重中型载货专项作业车、危险货物运输车的转向轮使用轮胎花纹深度尺测量;对大型客车、重中型货车、重中型载货专项作业车的其余轮胎以及其他车型的轮胎检验时,目测轮胎胎冠花纹深度偏小的,使用轮胎花纹深度尺测量;有条件时可使用轮胎花纹深度自动测量装置。

3. 检测要求

(1)注册登记安全检验和在用机动车安全检验时,轮胎应满足表 4-25 要求。

表 4-25 车辆轮胎检测要求(一)

检查项目	要求	
轮胎规格	同轴两侧一致,且与机动车产品公告和机动车出厂合格证相符	
螺栓、半轴螺栓	齐全、紧固	
胎面、胎壁	不应有长度超过 25 mm 或深度足以暴露出轮胎帘布层的破裂和割伤	
螺柱孔	无严重磨损	
车轮法兰	无断裂	
轮胎锁环	无断裂或末端互相接触	
轮毂	无损毁或破裂	
轮胎爆胎应急防护装置	2020 年 1 月 1 日起出厂的专用校车	转向轮必须装备
	车长大于 9 m 的未设置乘客站立区的客车	
	总质量大于 3500 kg 的危险货物运输货车	

(2)注册登记安全检验和在用机动车安全检验时,对应车辆类型和使用性质的车辆还应满足表4-26要求。

表4-26 车辆轮胎检测要求(二)

检查项目	车辆类型及使用性质	要求
轮胎胎冠上花纹深度/m	乘用车、挂车	≥1.6
	摩托车	≥0.8
	其他机动车转向轮	≥3.2
	其余轮	≥1.6
翻新轮胎	公路客车、旅游客车和校车	所有车轮不得使用
	其他机动车	转向轮不得使用

(3)注册登记安全检验时,送检机动车还应满足表4-27要求。

表4-27 车辆轮胎检测要求(三)

检查项目	车辆类型及使用性质	要求
无内胎子午线轮胎	专用校车	必须装用
子午线轮胎	危险货物运输车辆	必须装用
	车长大于9 m的其他客车	
备胎名义宽度/m	面包车	>155
	2018年1月1日起出厂,车长小于等于7.5 m的公路客车后轮	>195(单胎)
备胎标识	使用小规格备胎的小型、微型载客汽车	必须有中文标识

五、安全装置检查

(一)汽车安全带

1. 检查方法

目视检查。

2. 检测要求(表4-28)

(1)注册登记安全检验时,重点检查是否安装汽车安全带;在用车安全检验时,重点检查安全带是否完好且能正常使用。汽车安全带应可靠有效,安装位置应合理,乘客座椅汽车安全带的固定点应合理,不应导致安全带卷带跨越其他乘客的上下车通道、影响其他乘客上下车;不应出现座垫套覆盖遮挡安全带、安全带绑定在座位下面、使用安全带插扣等情形。

（2）乘用车（单排座的乘用车除外）应至少有一个座椅配置符合规定的 ISOFIX 儿童座椅固定装置,或至少有一个后排座椅能使用汽车安全带有效固定儿童座椅。

（3）2018 年 1 月 1 日起出厂的设计和制造上具有行动不便乘客（如轮椅乘坐者）乘坐设施的载客汽车、装备有担架的救护车,应装备能有效固定轮椅、担架的安全带或其他约束装置。

（4）2014 年 3 月 1 日起出厂的乘用车、2020 年 1 月 1 日起出厂的其他汽车（乘用车、三轮汽车除外）应装备驾驶人汽车安全带佩戴提醒装置。

表 4-28 安全带检验要求

出厂日期	车辆类型	座椅	安全带类型（图 4-33）
2018 年 1 月 1 日前	乘用车、公路客车、旅游客车、未设置乘客站立区的公共汽车、专用校车和旅居车	所有座椅	三点式（或四点式）
	其他汽车（低速汽车除外）	驾驶人座椅和前排乘员座椅	
2018 年 1 月 1 日后	乘用车（设计和制造上具有行动不便乘客乘坐设施的乘用车设置的后向座椅除外）、旅居车、未设置乘客站立区的客车、货车（三轮汽车除外）、专项作业车	所有乘员座椅	三点式（或全背带式）
	总质量小于或等于 3500 kg 的其他汽车	驾驶人座椅、所有外侧座椅	
	其他汽车（设有乘客站立区的客车除外）	驾驶人座椅、前排外侧乘员座椅	
	设有乘客站立区的客车	驾驶人座椅、前排乘员座椅	
	专用校车和专门用于接送学生上下学的非专用校车	驾驶人座椅	
		每个学生座位（椅）	两点式

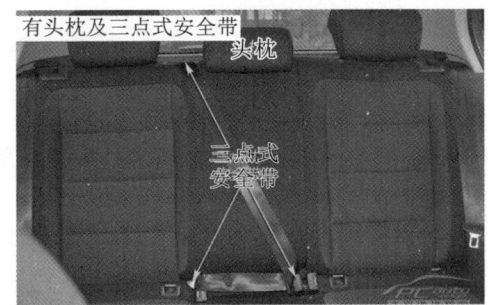
三点式安全带

两点式安全带

四点式安全带

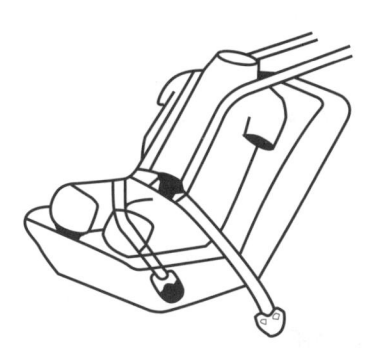
全背带式安全带

图 4-33　安全带类型

（二）应急停车安全附件

1. 检查方法

目视检查。

2. 检测要求

注册登记安全检验和在用机动车安全检验时，都须检测是否配有必要的三角警告牌（图 4-34）、停车楔（图 4-35）、反光背心（图 4-36），且应符合表 4-29 要求。

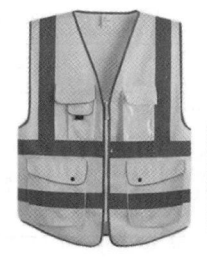

图 4-34　三角警告牌　　　　图 4-35　停车楔　　　　图 4-36　反光背心

表 4-29 应急停车安全附件规范要求

出厂日期	车辆类型	三角警告牌	停车楔	反光背心
2018年1月1日前	车长大于或等于6 m的客车	1个		
	总质量大于3500 kg的货车	1个		
	其他汽车(无驾驶室的三轮汽车除外)	1个		
2018年1月1日起	车长大于或等于6 m的客车	1个		1件
	总质量大于3500 kg的货车	1个	至少2个	1件
	其他汽车(无驾驶室的三轮汽车除外)	1个		

（三）灭火器

1. 检查方法

目视检查。

2. 检测要求

(1)对在用机动车进行安全检验时,检查配备的灭火器是否在使用有效期内,是否有欠压失效等情形,是否固定牢靠并取用方便,且应符合表4-30要求。

(2)注册登记安全检验时,应符合表4-31要求。

表 4-30 车辆灭火器检验要求

出厂日期	车辆类型		灭火器
2018年1月1日前	专用校车	驾驶人附近	1具质量不少于2 kg的ABC干粉灭火器
		至少1个照管人员附近	1具质量不少于2 kg的ABC干粉灭火器
2018年1月1日起	客车、危险货物运输车辆		
	旅居车		
	道路运输爆炸品和剧毒化学品车辆	驾驶室	1个干粉灭火器
		车辆两边	所装载介质性能相适应的灭火器各1个

表 4-31 注册登记车辆灭火器特殊检验要求

出厂日期	车辆类型		灭火器
2018年1月1日起	专用校车	驾驶人附近	1具质量不少于2 kg的ABC干粉灭火器
		至少1个照管人员附近	1具质量不少于2 kg的ABC干粉灭火器
	其他类型载客汽车		符合GB 34655—2017《客车灭火装备配置要求》的规定配置手提式灭火器

(四)行驶记录装置

1. 检查方法

目视检查并操作。

2. 检测要求

(1)注册登记安全检验和在用机动车安全检验时,以下车辆应安装有符合要求的行驶记录装置(汽车行驶记录仪或行驶记录功能符合GB/T 19056—2021《汽车行驶记录仪》的卫星定位装置等),且行驶记录装置的连接、固定应可靠,时间、速度等信息显示功能应正常,汽车行驶记录仪主机外壳的易见部位应加施有符合规定的强制性产品认证标志(表4-32)。

表 4-32 应安装行驶记录装置的车辆类型

出厂日期	车辆类型
全部	公路客车
	旅游客车
	危险货物运输货车
	校车
2013年3月1日起	未设置乘客站立区的公共汽车
	半挂牵引车
	总质量大于或等于12 000 kg货车
2018年1月1日起	设有乘客站立区的客车
2019年1月1日起	公路客车
	旅游客车
	未设置乘客站立区的公共汽车
	校车
	设有乘客站立区的客车以外的其他客车

注意：除校车、公路客车、旅游客车以外的车长小于 6 m 的其他客车如安装了汽车事故数据记录器（event data recorder，EDR），视为合格。

（2）注册登记安全检验和在用机动车安全检验时，以下车辆应安装车内外录像监控系统，且安装的车内外录像监控系统的功能应正常（表 4 - 33）。

表 4 - 33 应安装车内外录像监控系统的车辆类型

出厂日期	车辆类型
全部	卧铺客车
2013 年 5 月 1 日起	专用校车
2018 年 1 月 1 日起	设有乘客站立区的客车

（五）车身反光标识

1. 检查方法

目视检查。目测车身反光标识局部破损、其表面附着污染物且逆反射系数偏小时，须使用逆反射系数测试仪检测。

2. 检测要求

（1）注册登记安全检验和在用机动车安全检验时，车身反光标识应满足以下要求：

①货车（多用途货车除外）、货车底盘改装的专项作业车和挂车（设置有符合规定的车辆尾部标志板的专项作业车、旅居挂车除外）后部车身反光标识的粘贴要求和材料类型（反光膜型或反射器型）应符合 GB 7258—2017、GB 23254—2009 的规定，反射器型车身反光标识的固定应可靠。

②所有货车（半挂牵引车、多用途货车除外）、货车底盘改装的专项作业车和挂车（旅居挂车除外），侧面粘贴的车身反光标识应符合 GB 7258—2017、GB 23254—2009 的规定。

（2）在用机动车安全检验时，存在部分车身反光标识单元破损、丢失的，若完好的车身反光标识单元的粘贴面积符合 GB 7258—2017、GB 23254—2009 的规定，视为合格。

3. 车辆车身反光标识的标准贴法

图 4 - 37 所示为一些车辆车身反光标识的标准贴法。

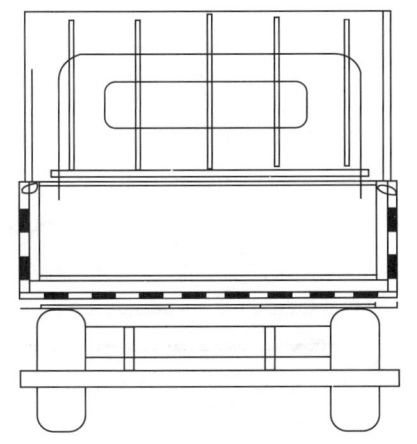

栏板式货车、栏板式挂车、三轮汽车、低速货车

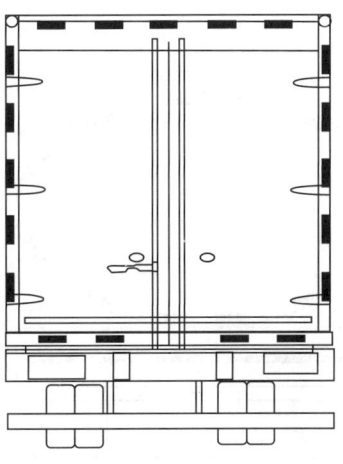

厢式低速货车、厢式货车、厢式挂车

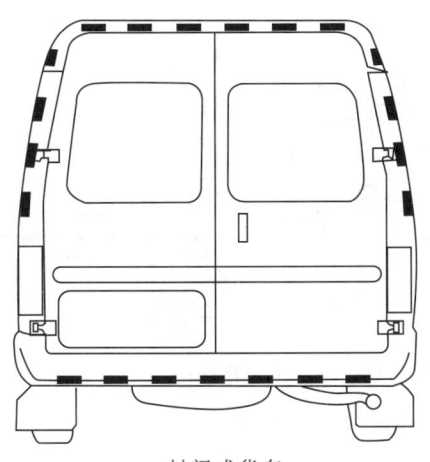

封闭式货车

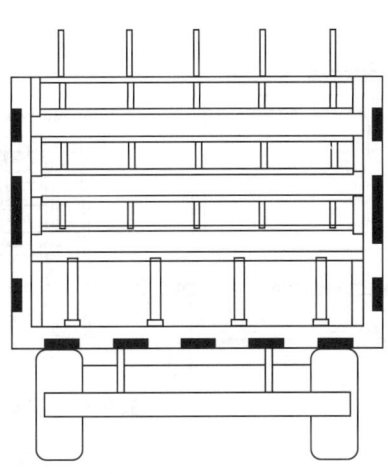

仓栅式货车、仓栅式挂车

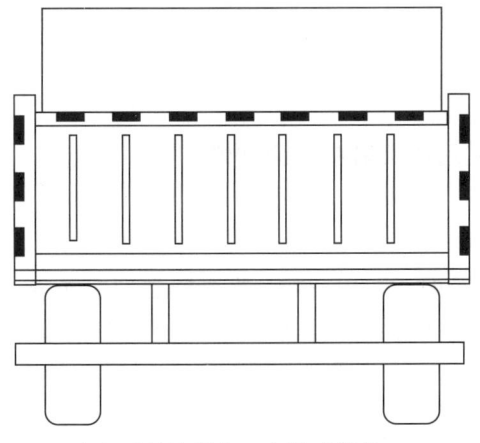

自卸式低速货车、自卸式货车

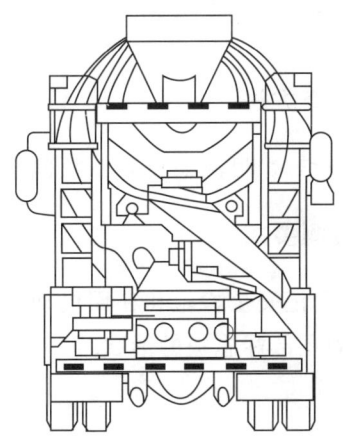

混凝土搅拌车

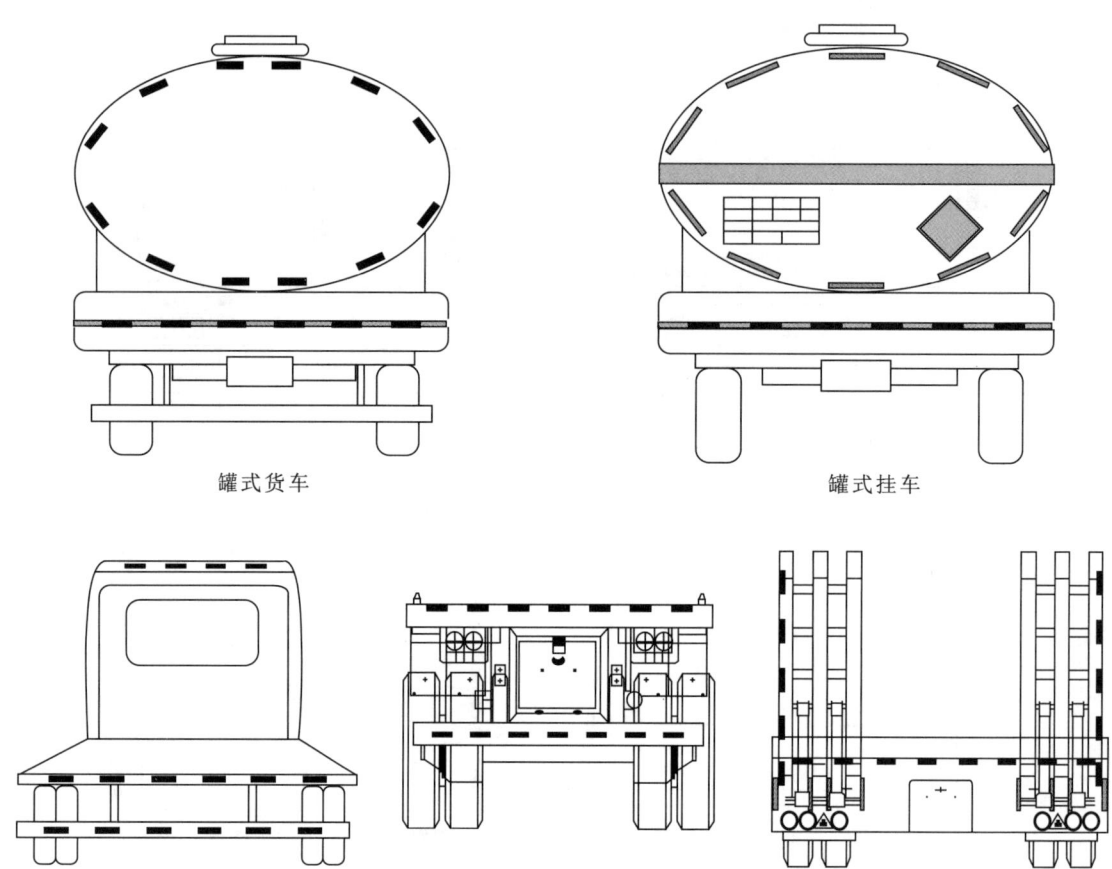

罐式货车　　　　　　　　　罐式挂车

平板货车、平板挂车、低平板挂车、集装箱挂车

图 4-37　车辆车身反光标识的标准贴法

(六)车辆尾部标志板

1. 检查方法

目视检查。目测逆反射系数偏小时,须使用逆反射系数测试仪。

2. 检测要求

注册登记安全检验和在用机动车安全检验时,表 4-34 中的车辆必须有车辆尾部标志板,且车辆尾部标志板的形状、尺寸、布置和固定应符合 GB 25990—2010《车辆尾部标志板》的规定。

表 4-34 应安装车辆尾部标志板的车辆要求

出厂日期	车辆类型
2012 年 9 月 1 日起	总质量大于或等于 12 000 kg 的货车(半挂牵引车除外)
	车长大于 8.0 m 的挂车
2014 年 1 月 1 日起	总质量大于或等于 12 000 kg 的货车底盘改装的专项作业车

3. 车辆尾部标志板的常见位置(图 4-38～图 4-40)

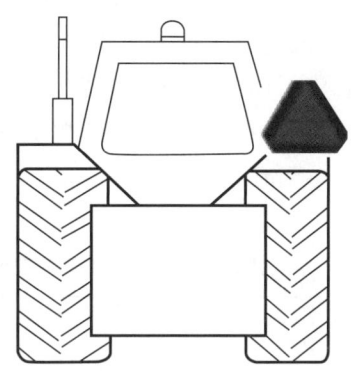

图 4-38 低速车辆尾部标志板安装示意图

  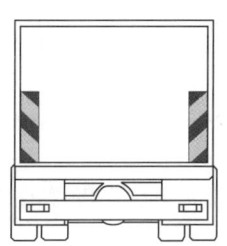 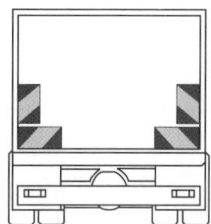

图 4-39 重型车辆尾部标志板安装示意图

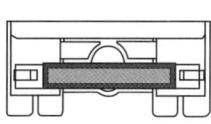 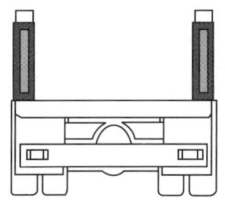 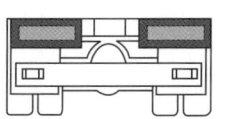 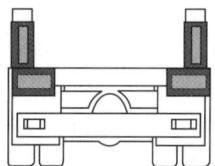

图 4-40 长型车辆尾部标志板安装示意图

(七)侧面和后、前下部防护

1. 检查方法

目视检查。目测防护装置单薄、安装不规范时,使用长度测量工具。

2. 检测要求

(1)注册登记安全检验和在用机动车安全检验时,防护装置应满足以下要求:

①罐式危险货物运输车辆的罐体及罐体上的管路和管路附件不应超出车辆的侧面及后下部防护装置,且罐体后封头及罐体后封头上的管路和管路附件外端面与后下部防护装置内侧在车辆长度方向垂直投影的距离应大于或等于 150 mm。

②侧面防护装置的下缘离地高度、防护范围和前缘形式及后下部防护装置的离地高度、宽度、横截面宽度应符合 GB 11567—2017《汽车及挂车侧面和后下部防护要求》的规定。

③不同总质量及不同类型的车辆,还应符合表 4-35 要求。

表 4-35 车辆侧面和后、前下部防护安装要求

车辆总质量/kg	车辆类型	检查内容		
		侧面装置	后下部装置	前下部装置
>3500	货车(半挂牵引车除外)、货车底盘改装的专项作业车和挂车	应正常有效	应正常有效	
	货车列车的牵引车和挂车之间	应正常有效		
>7500	货车、货车底盘改装的专项作业车			应正常有效

(2)注册登记安全检验时,防护装置的外观、结构、尺寸、与车身的连接方式还应与机动车产品公告相符。

(3)在用机动车安全检验时,防护装置安装应牢固、无明显变形。

(八)应急锤

1. 检查方法

目视检查。

2. 检测要求

注册登记安全检验和在用机动车安全检验时,采用密闭钢化玻璃式应急窗的客车,在相应的应急窗邻近应配备一个应急锤或采用自动破窗装置;2019 年 1 月 1 日起出厂的公路客

车、旅游客车和未设置乘客站立区的公共汽车的外推式应急窗邻近处应配备有应急锤(图4-41)。

图4-41 应急锤

(九)急救箱

1. 检查方法

目视检查。

2. 检测要求

注册登记安全检验和在用机动车安全检验时,校车应配备急救箱,急救箱应放置在便于取用的位置并确保有效适用。

(十)车速限制/报警功能或装置

1. 检查方法

审查机动车产品公告、机动车出厂合格证、产品使用说明书等凭证资料。

2. 检测要求

一般来说,大型货运汽车、客车发生交通事故的概率是很大的,其伤害系数也是很大的。发生事故的一个主要原因是速度过高。为提高安全性,要求下列车辆在车速超过限制时,在不影响车辆原车动力的前提下,对车辆的行驶速度进行强行限制,或进行报警,提醒驾驶员。

(1)公路客车、旅游客车、危险货物运输货车及车长大于9m的未设置乘客站立区的公共汽车,应具有限速功能或配备限速装置;车长大于或等于6m的客车,应具有超速报警功能(但具有符合规定的限速功能或限速装置的除外)。

(2)具体查验内容见表 4-36。

表 4-36　车速限制/报警功能或装置规范要求

出厂时间	车长/m	车辆类型	须具备
2018 年 1 月 1 日起	≥9	其他客车(除公路客车、旅游客车、未设置乘客站立区的公共汽车的客车)	限速功能或限速装置
2019 年 1 月 1 日起	≥6	旅居车	
2019 年 1 月 1 日起	—	三轴及三轴以上货车(具有限速功能或配备有限速装置,且限速功能或装置符合规定的除外)	超速报警功能

(十一)防抱制动装置

1. 概述

汽车的制动性能是汽车的主要性能之一,重大交通事故往往与制动距离过长、紧急制动时发生侧滑等情况有关,所以良好的汽车制动性能是汽车安全行驶的重要保障。防抱制动装置(ABS)就可以避免机动车辆在紧急制动时车轮被完全抱死。如图 4-42 所示,有了 ABS,汽车在紧急制动状态下仍能正常转向,躲避障碍物,仍具有良好的操纵性。

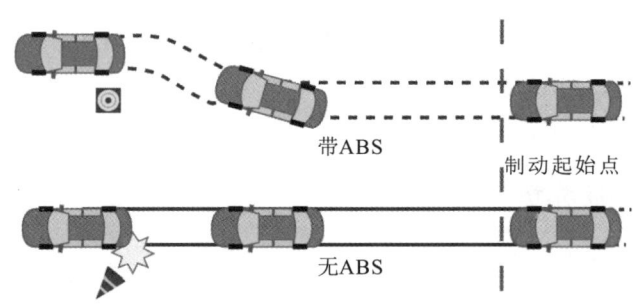

图 4-42　ABS 制动示意图

另外,由于 ABS 系统也能有效避免汽车后车轴车轮在紧急制动时完全抱死,因此不会导致后车轮的横向附着系数降低,使汽车在紧急制动时仍具有良好的稳定性,即汽车不会因为紧急制动时后轮抱死而发生甩尾的现象。

2. 检查方法

打开电源,观察 ABS 指示灯或 EBS 指示灯;对半挂车检查相关装置。

3. 检测要求

注册登记安全检验时,以下车辆应装备防抱制动装置,且装备的防抱制动装置自检功能应正常:

(1)道路运输爆炸品和剧毒化学品车辆,以及 2012 年 9 月 1 日起出厂的其他危险货物运输货车;

(2)需装备 ABS 的车辆见表 4-37。

表 4-37 应具备 ABS 制动系统的车辆要求

出厂时间	车长/m	总质量/kg	车辆类型
2012 年 9 月 1 日起			半挂牵引车
	>9		公路客车、旅游客车
2013 年 5 月 1 日起			专用校车
2013 年 9 月 1 日起	>9		未设置乘客站立区的公共汽车
2014 年 9 月 1 日起		≥12 000	货车和专项作业车
2015 年 7 月 1 日起			面包车
2018 年 1 月 1 日起			其他乘用车和客车
		3500~12 000	货车和专项作业车(五轴及五轴以上专项作业车除外)
		>3500	挂车
2019 年 1 月 1 日起		≤3500	货车(三轮汽车除外)和专项作业车

(十二)辅助制动装置

1. 概述

辅助制动装置是辅助汽车减速的装置。汽车在减速或下长坡时,启用缓速器,可以平稳减速,免去频繁使用刹车而造成的制动器磨损和发热,避免因制动器摩擦片热衰退导致汽车制动性能大幅下降的安全隐患。

汽车缓速器按其扭矩的作用形式可分为一级缓速器(作用在变速箱前端的缓速器)和二级缓速器(作用在变速箱后端的缓速器)。

其实汽车发动机就是一级缓速器的一种形式,通过调节燃油供给系统停止供油使发动机变为一台空气压缩机来起到减速的效果。

一级缓速器的另一种形式就是常见的排气制动缓速装置,多用于柴油发动机的重型载货汽车。通过调节发动机排气管的截面增加发动机排气压力来起到减速效果。因为汽油发动机的压缩比远低于柴油发动机,故通常只有在柴油发动机的汽车上使用排气制动缓速器。尽管如此,一级缓速器由于其制动功率较小,且在汽车换挡时不能工作,所以很难达到汽车下长坡时对缓速的要求。

二级缓速器包括液力缓速器和电涡流缓速器。液力缓速器结构复杂,但质量轻,可与传动系构成整体,制动力矩不受温度的影响,但只能安装在变速器处。电涡流缓速器(图4-43)结构简单,质量大,制动力矩随温度升高而降低,但其安装位置灵活,即除安装在变速器上之外,还可装在传动轴处或车桥上。二级缓速器在汽车有缓速需求时可以连续稳定地工作,能较好地达到汽车下长坡时平稳减速的要求,目前已被广泛使用。

图4-43 电涡流缓速器

2. 检查方法

审查机动车产品公告等凭证资料并操作驾驶室(区)内操纵开关,无操纵开关或有疑问时检查相关装置;对需要重点关注的车辆如危险货物运输车、大型客车、校车等车型,建议进行道路滑行试验。在同样的滑行初速条件下,启用缓速器和不启用缓速器时的滑行距离有极大的差别。

3. 检测要求

(1)注册登记安全检验时,表4-38车辆应安装缓速器或其他辅助制动装置。

表4-38 应具备缓速器或其他辅助制动装置的车辆要求

出厂时间	车长/m	总质量/kg	车辆类型
2012年9月1日起	>9		客车
	>8		专用校车
		>3500	危险货物运输货车
		≥12 000	货车
2014年9月1日起		≥12 000	专项作业车

(2)注册登记安全检验和在用机动车安全检验时,2019年1月1日起出厂的设有电涡流缓速器的汽车,电涡流缓速器的安装部位应设置温度报警系统或自动灭火装置。

(十三)盘式制动器

1. 概述

制动器是具有使运动部件(或运动机械)减速、停止或保持停止状态等功能的装置,是使机械中的运动件停止或减速的机械零件。制动器分为鼓式制动器(图4-44)和盘式制动器(图4-45)。鼓式制动器摩擦副中的旋转元件为制动鼓,其工作表面为圆柱面;盘式制动器的旋转元件则为旋转的制动盘,以端面为工作表面。相比鼓式制动器,盘式制动器有如下优点,因此为保证安全性,大型客车、货车须使用盘式制动器。

(1)一般无摩擦助势作用,因而制动力与行驶方向(前行或倒车)无关。
(2)浸水后的制动效能降低较少。
(3)在输出制动力矩相同的情况下,尺寸和质量一般较小。
(4)易实现间隙自动调整。
(5)散热良好,热稳定性好。

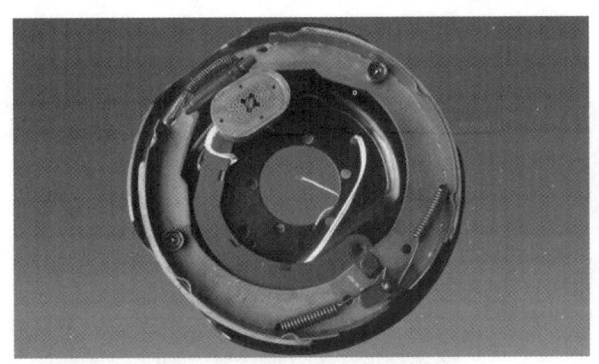

图4-44 鼓式制动器

图4-45 盘式制动器

2. 检查方法

目视检查。

3. 检测要求

注册登记安全检验时,如表4-39所示车辆应装备盘式制动器。

表 4-39 应具备盘式制动器的车辆要求

出厂时间	车长/m	车辆类型	装备位置
2012 年 9 月 1 日起		危险货物运输货车	前轮
	>9	客车（未设置乘客站立区的公共汽车除外）	前轮
2013 年 5 月 1 日起		专用校车	前轮
2013 年 9 月 1 日起	>9	未设置乘客站立区的公共汽车	前轮
2019 年 1 月 1 日起		危险货物运输半挂车	所有车轮
2020 年 1 月 1 日起		三轴栏板式、三轴仓栅式半挂车	所有车轮

（十四）制动间隙自动调整装置

1. 概述

制动器工作依靠的是工作部件之间的相互摩擦。时间久了，制动器的工作间隙就会增大，如不加调整，会影响制动效果，降低汽车制动安全性。制动器间隙自动调整装置（图 4-46）可以保证制动器间隙始终处于最佳状态，不必经常人工检查和调整。目前轿车已装有制动间隙自动调整装置。

图 4-46 制动间隙自动调整装置

2. 检查方法

目视检查。有疑问时检查产品使用书等凭证资料。

3. 检测要求

注册登记安全检验时，2018 年 1 月 1 日起出厂的以下车辆的所有行车制动器均应装备制动间隙自动调整装置。具体要求如表 4-40 所示。

表 4-40 应具备制动间隙自动调整装置的车辆要求

车型	总质量/kg
客车	—
货车	>3500
专项作业车（具有全轮驱动功能的货车和专项作业车除外）	—
半挂车	>3500
危险货物运输车辆	—

（十五）紧急切断装置

1. 概述

紧急切断装置一般在罐式车辆上使用，在罐体系统内管路或附件突然破裂、其他阀门密封失效，装卸物料时流速过快、环境发生火灾、碰撞等紧急情况出现时，能迅速切断与车底管路的通道，防止储运容器内物料大量外泄，避免或减少事故所产生的次生损失。

2. 检查方法

目视检查。

3. 检测要求

（1）注册登记安全检验和在用机动车安全检验时，用于运输液体危险货物（表 4-41）的罐式危险货物运输车辆应按 GB 18564.1—2019《道路运输液体危险货物罐式车辆　第 1 部分：金属常压罐体技术要求》、GB 18564.2—2008《道路运输液体危险货物罐式车辆　第 2 部分：非金属常压罐体技术要求》等规定安装紧急切断装置。

（2）注册登记安全检验时，2019 年 1 月 1 日起出厂的车辆的紧急切断装置自动关闭或提示报警功能应符合 GB 7258—2017 的要求。

表 4-41 加装紧急切断装置的液体介质范围名单

GB 12268 标准中的编号	介质名称说明	危险程度分类	罐体设计代码
1090	丙酮	易燃	LGBF
1114	苯	易燃、中度危害	LGBF
1120	丁醇	易燃	LGBF

续表 4-41

GB 12268 标准中的编号	介质名称说明	危险程度分类	罐体设计代码
1123	乙酸丁酯	易燃	LGBF
1160	二甲胺水溶液	易燃、中度危害	L4BH
1170	乙醇或乙醇溶液	易燃	LGBF
1173	乙酸乙酯	易燃	LGBF
1198	甲醛溶液	腐蚀、易燃、高度危害	L4BN
1202	柴油	易燃	LGBF
1203	车用汽油或汽油	易燃	LGBF
1212	异丁醇	易燃	LGBF
1219	异丙醇	易燃	LGBF
1223	煤油	易燃	LGBF
1230	甲醇	易燃、中度危害	L4BH
1294	甲苯	易燃	LGBF
1307	二甲苯	易燃	LGBF
2055	单体苯乙烯,稳定的	易燃、中度危害	LGBF

（十六）发动机舱自动灭火装置

1. 概述

发动机舱自动灭火装置作用是预防和减少因发动机舱着火而引发的燃烧事故。检验时,应打开发动机舱,检查是否设置自动灭火装置。必须时通过核对车辆产品说明书或该类装置的检测或试验报告予以确认。发动机舱自动灭火装置通常有膨胀式、爆炸式、储压式,不同厂家的自动灭火装置数量并不相同,一般为1～4枚不等。

2. 检查方法

目视检查。

3. 检测要求

注册登记安全检验和在用机动车安全检验时,表4-42中的车辆应装备发动机舱自动灭火装置(图4-47)。

表 4-42 应具备发动机舱自动灭火装置的车辆要求

出厂日期	车辆类型
2013 年 3 月 1 日起	发动机后置的客车（专用校车除外）
2013 年 5 月 1 日起	专用校车
2019 年 1 月 1 日起	发动机前置且位于前风窗玻璃之后的、可载乘员数（不包括驾驶人）不多于 22 人且不允许乘客站立的客车
2018 年 1 月 1 日起	除上述 3 类以外的其他客车

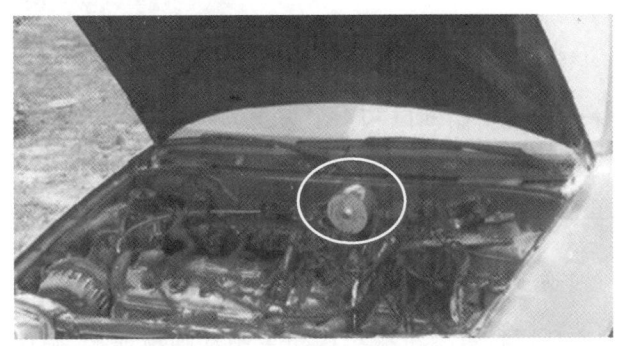

图 4-47 发动机舱自动灭火装置

（十七）手动机械断电开关

1. 概述

手动机械断电开关的主要作用是在紧急情况下，驾驶人能通过切断手动机械断电开关，保证车辆门、窗等出口的畅通。长 6 m 以上客车乘员人数多，一旦发生紧急事件将造成严重损失。因此，应严格认真检查该类车辆手动机械断电开关（图 4-48），必要时可实车操作，检查是否可切断所有电路。

2. 检查方法

目视检查。有疑问时操作开关，观察是否断电。

图 4-48 手动机械断电开关

3. 检测要求

注册登记安全检验和在用机动车安全检验时,2013 年 3 月 1 日起出厂的车长大于或等于 6 m 的客车,应设置能切断蓄电池和所有电路连接的手动机械断电开关。

(十八)副制动踏板

1. 检查方法

目视检查。有疑问时分别踩下主、副制动踏板,判断主、副制动踏板工作是否正常。

扫一扫学习【视频】
副制动踏板检测

2. 检测要求

注册登记安全检验和在用机动车安全检验时,副制动踏板(图 4-49)应满足以下要求:

(1)教练车(三轮汽车除外)和自学用车装备的副制动踏板应牢固、动作可靠有效,安装和布置不得影响主制动踏板、加速踏板的正常操作,其组件不应与车辆其他部件发生干涉、摩擦。

(2)自学用车装备的副制动踏板应通过连杆或拉索等机械结构与主制动踏板连接、确保联动,副制动踏板的脚踏面积不应小于主制动踏板的脚踏面积。

图 4-49 副制动踏板

(十九)校车标志灯和校车停车指示标志牌

1. 检查方法

目视检查。

2. 检测要求

注册登记安全检验和在用机动车安全检验时,校车配备的校车标志灯(图 4-50)和校车停车指示标志牌(图 4-51)应齐全、有效。

图 4-50 校车标志灯

图 4-51 校车停车指示标志牌

(二十)危险货物运输车辆标志

1. 检查方法

目视检查。

2. 检测要求

注册登记安全检验和在用机动车安全检验时,危险货物运输车辆标志(图 4-52)应满足以下要求:

(1)危险货物运输车辆应装置符合 GB 13392—2005《道路运输危险货物车辆标志》规定的标志灯和标志牌,标志灯正面为等腰三角形状,标志牌的形状为菱形。

(2)道路运输爆炸品和剧毒化学品车辆应粘贴符合 GB 20300—2018《道路运输爆炸品和剧毒化学品车辆安全技术条件》规定的橙色反光带并设置安全标示牌,安全标示牌的内容应与车辆类型相适应。

图 4-52 危险货物运输车辆标志

(二十一)驾驶区隔离设施

1. 检查方法

目视检查。

2. 检测要求

注册登记安全检验和在用机动车安全检验时,以下客车应有防止他人侵入驾驶区的隔离设施(图4-53):

(1)2019年11月1日起出厂的车长大于或等于6 m的设有乘客站立区的客车和未设置乘客站立区的公共汽车。

(2)2020年8月1日起出厂的车长大于9 m的公路客车和旅游客车。

(二十二)肢体残疾人操纵辅助装置

1. 检查方法

目视检查。

图4-53 驾驶区隔离设施

2. 检测要求

在用机动车安全检验时,加装肢体残疾人操纵辅助装置(图4-54)的汽车,操纵辅助装置铭牌标明的产品型号和产品编号应与机动车行驶证或操纵辅助装置加装合格证明记载的产品型号和产品编号一致。

七、底盘动态检验

(一)制动

图4-54 肢体残疾人操纵辅助装置

1. 检查方法

以不低于20 km/h的速度正直行驶(大型车辆试验车道长度大于等于25 m,小型车辆试验车道长度大于等于20),手轻扶方向盘,急踩制动踏板后迅速放松(俗称点制动)。

2. 检测要求

车辆正常行驶时不应有车轮卡滞、抱死现象;制动时制动踏板动作应正常,响应迅速,无方向盘抖动、跑偏现象。

(二)转向与传动

1. 检查方法

检验员操作车辆,起步并行驶 20 m 以上,利用目视、耳听、操作感知等方式检查。对大型客车、重中型货车、重中型载货专项作业车、危险货物运输车使用转向角测量仪测量方向盘最大自由转向量(图 4-55)。

2. 检测要求

(1)传动系应满足以下要求:

①车辆换挡应正常,变速器倒挡应能锁止。

②离合器接合应平稳,无打滑、分离不彻底等现象(离合的踏板自由行程是否正常)。

图 4-55 方向盘最大自由转向量检验图

(2)转向系应满足以下要求:

①车辆的方向盘应转动灵活,操纵方便,无卡滞现象,最大自由转动量应符合 GB 7258—2017 的相关规定;对于使用方向把的三轮汽车、摩托车,转向轮转动应灵活。

②GB 7258—2017 规定,机动车方向盘最大自由转向量应小于等于规定值(表 4-43)。

表 4-43 机动车方向盘最大自由转向量限值要求

车辆类型	最大自由转向量/(°)
最大设计车速大于等于 100 km/h 的机动车	≤15
三轮汽车	≤35
其他机动车	≤25

(三)仪表和指示器

1. 检查方法

检验过程中,观察仪表和指示器。

2. 检测要求

车辆配备的车速表等各种仪表和指示器不应有异常情形。

八、底盘部件检查

检查方法：车辆停放在地沟上方的指定位置，使用专用手锤等工具检查，并由操作人员配合；检查大型客车、重中型货车、重中型相专项作业车的转向机构时应使用底盘间隙仪。

（一）转向系部件

1. 概述

要让汽车顺利转向，避免车轮在转向时产生侧滑，则每个车轮都必须按不同的圆周运动。由于内车轮所经过的圆周半径较小，因此它的转向角度比外车轮要大。如果对每个车轮都画一条垂直于它们旋转中分平面的直线，那么这些垂线的交点便是汽车转向的中心点。

汽车转向系的转向梯形机构可使汽车转向时其转向车轮的内车轮转向角度大于外车轮。转向梯形机构由转向车轴、转向横拉杆和分别安装在左、右车轮处的转向梯形臂组成。转向梯形机构可使汽车转向时，内车轮和外车轮均接近理想的转向角度，从而提高了转向行驶的稳定性。

转向拉杆是汽车转向机构中的重要零件，直接影响汽车操纵的稳定性、运行的安全性和轮胎的使用寿命。转向拉杆分为两类，即转向直拉杆与转向横拉杆。转向直拉杆承担着把转向摇臂的运动传递给转向节臂的任务；转向横拉杆则是转向梯形机构的底边，是确保左、右转向轮产生正确运动关系的关键部件。

转向系各部件在车上的位置关系和转向系的结构、工作原理如图 4-56～图 4-58 所示。

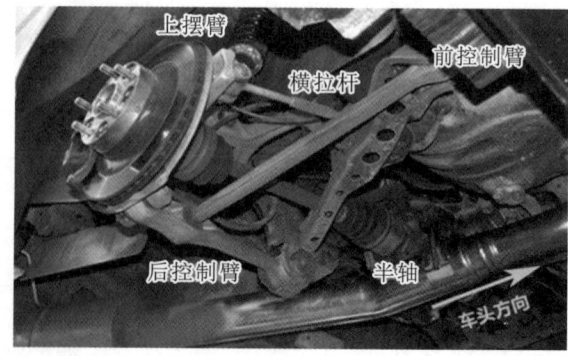

图 4-56 转向系各部件在车上的位置关系

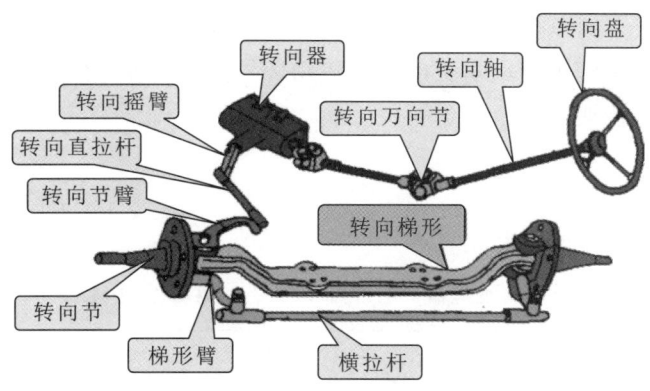

图4-57 汽车转向系结构图

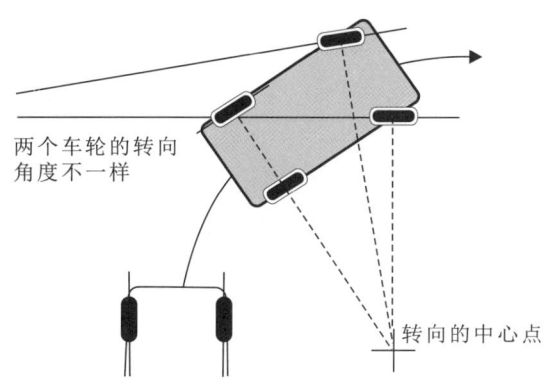

图4-58 汽车转向系工作原理图

2. 检测要求

转向系部件应满足以下要求：
(1)各部件不应松动、变形、开裂。
(2)横、直拉杆和球销总成不应有拼焊、损伤、松旷、严重磨损等情形。
(3)转向节臂、转向球销总成等连接部位不应松旷。
(4)转向过程中不应有干涉或摩擦现象。
(5)转向器、转向油泵、转向油管等不应有漏油现象。

(二)传动系部件

1. 概述

传动系结构如图4-59所示。传动轴用于传递动力，连接变速箱与主减速器。由于变速器安装在车身(汽车的弹载部分)上,而主减速器安装在车桥(非弹载部分)上,故传动轴两端必须安装万向节。万向节即万向接头,是实现变角度动力传递的机件,用在需要改变传动轴线方向的位置。它是汽车驱动系统的万向传动装置的"关节"部件,保证不在同一轴线上的两根轴之间可靠地传递动力。

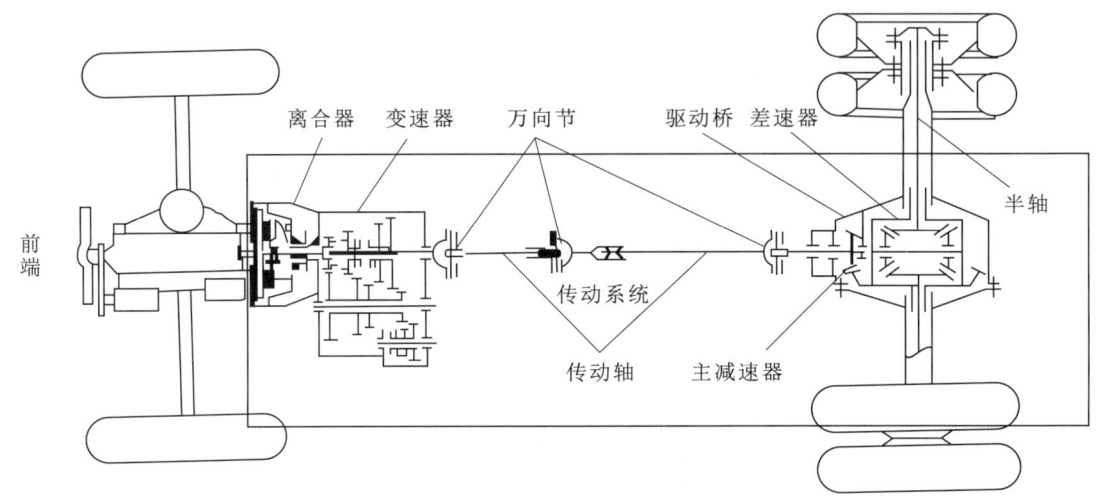

图 4-59 汽车传动系结构图

2. 检测要求

传动系部件应满足以下要求:
(1)变速器等部件应连接可靠,不应有漏油现象。
(2)传动轴、万象节及中间轴承和支架润滑良好,不应有可视的裂损和松旷现象。

(三)行驶系部件

1. 概述

汽车底盘行驶系由汽车的车架、车桥、车轮和悬架等组成(图 4-60)。汽车底盘行驶系的功能有:接受传动系的动力,通过驱动轮与路面的作用产生牵引力,使汽车正常行驶;承受汽车的总重量和地面的反力;缓和不平路面对车身造成的冲击,衰减汽车行驶中的振动,保持行驶的平顺性;与转向系配合,保证汽车操纵稳定性。

(1)汽车车桥(又称车轴)通过悬架与车架(或承载式车身)相连接,其两端安装车轮(图 4-61)。车桥的作用是承受汽车的载荷,维持汽车在道路上的正常行驶。车桥可以是整体式的,有如一个巨大的杠铃,两端通过悬架系统支撑着车身,因此整体式车桥通常与非独立悬架配合;车桥也可以是断开式的,像两把雨伞插在车身两侧,再各自通过悬架系统支撑车身,所以断开式车桥与独立悬架配用。

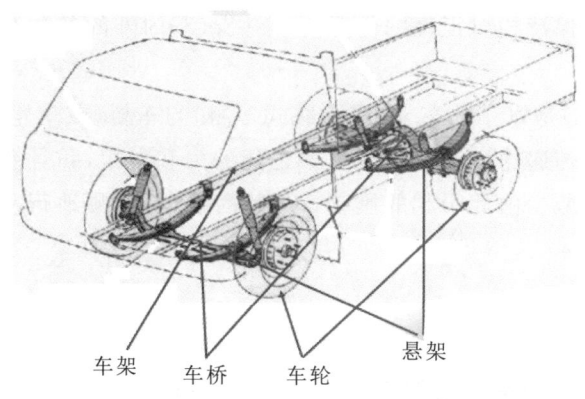

图 4-60 汽车行驶系结构图

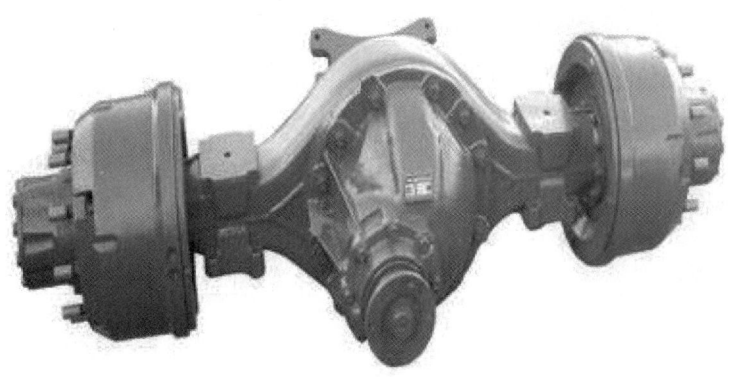

图 4-61 车桥

(2)车架是跨接在汽车前后车桥上的框架式结构,俗称大梁,是汽车的基体(图 4-62)。一般由两根纵梁和几根横梁组成,经由悬挂装置、前桥、后桥支承在车轮上。车架必须具有足够的强度和刚度以承受汽车的载荷和从车轮传来的冲击。车架的功用是支撑、连接汽

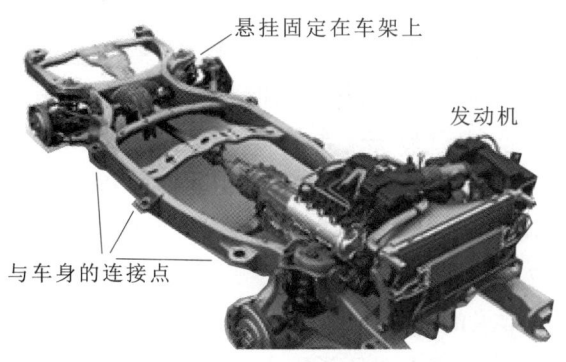

图 4-62 车架

车的各总成,使各总成保持相对正确的位置,并承受汽车内外的各种载荷。承载式车身一般不用需要独立的车架。

(3)悬架(图4-63)是汽车的车架(或承载式车身)与车桥(或车轮)之间的所有传力连接装置的总称,其作用是传递作用在车轮和车架之间的力和力扭,并且缓冲由不平路面传给车架或车身的冲击力,并减少由此引起的震动,以保证汽车能平顺地行驶。悬架分为独立悬架和非独立悬架(图4-64)。

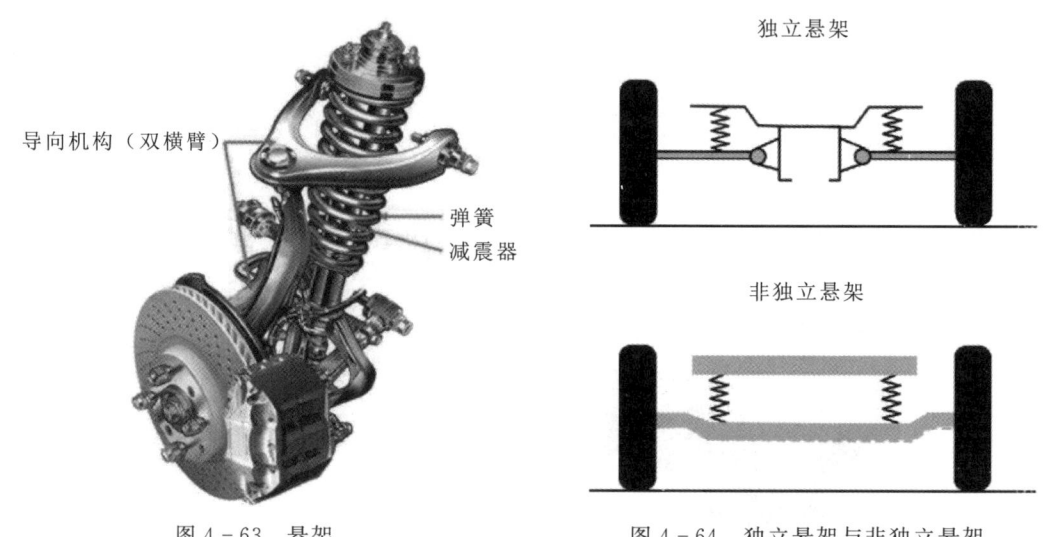

图4-63 悬架　　　　　　图4-64 独立悬架与非独立悬架

(4)非独立悬架左右两车轮由一根整体式车桥相连,车轮连同车桥一起通过弹性悬架悬挂在车架或车身的下面,因此任何一边车轮受力都会影响传递到另一个车轮上。非独立悬架具有结构简单、成本低、强度高、保养容易、行车中前轮定位参数变化小的优点,但由于其舒适性及操纵稳定性都较差,在现代轿车中基本上已不再使用,多用在货车和大客车上。非独立悬架其实就可以看作是我们的两个膝盖绑在了同一根扁担上,放在汽车上来说就是两个悬架之间有一个硬性连接,左边轮子陷进了坑里,右边的悬架也会有反应。这种悬架就没法保证行驶的舒适性,但是胜在对路面的反馈感比较好。

(5)独立悬架左右车轮非直接连接,每一侧的车轮都是单独地通过弹性悬架悬挂在车架或车身下面,因此一边车轮受力对另一个车轮影响较小。独立悬架是其优点是:质量轻,减少了车身受到的冲击,并提高了车轮的地面附着力;可用刚度小的较软弹簧,改善汽车的舒适性;可以使发动机位置降低,汽车重心也得到降低,从而提高汽车的行驶稳定性;左右车轮单独跳动,互不相干,能减小车身的倾斜和震动。现代轿车大都是采用独立式悬架。独立悬架其实就可以看作我们正常人的双腿,两边可以独立的活动,放到车上来说,就是左悬架的震动不会传到右悬架,在很大程度上保证了汽车行驶的稳定性和舒适性,两个悬架之间没有刚性连接。

对于发动机前置前驱车辆,独立悬架的汽车前左、右车轮各有一对万向节,而非独立悬架的汽车每个车轮只有一个万向节(图4-65)。这可用来快速辨别前驱汽车是独立悬架还是非独立悬架,现代轿车为保证乘坐舒适性其前桥基本上均采用独立悬架系统。相比普通悬架,空气悬架(图4-66)把弹簧换成了空气弹簧,并且增加一套电子控制系统和气泵。空气悬挂还将传统的底盘升降技术融入其中。高速行驶时,车身高度自动降低,从而提高贴地性能,确保良好的高速行驶稳定性,同时降低风阻和油耗。慢速通过颠簸路面时,底盘自动升高,以提高通过性能。另外,空气悬挂系统还能自动保持车身水平高度,无论空载满载,车身高度都能恒定不变,这样在任何载荷情况下,悬挂系统的弹簧行程都保持一定,从而使减震特性基本不会受到影响,因此即便是满载情况下,车身也很容易控制。

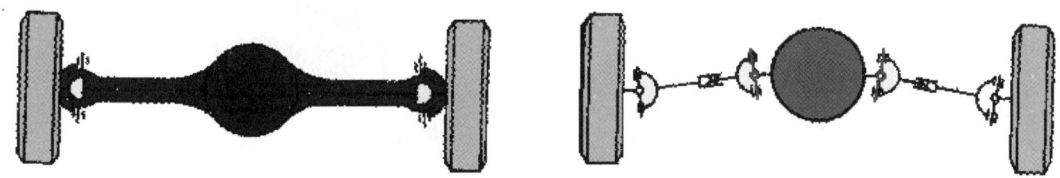

图4-65 非独立悬架(左)、独立悬架(右)的万向节

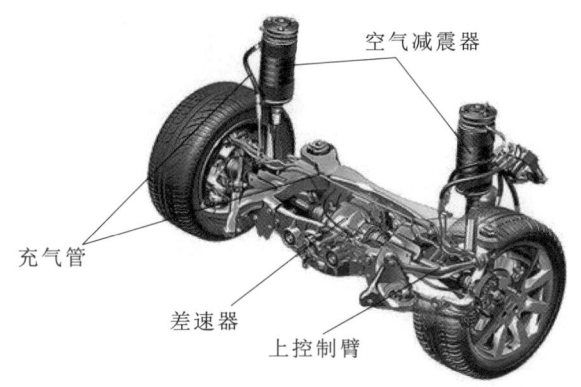

图4-66 空气悬架

2. 检测要求

行驶系部件应满足以下要求:
(1)车桥不应有可视的裂纹、损伤及变形。
(2)车架纵梁、横梁不应有明显变形、损伤、铆钉、螺栓不应缺少或松动。
(3)钢板弹簧吊耳及吊耳销不应松旷,中心螺栓、U形螺栓螺母应齐全紧固、不松旷。
(4)车桥与悬架之间的拉杆、推力杆和导杆不应松旷和移位,减振器不应漏油,杆衬套不应出现开裂与销轴分离等现象。

(5) 空气悬架的控制管路和空气弹簧不应漏气,空气弹簧不应有可视的裂损。

(四) 制动系部件

1. 概述

汽车制动系统是指对汽车某些部分(主要是车轮)施加一定的力,从而对其进行一定程度的强制制动的一系列专门装置(图 4-67)。制动系统作用是:使行驶中的汽车按照驾驶员的要求进行强制减速甚至停车;使已停驶的汽车在各种道路条件下(包括在坡道上)稳定驻车;使下坡行驶的汽车速度保持稳定。

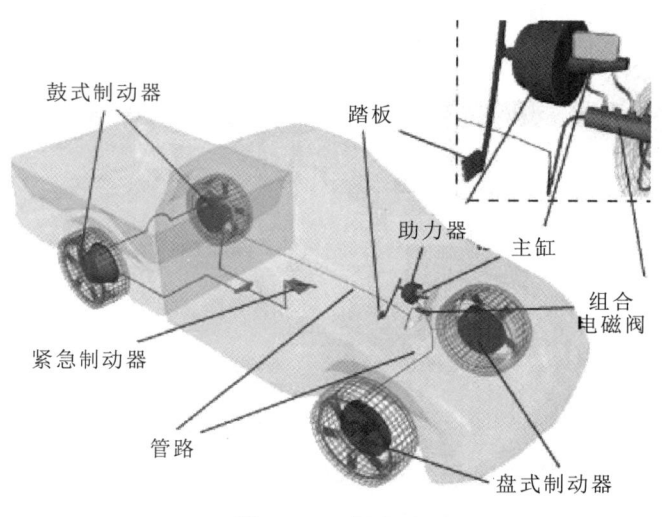

图 4-67 制动系

2. 检测要求

制动系部件应满足以下要求:
(1) 制动系应无擅自改动,不应从制动系统获取气源作为加装装置的动力源。
(2) 制动主缸、轮缸、管路等不应漏气、漏油,制动软管不应有明显老化、开裂、被压扁、鼓包等现象。
(3) 制动系管路与其他部件无摩擦和固定松动现象。
机动车转向系、传动系、制动系等的检验要求如表 4-44 所示。

表 4-44 机动车转向系、传动系、制动系等的检验要求

检测对象		要求
转向系	各部件	无松动、变形、开裂
	横、直拉杆和球销总成	无拼焊、损伤、松旷、严重磨损等情形
	转向节臂、转向球销总成	连接部位无松旷
	转向过程	无干涉或摩擦现象
	转向器、转向油泵、转向油管等	无漏油现象
传动系	变速器等部件	连接可靠,无漏油现象
	传动轴、万向节及中间轴承和支架	无可视的裂损和松旷现象
	车桥	无可视的裂纹、损伤及变形
	车架纵梁、横梁	无明显变形、损伤
	铆钉、螺栓	无缺少或松动
	钢板吊耳及销	无松旷现象
	中心螺栓、U 形螺栓螺母	齐全紧固、不松旷
	车桥与悬架之间应的拉杆和导杆	无松旷和移位现象
	减振器	不漏油
	杆衬套	无开裂、与销轴分离等现象
	空气悬架的控制管路和空气弹簧	不漏气
	空气弹簧	无可视的裂损
制动系	制动系	无擅自改动,没从制动系统获取气源作为加装装置的动力源
	制动主缸、轮缸、管路	不漏气、不漏油
	制动软管	无明显老化、开裂、被压扁、鼓包等现象
	制动系管路与其他部件	无摩擦和固定松动现
其他	发动机的固定	可靠
	排气管、消声器	安装牢固、无有漏气现象
	排气管口	不可指向车身右侧和正下方
		如受结构限制排气管口必须偏向右侧时,排气管口中心线与机动车纵向中心线的夹角应小于或等于 15°
		2020 年 1 月 1 日起生产的汽车若排气管口朝下则其气流方向与水平面的夹角应小于或等于 45°
	客车的排气尾管管口(直式)	应伸出车身外蒙皮

续表 4-44

检测对象		要求
其他	排气管(专门用于运送易燃和易爆物品的危险货物运输车辆)	装在罐体/箱体前端面之前、不高于车辆纵梁上平面的区域,并应安装机动车排气火花熄灭器
	机动车尾部(专门用于运送易燃和易爆物品的危险货物运输车辆以及加气量大于或等于 375 L 的气体燃料汽车)	安装接地端导体截面积大于或等于 100 mm^2 的导静电橡胶拖地带,且拖地带接地端应接地

九、设备检测项目

(一)整备质量检测

1. 概述

汽车的整备质量也就是人们常说的一辆汽车的自重,汽车在正常条件准备行驶时的质量(油箱装有 90%的燃油)加随车附件(备胎、随车工具等)。车辆在定型鉴定以及抽检时,需要对整车质量和轴荷分配及质量参数的核定进行检测。用制动力判断汽车制动性能时,需测出整车及各轴的质量,以便计算各种百分比与标准进行对照。

2. 设备要求

整备质量/空车质量可选择地磅或轴(轮)重仪(包括带称重功能的平板试验台)等方式进行测量。三轴及三轴以上车辆如采用轴(轮)重仪测量时,应保证轴(轮)重仪有足够的有效测量长度,确保并装双轴、并装三轴的同侧轮同时停在一块称重板上。安装时所有称重板上表面应水平,高度差均不应超过±5 mm。鉴于三轴汽车的相邻轴距范围一般在 1350 mm 左右,考虑轮胎压痕及适当留有余量,称重板的有效测量长度宜大于等于 3.5 m。

3. 送检车辆要求

(1)测量整备质量时,应符合 GB/T 3730.2—1996《道路车辆　质量　词汇和代码》规定关于车辆质量的要求。

(2)测量空车质量时,引车员乘坐在车上,按送检状态测试(对于汽车列车,可在列车状态下测量),不应装载货物/其他乘坐人员。

4. 测量方法

1)应用地磅的测量方法

(1)将车辆平稳缓慢行驶至地磅(图4-68)上,等车辆平稳静止后,测得整备质量/空车质量。

(2)可先测得汽车列车的整备质量、牵引车的整备质量,然后计算出汽车列车的整备质量与牵引车的整备质量的差值,作为挂车的整备质量。

(3)可先测得汽车列车的空车质量,然后减去引车员质量(按75 kg计)和牵引车登记的整备质量,差值作为挂车的空车质量。

2)应用轴(轮)重仪的测量方法

(1)轴(轮)重仪(图4-69)测量时,将车辆依次逐轴(将并装双轴和并装三轴视为一轴)平车辆稳缓慢行驶至称重板上,等车辆平稳静止后,测得该轴轴荷;计算所有轴荷之和,计为该车的整备质量/空车质量。

(2)可先测得汽车列车的整备质量、牵引车的整备质量,然后计算得出汽车列车的整备质量与牵引车的整备质量的差值,作为挂车的整备质量。

(3)可先测得汽车列车的空车质量,然后减去引车员质量(按75 kg计)和牵引车登记的整备质量,差值作为挂车的空车质量。

图4-68 地磅

图4-69 轮重仪

5. 整备质量/空车质量要求

(1)注册登记安全检验时,机动车的整备质量应与机动车产品公告、机动车出厂合格证相符,且误差满足:重中型货车、重中型专项作业车、重中型挂车不超过±3%或±500 kg,轻微型货车、轻微型挂车、轻微型专项作业车不超过±3%或±100 kg,三轮汽车不超过±5%或±100 kg,摩托车不超过±10 kg。

(2)在用机动车安全检验时,2015年3月1日起登记注册的货车、重中型挂车的空车质量与机动车注册登记时记载的整备质量技术参数相比,误差应满足:重中型货车、重中型挂车不超过±10%或±500 kg,轻微型货车不超过±10%或±200 kg,且轻型货车的空车质量应小于4500 kg。

6. 判定标准

1)最大允许轴荷限值

汽车及挂车单轴、二轴组及三轴组的最大允许轴荷不应超过该轴或轴组各轮胎负荷之和,且不超过限值(表4-45)。其他类型的车轴,最大允许轴荷不应超过该轴轮胎数乘以3000 kg。

表4-45 汽车及挂车单轴、二轴组及三轴组的最大允许轴荷限值

车辆类型			最大允许轴荷限值/kg
单轴	每侧单轮胎		7000[a]
	每侧双轮胎	非驱动轴	10 000[b]
		驱动轴	11 500
二轴组	轴距小于1000 mm		11500[c]
	轴距大于等于1000 mm,且小于1300 mm		16 000
	轴距大于等于1300 mm,且小于1800 mm		18 000[d]
	轴距大于等于1800 mm(仅挂车)		18 000
三轴组	相邻两轴之间距离小于等于1300 mm		21 000
	相邻两轴之间距离大于1300 mm,且小于等于1400 mm		24 000

注:a. 安装名义断面宽度不小于425 mm轮胎的车轴,最大允许轴荷限值为10 000 kg;驱动轴安装名义断面宽度不小于445 mm轮胎,则最大允许轴荷限值为11 500 kg。
b. 装备空气悬架时最大允许轴荷的最大限值为11 500 kg。
c. 二轴挂车最大允许轴荷限值为11 000 kg。
d. 汽车驱动轴为每轴每侧双轮胎且装备空气悬架时,最大允许轴荷的最大限值为19 000 kg。

2)最大允许总质量限值

汽车、挂车及汽车列车最大允许总质量不应超过各车轴最大允许轴荷之和,且不超过限值。

(二)外廓尺寸测量

1. 检测意义

汽车外廓尺寸测量(图4-70)是机动车检验检测的重要项目之一,是打击非法改装的重要手段,也是确保车辆生产一致性的重要举措。汽车外廓仪可自动测量机动车的长、宽、高等外廓尺寸,测量结果及车辆车身正面、侧面的照片上传至监管系统,照片及数据不得人工

修改。实车外廓尺寸在任何情况下,都不可超出 GB 1589—2016、GB 7258—2017 等国家标准规定的限值。

图 4-70 汽车外廓尺寸测量

2. 检测方法

(1)车辆测量过程中,测量区域严禁有人员和其他固定或移动物体。
(2)测量车辆至少离检测线 2 m 距离开始向前行驶。
(3)测量车辆行驶速度控制在 3～5 km/h。
(4)测量车辆中心位置行驶在中心线上。
(5)测量车辆尾部必须驶离检测线 1.5 m 以上。
(6)测量车辆在未驶离检测线前,中途可允许停车,但停留时间不能超过 60 s,否则重新检测。

3. 判定标准

注册登记检验时,机动车的外廓尺寸应与机动车产品公告、机动车出厂合格证相符,且误差满足:汽车(三轮汽车除外)、挂车不超过±1%或±50 mm;三轮汽车、摩托车不超过±3%或±50 mm。

在用机动车检验时,重中型货车(半挂牵引车除外)、重中型载货专项作业车、重中型挂车的外廓尺寸不应超过 GB 7258—2017 和 GB 1589—2016 规定的限值,且与机动车行驶证记载的数据相比误差不超过±3%或 150 mm。

4. 检验结果判定实例

某三轴重型仓栅式半挂车,经外廓尺寸自动测量仪检测,车辆长度为 13 050 mm,车辆产品公告数值为 13 000 mm,计算误差未超过+1%,但该数值超过了 GB 1589—2016 规定的限值。因此,其外廓尺寸判定应为不合格。若该车为在用车,仅考虑误差,则其外廓尺寸判定应为合格。

5. 车长计算方法

1) 吊车车长计算方法(图 4-71)

吊车车长定义为运输状态下吊车最前端与最后端之间的距离。

2) 半挂车车长计算方法(图 4-72)

半挂车车长定义为半挂车车身最前端点和半挂车车身最后端之间行车方向的距离。

汽车外廓尺寸的最大限制要求见表 4-46。

图 4-71 吊车车长计算方法

图 4-72 半挂车车长计算方法

表 4-46 汽车外廓尺寸的最大限制

车辆类型			长度/mm	宽度/mm	高度/mm
仓栅式货车 栏板式货车 平板式货车 自卸式货车	二轴	最大设计总质量小于等于 3500 kg	6000	2550	4000
		最大设计总质量大于 3500 kg,且小于等于 8000 kg	7000		
		最大设计总质量大于 8000 kg,且小于等于 12000 kg	8000		
		最大设计总质量大于 12 000 kg	9000		
	三轴	最大设计总质量小于等于 20 000 kg	11 000		
		最大设计总质量大于 20 000 kg	12 000		
	双转向轴的四轴汽车		12 000		
仓栅式半挂车 栏板式半挂车 平板式半挂车 自卸式半挂车	一轴		8600		
	二轴		10 000		
	三轴		13 000		
汽车	三轮汽车[a]		4600	1600	2000
	低速货车		6000	2000	2500
	货车及半挂牵引车		12 000[b]	2550[c]	4000

续表 4-46

车辆类型			长度/mm	宽度/mm	高度/mm
汽车	乘用车及客车	乘用车及二轴客车	12 000	2550	4000[d]
		三轴客车	13 700		
		单铰接客车	18 000		
挂车		半挂车	13 750[e]	2550[c]	4000
		中置轴、牵引杆挂车	12 000[f]		
汽车列车		乘用车列车	14 500	2550[c]	4000
		铰接列车	17 100[g]		
		货车列车	20 000[h]		

注：a. 当采用方向盘转向，由传动轴传递动力，具有驾驶室且驾驶员座椅后设计有物品放置空间时，长度、宽度、高度的限值分别为 5200 mm、1800 mm、2200 mm。
　　b. 专用作业车车辆长度限值要求不适用，但应符合相关标准要求。
　　c. 冷藏车宽度最大限值为 2600 mm。
　　d. 定线行驶的双层城市客车高度最大限值为 4200 mm。
　　e. 运送 45 集装箱的半挂车长度最大限值为 13 950 mm。
　　f. 车厢长度限值为 8000 mm（中置轴车辆运输挂车除外）。
　　g. 长头铰接列车长度限值为 18 100 mm。
　　h. 中置轴车辆运输列车长度最大限值为 22 000 mm。

（三）制动性能检测

1. 定义

（1）制动性能是指汽车行驶时能在短时间内停车且维持行驶方向稳定性和在下长坡时能维持一定车速的能力。汽车的制动性是汽车的主要性能之一，制动性直接关系到交通安全，重大交通事故往往与制动距离太长、紧急制动时发生侧滑等情况有关。所以，优良的制动性是汽车安全行驶的重要保障。在道路制动试验时，主要测试制动距离、制动时间、制动减速度、制动协调时间和制动稳定性等。在台架制动试验时，主要测试制动力、制动协调时间、车轮阻滞力、制动力平衡率等。

（2）制动距离指从驾驶人的脚接触制动踏板（或手触动制动手柄）直到汽车停止时汽车驶过的距离。

（3）制动跑偏（偏移），即车轮制动时，汽车左、右车轮，特别是前轴左、右车轮（转向轮）制动器的制动力不相等，甚至一边车轮制动，而另一边仍转动，导致汽车不能沿着直线方向停车。

如图 4-73 所示,好的制动性能表现为制动距离短,制动稳定性好(跑偏/偏移小)。

图 4-73 刹车测试

(4)制动力指汽车制动时,通过车轮制动器的作用,地面提供的对车轮的切向阻力。制动力取决于制动器的制动力和地面附着系数。为使汽车具有良好的制动稳定性,左右车轮的制动力必须满足平衡要求,即同时测得的同一轴左右车轮的制动力差值在规定范围内。

(5)制动协调时间指急踩刹车时,从脚接触到制动踏板(或手触动制动手柄)到机动车减速度(或制动力)达到充分发出的平均减速度(或标准规定的机动车制动力)75％所需的时间。

(6)制动不平衡率也叫作左右车轮制动力不均衡性,是指制动力增长过程中,左右轮制动力差的最大值与制动全过程中测得的该轴左右轮最大制动力之比。

(7)阻滞力指行车和驻车制动装置处于完全释放状态,变速器置空挡位置时车轮的阻力,通俗来说就是看刹车有没有咬死。

(8)阻滞率是指行车和驻车制动装置处于完全释放状态,变速器置空挡位置时,试验台驱动车轮所需的作用力与该车轮轮荷的比值。

(9)制动率为车轮不锁死的最大制动减速度与车轮和地面间附着系数的比值,也就是车轮将要抱死时的制动强度与被利用的附着系数之比。(注意这里的制动率为制动效率,不同于汽车在制动检测台上测出的汽车轴制动率和整车制动率,后者为制动力与质量的百分比且不大于100％。)

2. 检验设备选择

机动车制动性能的检验采用滚筒反力式制动检验台或平板制动检验台进行。采用滚筒反力式制动检验台时,制动检验台的测控系统应能分别控制左右两组滚筒转动以测得左、右车轮的最大制动力。

3. 检验方法选择

对于部分无法在滚筒反力式制动检验台上检测的车辆(如全时四轮驱动车辆、多轴半挂车、轮式专用机械车等),应路试检验制动性能;平板制动检验台能检验时,可用平板制动检验台检验。为保证检测结果正确,被检车辆需满足如下要求。

(1)气压制动的车辆,贮气筒压力应能保证该车各轴制动力测试完毕时,气压仍不低于起步气压(未标起步气压者,按 400 kPa 计)。

(2)液压制动的车辆,如线外底盘动态检验时发现踏板沉重,应将踏板力计装在制动踏板上,在制动检验时一并监测踏板力全过程数据,评价是否在限定踏板力范围内最大轴制动力能达到 GB 7258—2017 要求。

机动车安全技术检验项目如表 4 - 47 所示。

表 4 - 47 机动车安全技术检验项目

检验项目		适用车辆类型					
		载客汽车		货车(三轮汽车除外)、专项作业车	挂车	三轮汽车	摩托车
		非营运小型、微型载客汽车	其他类型载客汽车				
注册登记	空载制动率	●	●	●	●	●	●
	空载制动不平衡率	●	●	●	●		
	加载轴制动率			○	○		
	加载轴制动不平衡率			○	○		
在用车辆	空载制动率	▪	▪	▪	▪	▪	▪
	空载制动不平衡率	▪	▪	▪	▪		
	加载轴制动率			□	□		
	加载轴制动不平衡率			□	□		

注:"●"表示该检验项目适用于该类车注册登记安全检验的全部车型,"○"表示该检验项目适用于该类车注册登记安全检验的部分车型。

对于适用车辆类型为"非营运小型、微型载客汽车"的,"○"对应的检验项目适用于面包车(即发动机中置且宽高比小于或等于 0.9 的乘用车)、7 座及 7 座以上车辆。

对于适用车辆类型为"摩托车"的,"○"对应的检验项目适用于带驾驶室的正三轮摩托车以及不带驾驶室、不具有载运货物结构或功能且设计和制造上最多乘坐 2 人(包括驾驶人)的正三轮摩托车。

"▪"表示该检验项目适用于该类车在用机动车安全检验的全部车辆,"□"表示该检验项目适用于该类车在用机动车安全检验的部分车型。

对于适用车辆类型为"非营运小型、微型载客汽车"的,"□"对应的检验项目适用于面包车、7 座及 7 座以上车辆,以及使用年限超过 10 年的车辆。

对于适用车辆类型为"摩托车"的,"□"对应的检验项目适用于带驾驶室的正三轮摩托车以及不带驾驶室不具有载运货物结构或功能且设计和制造上最多乘坐 2 人(包括驾驶人)的正三轮摩托车。

对于因更换发动机、车身或者车架申请变更登记的机动车检验的,参照在用机动车安全检验项目。

(3)三轴及三轴以上的货车,总质量大于 3500 kg 的并装双轴或并装三轴挂车,对部分轴(最后一轴及货车第一轴除外)还应测试加载轴制动率和加载轴制动不平衡率,采用空气悬架的车辆,总质量为整备质量 1.2 倍以下的车辆不测试加载轴制动率和加载轴制动不平衡率。

(4)加载制动检验时,计算加载制动轴制动率和轴制动不平衡率时,静态轴荷取滚筒反力式制动检验台检测得到的加载轴荷。

4. 检验方法

1)滚筒反力式制动检验台检验检验步骤

(1)被检车辆正直居中行驶,依次逐轴停放在轴(轮)重仪上,并按规定时间(不少于 3 s)停放,测出静态轴(轮)荷。

(2)被检车辆正直居中行驶,将被测试车轮停放在制动台滚筒上,变速器置于空挡,松开制动踏板,制动数据清零;对于全时四驱和适时四驱车辆,非测试轮应处于附着系数符合要求的辅助自由滚筒组上,变速器置于空挡。

(3)起动滚筒电机,稳定 3 s 后实施制动,逐渐慢踩制动踏板,踩到底(或踩至规定制动踏板力),测得左、右车轮制动力增长全过程的数值及左、右车轮最大制动力,并依次测试各车轴;对驻车制动轴,操纵驻车制动操纵装置(半挂牵引车测试时可与半挂车组合成铰接汽车列车后同时实施检验),依次测得各驻车轴的驻车制动力数值。

(4)可采取相关措施防止被检车辆在滚筒反力式制动检验台(图 4-74)上后移,以适应制动检验需要。

图 4-74 滚筒反力式制动检验台

2)平板制动检验台检验检验步骤

(1)检验员将被检车辆以 5～10 km/h 的速度滑行,置变速器于空挡后(对自动变速器车辆可位于"D"挡),正直平稳驶上平板。

(2)当被测试车轮均驶上平板时,急踩制动,使车辆停止,测得各车轮的轮荷[对于小(微)型载客汽车、总质量小于或等于 3500 kg 的其他汽车(三轮汽车除外)应为动态轮荷,对于并装双轴、并装三轴车辆的左、右同侧车轮可以按照 1 个车轮计]、最大轮制动力、轮制动力增长全过程的数值等。

(3)重新起动车辆,待车辆驻车制动轴驶上平板时操纵驻车制动操纵装置,测得驻车制动力数值。

(4)车辆制动停止时如被测试车轮已离开平板,则此次制动测试无效,应重新测试。

5. 制动性能参数计算

1)滚筒反力式制动检验台

(1)轴制动率为测得的该轴左、右车轮最大制动力之和与该轴静态轴荷之百分比。

(2)以同轴左、右轮任一车轮产生抱死滑移或左、右轮两个车轮均达到最大制动力时为取值终点,取制动力增长过程中测得的同时刻左、右轮制动力差最大值为左、右车轮制动力差的最大值,用该值除以左、右车轮最大制动力中的大值(当后轴制动力小于该轴轴荷的 60% 时为该轴轴荷)得到轴制动不平衡率。

(3)整车制动率为测得的各轮最大制动力之和与该车各轴静态轴荷之和之百分比。

(4)驻车制动率为测得的各驻车轴驻车制动力之和与该车各轴静态轴荷之和之百分比。

2)平板制动检验台

(1)轴制动率为测得的该轴左、右车轮最大制动力之和与该轴轴荷之百分比,对小(微)型载客汽车、总质量小于或等于 3500 kg 的其他汽车(三轮汽车除外),轴荷取左、右轮制动力最大时刻所分别对应的左、右轮动态轮荷之和,对其他机动车轴荷取该轴静态轴荷。

(2)以同轴左、右轮制动力之和达到最大制动力的时刻为取值终点,取制动力增长过程中测得的同时刻左右轮制动力差最大值为左右车轮制动力差的最大值,用该值除以左、右车轮最大制动力中的大值(当后轴制动力小于该轴轴荷的 60%时为该轴轴荷),得到轴制动不平衡率。

(3)整车制动率、驻车制动率等指标的计算同滚筒反力式制动检验台计算方法。

6. 注意事项

(1)测制动时车辆尽量摆正,不得转动转向盘。

(2)用平板制动检验时,检验员应该急踩制动,每次踩制动作要尽量一致。

(3)空载检验时,进行制动性能检验时的制动踏板力或制动气压应符合以下要求。

①满载检验时

a)气压制动系:气压表的指示气压小于等于额定工作气压。

b)液压制动系:乘用车踏板力小于等于 500 N。

c)其他机动车的踏板力小于等于 700 N。

②空载检验时

a) 气压制动系:气压表的指示气压小于等于 600 kPa。

b) 液压制动系:乘用车踏板力小于等于 400 N。

c) 其他机动车的踏板力小于等于 450 N。

d) 摩托车(正三轮摩托车除外)检验时,踏板力应小于等于 350 N,手握力应小于等于 250 N。

e) 正三轮摩托车检验时,踏板力应小于等于 500 N。

f) 三轮汽车和拖拉机运输机组检验时,踏板力应小于等于 600 N。

6. 检验标准

1)制动力百分比要求

汽车、汽车列车在制动检验台上测出的制动力应符合表 4-48 的要求。对空载检验制动力有质疑时,可用表 4-48 规定的满载检验制动力要求进行检验。使用转鼓试验台检测时,可通过测得制动减速度值计算得到最大制动力。

摩托车的前、后轴制动力应符合表 4-48 的要求,测试时只准许乘坐一名驾驶人。

表 4-48 台试检验制动力要求

机动车类型	制动力总和与整车重量的百分比		轴制动力与轴荷[a] 的百分比	
	空载	满载	前轴[b]	后轴[b]
三轮汽车	—	—	—	≥60[c]
乘用车、其他总质量不大于 3500 kg 的汽车	≥60	≥50	≥60[c]	≥20[c]
铰接客车、铰接式无轨电车、汽车列车	≥55	≥45	—	—
其他汽车	≥60[d]	≥50	≥60[c]	≥50[e]
挂车	—	—	—	≥55[f]
普通摩托车	—	—	≥60	≥55
轻便摩托车	—	—	≥60	≥50

注:a.用平板制动检验台检验乘用车、其他总质量小于或等于 3500 kg 的汽车时应按左右轮制动力最大时刻所分别对应的左右轮动态轮荷之和计算。

b.机动车(单车)纵向中心线中心位置以前的轴为前轴,其他轴为后轴;挂车的所有车轴均按后轴计算;用平板制动试验台测试并装轴制动力时,并装轴可视为一轴。

c.空载和满载状态下测试均应满足此要求。

d.对总质量小于或等于整备质量的 1.2 倍的专项作业车应大于等于 50%。

e.满载测试时后轴制动力百分比不做要求;空载用平板制动检验台检验时应大于等于 35%;总质量大于 3500 kg 的客车,空载用反力滚筒式制动试验台测试时应大于等于 40%,用平板制动检验台检验时应大于等于 30%。

f.满载状态下测试时应大于等于 45%。

2）制动力平衡要求（两轮、边三轮摩托车和轻便摩托车除外）

在制动力增长全过程中同时测得的左右轮制动力差的最大值，与全过程中测得的该轴左右轮最大制动力中大者（当后轴及其他轴，制动力小于该轴轴荷的60%时为与该轴轴荷）之比，对新注册车和在用车应分别符合表4-49的要求。

表4-49 台试检验制动力平衡要求

机动车类型	前轴	后轴（及其他轴）	
		轴制动力大于等于该轴轴荷的60%时	制动力小于该轴轴荷的60%时
新注册车	≤20%	≤24%	≤8%
在用车	≤24%	≤30%	≤10%

3）制动协调时间要求

汽车的制动协调时间，对液压制动的汽车应小于等于0.35 s，对气压制动的汽车应小于等于0.60 s；汽车列车和铰接客车、铰接式无轨电车的制动协调时间应小于等于0.80 s。

4）车轮阻滞率要求

进行制动力检验时，汽车、汽车列车各车轮的阻滞力均应小于等于轮荷的10%。

5）合格判定要求

台试检验汽车、汽车列车行车制动性能时，检验结果同时满足制动力百分比达到要求，制动力平衡达到要求，制动协调时间达到要求，车轮阻滞率达到要求，方为合格。

7. 制动性能复检

复检项目为上次检验不合格项目，但对于行车制动检验项目中，出现某一轴制动性能不合格的只复核该轴制动性能，出现整车制动性能不合格的复检整车制动性能。

8. 特殊情形处置

（1）在滚筒反力式制动检验台上检验时，被测试车轮在滚筒上抱死但整车制动率未达到合格要求时，应在车辆上增加足够的附加质量或相当于附加质量的作用力（在设备额定载荷以内，附加质量或作用力应在该轴左、右车轮之间对称作用，不计入静态轴荷）后，重新测试，对于非营运小型、微型载客汽车，可换用平板制动检验台或采用路试检验。

（2）在滚筒反力式制动检验台上检测受限的车辆或底盘动态检验过程中点制动时无明显跑偏，但左、右轮制动力差不合格的车辆，应换用平板制动检验台或采用路试检验。

（3）对残疾人专用汽车，应通过操纵辅助装置检验制动性能。检验行车制动性能时施加在制动和加速迁延手柄表面上的正压力不应大于300 N，检验驻车制动性能时驻车制动辅助手柄的操纵力不应大于200 N。

（4）总质量大于750 kg且小于或等于3500 kg的挂车，应组合成汽车列车进行制动性能检验。路试制动性能检验时应符合 GB 38900—2020 第 6.8.2.5 款要求;台试制动性能检验时,不进行加载制动性能检验,性能应符合 GB 38900—2020 第 6.8.2.2 款要求。

(5)对于摩托车检验时,可采用移动式检验台方式或人工检验方式开始制动性能检验,摩托车排量不超过 250 mL,或电机额定功率不超过 30 kW 的可以对制动实行人工检验。人工检验摩托车制动性能时,静态条件下操纵制定手柄或者制动踏板,检验员前后推动车辆不应有明显位移,车辆制动器自动回位应正常,重复 3 次;在 15～25 km/h 车速时操纵制动手柄或者制动踏板,车辆制动应响应良好,并能及时停车。

(四)转向轮横向侧滑量检测

1. 检测意义

所谓转向轮横向侧滑是指汽车直线行驶过程中,在转向轮轮胎接地处,轮胎相对地面而产生的横向滑移现象。转向轮横向侧滑是由转向轮定位参数,特别是转向轮前束角与外倾角的匹配不合理造成的。当前束角相对于外倾角过大时,车轮就会向外侧滑移;当前束角相对于外倾角过小时,车轮便会向内侧滑移。

转向轮横向侧滑量即转向轮在滚动过程中横向滑移的程度。转向轮横向侧滑量检验结果的单位是 m/km。1 m/km 表示车辆行驶 1 km 时,转向轮在滚动过程中发生 1 m 的横向滑移量。前转向轮通过侧滑台时,滑板产生横向移动,通常滑板向外时侧滑量为正、滑板向内时侧滑量为负,检测结果取其有效值,即去掉数值前的正负号。

2. 检验时的设备要求

(1)转向轮横向侧滑量的检验应在侧滑检验台(双转向轴的应在双板联动侧滑检验台)上进行,侧滑检验台应具有轮胎侧向力释放功能。

(2)侧滑检验台滑板应保持水平,且两滑板各点间的高度差不应超过 5 mm。

3. 检验准备

(1)被检车辆轮胎表面干燥、清洁无油污,胎冠花纹中及双式车轮(并装车轮)的内外轮胎间无异物嵌入,轮胎气压符合规定。

(2)打开侧滑检验台滑板的锁止机构。

(3)仪表显示零位,必要时操作清零。

(4)侧滑检验台电气系统应预热。

4. 检验程序

将车辆正直居中驶近侧滑检验台,并使转向轮处于正中位置,在驱动状态以不大于 5 km/h 的车速平稳、直线通过侧滑检验台,检测系统自动测取并计算出被检测车辆转向车轮每千米的横向侧滑量。

5. 检验注意事项

（1）车辆通过侧滑检验台时，不得转动方向盘；不得在侧滑检验台上制动或停车；应保持侧滑检验台滑板下部的清洁，防止锈蚀或阻滞。

（2）对于双转向轴车辆，应一次性通过侧滑检验台，分别测量得到两个转向轴的侧滑量。

（3）每个转向轴通过侧滑检验台（图4-75）前，侧滑检测台的滑板都应处于零位。

（五）前照灯检测

1. 检测内容

前照灯远光发光强度检验应使用前照灯检测仪（无轨电车和排量小于或等于250 mL或驱动电机额定功率小于或等于30 kW的摩托车人工检验时除外），检验前，仪器及车辆准备如下：

图4-75　侧滑检验台

（1）前照灯检测仪受光面应清洁。

（2）对手动式前照灯检测仪应检查其电池电压是否在规定范围内。

（3）检测仪的轨道内应无杂物，使仪器移动轻便。

（4）被检测车辆的前照灯应清洁无污物附着。

注意：机动车（挂车除外）都必须进行前照灯远光发光强度检验。

2. 检验方法

（1）采用自动式前照灯检测仪检验时，按以下步骤进行：

①车辆沿引导线居中行驶至规定的检测距离处停止，车辆的纵向轴线应与引导线平行，如不平行，车辆应重新停放，或采用车辆摆正装置进行拨正（图4-76）。

②置变速器于空挡，车辆电源处于充电状态，开启前照灯远光灯。

③给自动式前照灯检测仪发出启动测量的指令，仪器自动搜寻被检前照灯，并测量其远光发光强度。

④按上述步骤③完成车辆所有前照灯的检测。

⑤在对并列的前照灯（四灯制前照灯）进行检验时，应将与受检灯相邻的灯遮蔽。

⑥采用气体放电光源前照灯时，测试前应预热。

（2）三轮汽车、摩托车前照灯检验时，按以下步骤进行：

①将车辆停止在规定的位置。

②保持前照灯正对前照灯检测仪，有夹紧装置的将车轮夹紧。

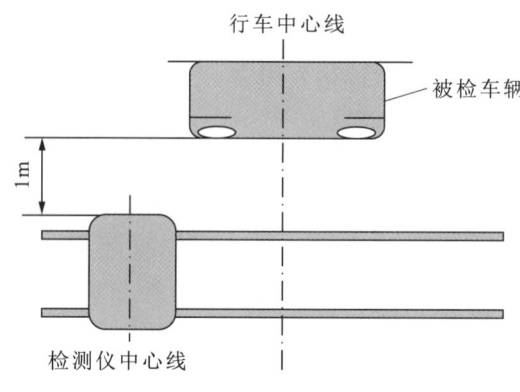

图 4-76 前照灯检测工位示意图

③开启前照灯检测仪进行检测,检测过程中车辆应处于充电状态(变速器置于空挡,无级变速的车辆应实施制动)。

④对两轮机动车和装用一只前照灯的三轮机动车,记录前照灯远光发光强度。对装用两只或两只以上前照灯的三轮机动车,参照自动式前照灯检测仪检验的方法进行。

3. 判定标准

GB 7258—2017 对机动车远光光束发光强度做了最低值要求,如表 4-50 所示。

表 4-50 机动车远光光束最小发光强度   单位:cd

机动车类型		检查项目					
		新注册车			在用车		
		一灯制	二灯制	四灯制[a]	一灯制	二灯制	四灯制[a]
三轮汽车		8000	6000	—	6000	5000	—
最大设计车速小于 70 km/h 的汽车		—	10 000	8000	—	8000	6000
其他汽车		—	18 000	15 000	—	15 000	12 000
普通摩托车		10 000	8000	—	8000	6000	—
轻便摩托车		4000	3000	—	3000	2500	—
拖拉机运输机组	标定功率大于 18 kW	—	8000		—	60 000	
	标定功率小于等于 18 kW	6000[b]	6000		5000[b]	5000	
注:a. 四灯制是指前照灯具有四个远光光束;采用四灯制的机动车其中两只对称的灯达到两灯制的要求时视为合格。							
b. 允许手扶拖拉机运输机组只装用一只前照灯。							

4. 特殊情况处置

(1)修井机、钻机车、压裂车、连续管作业车、连续抽油杆作业车、固井车、混砂车、压裂管汇车、测井车、液氮泵车等油田专用作业车前照灯检测时,因车灯高度超出检测仪范围的,经授权签字人确认后免于检验,并记录在检验表中。

(2)小型载客汽车(面包车除外)前照灯远光发光强度检测不合格,但经确认确实属于前照灯检测仪与车辆前照灯技术不匹配,经授权签字人确认后视同合格,并记录在检验表中。

(3)摩托车前照灯人工检验。对于排量不超过 250 mL 或驱动电机额定功率不超过 30 kW 的摩托车检验时,按以下步骤进行:

①将车辆停止在规定的位置。

②开启远光灯,远光灯应能正常工作。

③开启近光灯,近光灯应能正常工作。

注意:如果前照灯检验项目中不合格,所有前照灯都必须复检,防止更换灯具。

第五章 机动车环保检测

2013年原环保部发布的《机动车环保检验管理规定》提出:机动车环保定期检验由省级环保部门委托的机动车环保检验机构承担,环检机构应按省级环保部门委托的业务范围和检验类别开展环保定期检验,接受环保部门的监督管理。这对机动车环保检验检测提出了要求。下面分别介绍汽油车和柴油车的环保检测。

第一节 汽油车环保检测

一、外观检测

1. 注册登记检测

(1)查验环保随车清单是否与信息公开内容一致。
(2)检查车辆污染控制装置、发动机与环保信息随车清单是否一致。
(3)注册登记时需要重点关注如下问题:
①国Ⅴ(或更低档次)发动机冒充国Ⅵ发动机。仔细甄别出厂合格证真伪。
②污染控制装置与环保信息随车清单不一致,这是低标冒充高标车型的显著特征。

2. 在用汽车检测

(1)检查被检车辆车况,如有异常,应要求车主进行维修。
(2)检查车辆是否存在明显烧机油或严重冒黑烟现象,如有,应要求车主进行维修。
(3)检查燃油蒸发控制系统连接管路的连接是否正确、完整。如发现有老化、龟裂、破损或堵塞现象,应要求车主进行维修。

(4)检查发动机排气管、排气消声器和排气后处理装置外观及安装紧固件是否完好,如有腐蚀、漏气、破损或松动的,应要求车主进行维修。

(5)检查车辆是否配置有 OBD 系统。

(6)判断车辆是否适合进行简易工况法检测,如不适合(如无法手动切换两驱驱动模式的全时四驱和适时四驱车等),应标注。须进行简易工况法检测的,应确认车辆轮胎表面无夹杂异物。

(7)变更登记、转移登记检验时应查验污染控制装置是否完好。

检查项目如表 5-1 所示。

表 5-1 汽油车外观检测项目

检查项目	备注
车辆机械状况是否良好	
排气污染控制装置是否齐全、正常	否决项
车辆是否存在明显烧机油或严重冒黑烟现象	否决项
曲轴箱通风系统是否正常	
燃油蒸发控制系统是否正常	否决项
车上仪表是否工作正常	
有无可能影响安全或引起测试偏差的机械故障	
车辆进、排气系统是否有任何泄漏	
车辆发动机、变速箱和冷却系统等有无明显的液体渗漏	
是否带有 OBD 系统	
轮胎气压是否正常	
轮胎是否干燥、清洁	
是否关闭车上空调、暖风等附属设备	
是否已中断车辆上可能影响测试正常运行的功能,如 ABS、ESP、EPC 牵引力控制或制动制动系统等	
车辆油箱和油品是否异常	
是否适合工况法检测	

二、车载诊断系统检测

1. 注册登记检测

检测车辆是否按规定设置了 OBD 接口，OBD 通信是否正常，有无故障代码。

2. 在用汽车检测

（1）对配置有 OBD 系统的在用汽车，完成外观检测后进行 OBD 检测。排气污染物检验过程中，不得断开 OBD 诊断仪。

（2）OBD 检验项目包括故障指示器状态、诊断仪实际读取的故障指示器状态、故障代码、MIL 灯点亮后行驶里程和诊断就绪状态值。

（3）若车辆存在故障指示器故障（含电路故障）、故障指示器被激活、车辆与 OBD 诊断仪的通信故障、仪表板故障指示器状态与电子控制单元（electronic control unit，ECU）中记载的故障指示器状态不一致时，均判定 OBD 不合格。如就绪状态项未完成项超过 2 项，应要求车主在充分行驶后在进行复检。

（4）检验检测机构应使用计算机数据管理系统存储所有被检车辆的 OBD 数据，不得人为篡改数据。

（5）OBD 诊断仪应能实现对 OBD 检查数据的实时自动传输。作为排放检验一部分，OBD 获得的信息应自动保存到计算机系统中。

（6）对配置有远程排放管理车载终端的在用汽车，应查验其装置通信是否正常。

（7）如车辆污染控制装置被移除，而 OBD 故障指示灯未点亮报警的，视为该车辆 OBD 不合格。

车载诊断系统检测流程如图 5-1 所示。

三、双怠速法检测

1. 概述

检测车辆是否按规定设置了 OBD 接口，OBD 通信是否正常，有无故障代码。汽车处于怠速工况时，其燃烧条件比较恶劣。怠速燃烧质量的稳定是其他工况燃烧质量稳定的前提条件。测量怠速工况下排气中各种排放物的浓度，可以判断发动机燃烧质量的好坏。双怠速法不仅能测量怠速污染物的排放浓度，而且还可以监控因化油器量孔磨损或催化转化器转化率下降而造成的汽车排放恶化。高怠速的排气温度较高，这样可有效测试催化器的转

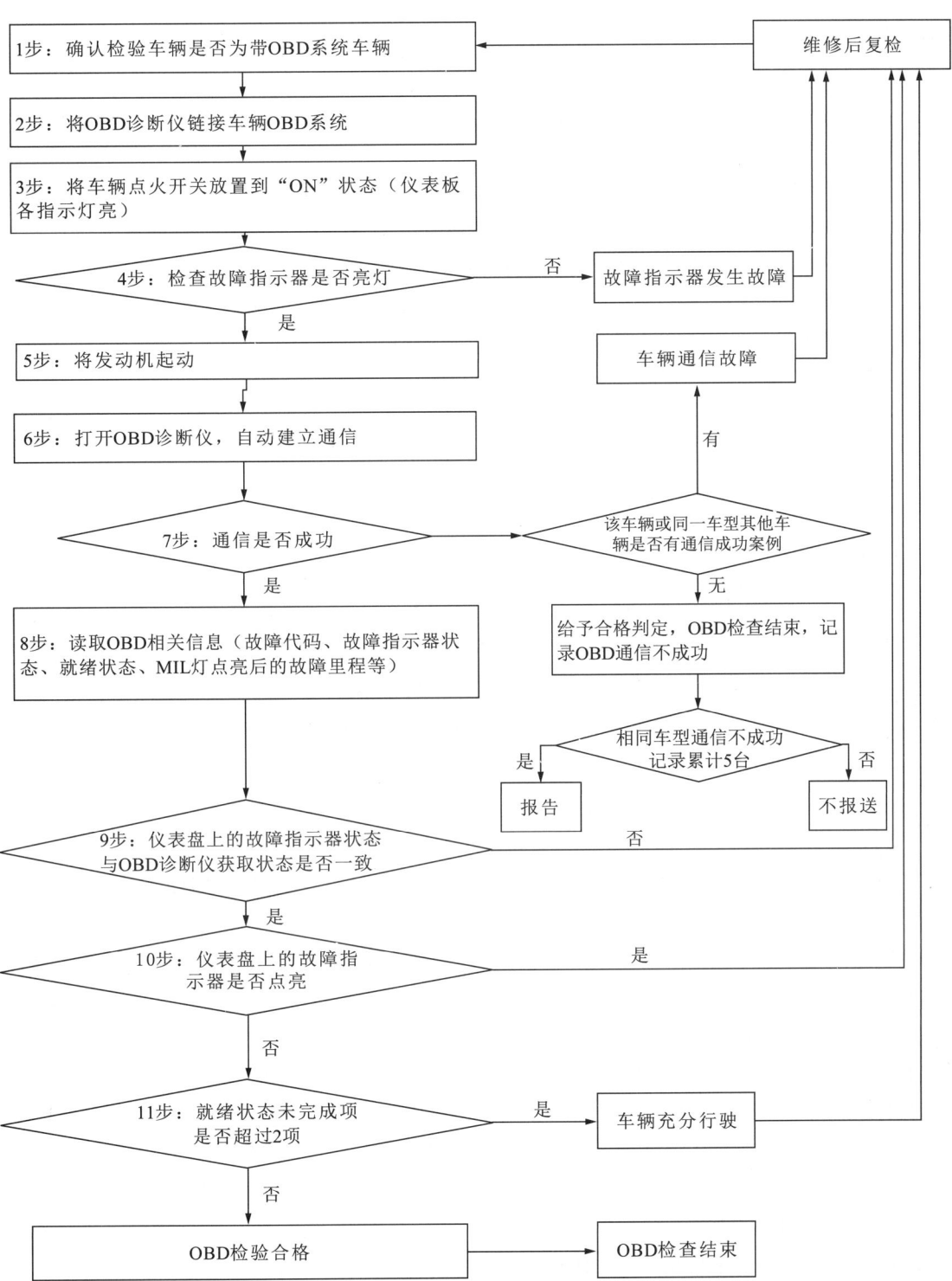

图 5-1 车载诊断系统检测流程

换效率。其测试程序及限值按 GB 18285—2018《汽油车污染物排放限值及测量方法（双怠速法及简易工况法）》的规定执行。

2. 术语

1）怠速工况

发动机的怠速是指发动机除了其自身运转必需的装置（譬如冷却水泵、配气机构、变速器一轴、发电机等）之外没有任何负载时的转速。基本怠速是指发动机维持自身平稳运转的最低转速，现代汽车多使用高速汽油机，其基本怠速一般都在 650~700 r/min 之间。

怠速工况是指发动机以基本怠速运转，即离合器处于接合位置、变速器处于空挡位置（对于自动变速箱的车应处于"停车"或"P"挡位），油门踏板处于完全松开位置。

2）高怠速工况

高怠速工况是指离合器处于接合位置、变速器处于空挡位置（对于自动变速箱的车，应处于"停车"或"P"挡位），用油门踏板将发动机转速稳定控制在高怠速转速，即轻型汽车（2500±200）r/min、重型车（1800±200）r/min 或制造厂技术文件中规定的高怠速转速。

3. 检验方法

（1）应保证被检测车辆处于制造厂规定的正常状态，发动机进气系统应装有空气滤清器，排气系统应装有排气消声器，并不得有泄漏。

（2）应在发动机上安装转速计、点火正时仪、冷却液和润滑油测温计等测量仪器。测量时，发动机冷却液和润滑油温度应不低于 80℃，或者达到汽车使用说明书规定的热车状态。

（3）高怠速测量要求如下：

①从怠速状态加速至 70% 额定转速，运转 30 s 后降至高怠速状态。

②将取样探头插入排气管中，深度不少于 400 mm，并固定在排气管上。

③维持 15 s 后，由具有平均值功能的双怠速排放测试仪读取 30 s 内的平均值，该值即为高怠速污染物测量结果，同时计算过量空气系数（λ）值。

④过量空气系数（λ）指可燃混合气的实际空燃比与理论空燃比的比值。空燃比为发动机吸入气缸内的可燃混合气中空气与燃油的质量之比。理论空燃比为 14.7，即每克汽油完全燃烧需要 14.7 g 的空气里的氧气；实际空燃比为某一瞬间发动机气缸内吸入的可燃混合气的空燃比。λ 是无量纲数值，其意义在于 λ>1 表明此时发动机吸入的可燃混合气中的空气比对应的汽油完全燃烧所需的空气要多，即可燃混合气较稀；反之则可燃混合气较浓。

⑤发动机在高怠速转速工况时，λ 取值应在 1.00±0.05 之间，或者在制造厂规定范围内。

（4）怠速测量：发动机从高怠速降至怠速状态 15 s 后，由具有平均值功能的双怠速排放测试仪读取 30 s 内的平均值，该值即为怠速污染物测量结果。

（5）测试过程中，如果任何时刻 CO 或 CO_2 的浓度之和小于 6.0%，或者发动机熄火，应终止测试，排放测量结果无效，需重新测试，混合动力汽车除外。

(6)对于双排气管车辆,应取各排气管测量结果算术平均值作为测量结果,也可采用 Y 型取样管的对称双探头同时取样。

(7)若车辆排气管长度小于测量深度时,应使用排气延长管。

双怠速法测量程序如图 5-2 所示。

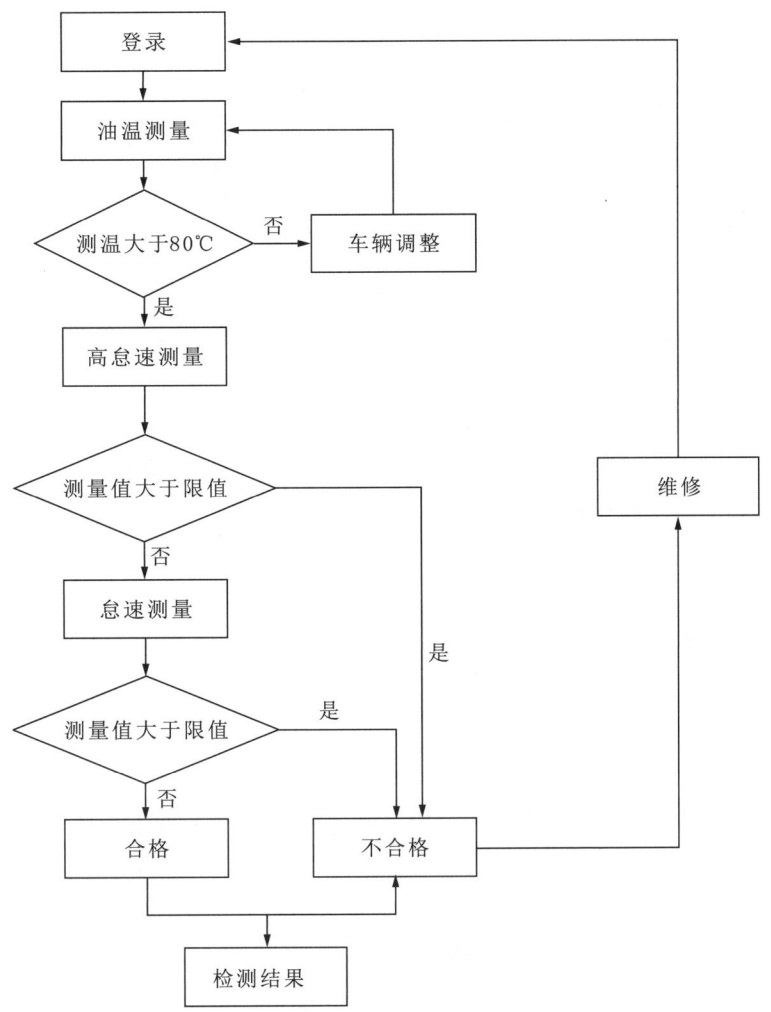

图 5-2 双怠速法测量程序

4. 排放限值

双怠速法检测排气污染物排放限值如表 5-2 所示。

表 5-2 双怠速法检测排气污染物排放限值

类别	怠速		高怠速	
	CO/%	HC*/10⁻⁶	CO/%	HC*/10⁻⁶
限值 a	0.6	80	0.3	50
限值 b	0.4	40	0.3	30

注："*"指对以天然气为燃料的点燃式发动机汽车,该项目为推荐要求。
应同时检测过量空气系数(λ),发动机在高怠速转速工况时,λ 取值应在 1.00±0.05 之间,或者在制造厂规定范围内。

5. 结果判定

(1)如果检测结果中有任何一项污染物不满足限制要求,则判定车辆排放检测不合格。

(2)如果双怠速法过来空气系数超出要求的控制范围,则判定车辆排放检测不合格。

(3)2011 年 7 月 1 日以后生产的轻型汽车,以及 2013 年 7 月 1 日以后生产的重型汽车,如果 OBD 检查不合格,则判定车辆排放检测不合格。

(4)排放检验过程中,禁止使用降低排放控制装置功效的失效策略,有对污染控制装置进行篡改的,判定车辆排放检测不合格。

(5)检验完毕后,应签发机动车环保检验报告。

四、简易工况法检测

(一)概述

简易工况法使用汽车底盘测功机等设备,通过在转鼓试验台上模拟汽车在道路上的实际行驶状况,进行汽车排气污染物检测。

我国目前使用的简易工况法包括瞬态工况法、稳态工况法和简易瞬态工况法。简易瞬态工况法使用与稳态工况法相同的检测设备和废气分析仪,增加了气体流量分析仪来测试尾气排放流量,采用与瞬态工况法相同的测试工况。

(二)稳态工况法

1. 车辆准备

(1)如需要,可在发动机上安装冷却液或润滑油温度传感器等测试仪器。

(2)应关闭车辆的空调、暖风等附属装备,对具有牵引力控制功能的车辆,应关闭牵引力控制装置

(3)车辆预热。进行测试前,车辆动力总成系统的热状态应符合汽车技术条件的规定,

并保持稳定,测试前如果待检车辆的等候时间超过 20 min,或在测试前熄火时间超过 5 min,可以选择下列任何一种方法预热车辆:

①车辆在无负荷,发动机在 2500 r/min 转速的状态下,连续运转 240 s。

②车辆在测功机上,按 ASM5025 工况连续运行 60 s。

(4)车辆变速器挡位选择。自动变速车辆应使用"D"挡进行测试,手动变速器的车辆应使用二挡,如果二挡所能达到的最高车速低于 45 km/h,可使用三挡。

(5)车辆驱动轮应置于滚筒上,必须确保车辆的横向稳定,驱动轮轮胎应干燥防滑。

(6)车辆应限位良好,对前轮驱动车辆,测试前应使驻车制动起作用。

(7)在测试工况计时过程中,不允许对车辆进行制动。如果车辆被制动,工况起始计时应重新置零($t=0$ s)。

2. 设备准备

(1)在每天开机开始检测前,应对排气分析仪取样系统进行泄漏检查,如未进行泄漏检查或者没有通过泄漏检查,系统应自动锁定,不能进行检测,直到通过检查为止。

(2)测功机预热。每天开机或停机后,或车速低于 20 km/h 的时间超过 30 min,或停机后再次开机,测试前均应自动进行预热。此预热应由系统控制自动进行,如没有按规定进行测功机预热,系统应被锁定,不能进行排放检测。

(3)载荷设定。每个工况测试前,应根据输入的车辆参数及测试工况。

(4)在测试循环开始前应记录环境温度、相对湿度和环境大气压力。

稳态工况测试中,在任何时刻,如果实测 CO 与 CO_2 浓度之和小于 6%,或发动机在任何时间熄火,应终止测试(混合动力车辆测试除外),排放测量结果无效,系统同时应进行相关提示。

3. 测试程序

车辆驱动轮位于测功机滚筒上,将分析仪取样探头插入排气管中,深度为不少于 400 mm,并固定于排气管上,对于独立工作的多排气管应同时取样。

1)ASM5025 工况

经预热后的车辆,在底盘测功机上以 25.0 km/h 的速度稳定运行,系统根据测试车辆的基准质量自动施加规定的载荷,测试过程中应保持施加的扭矩恒定,车速保持在(25.0±2.0)km/h 范围内。完整测试时间为 90 s。

2)ASM2540 工况

ASM5025 工况排放检验不合格的车辆,需进行 ASM2540 工况排放检验。被检车辆在 ASM5025 工况结束后,立即加速至 40.0 km/h。测功机根据车辆基准质量自动加载。车速保持(40.0±2.0)km/h 范围内,维持 5 s 后开始倒计时。

经预热后的车辆,在底盘测功机上以 40.0 km/h 的速度稳定运行,系统根据测试车辆的基准质量自动施加规定的载荷,测试过程中应保持施加的扭矩恒定,车速保持在(40.0±

2.0)km/h 范围内。完整测试时间为 90 s(图 5-3)。

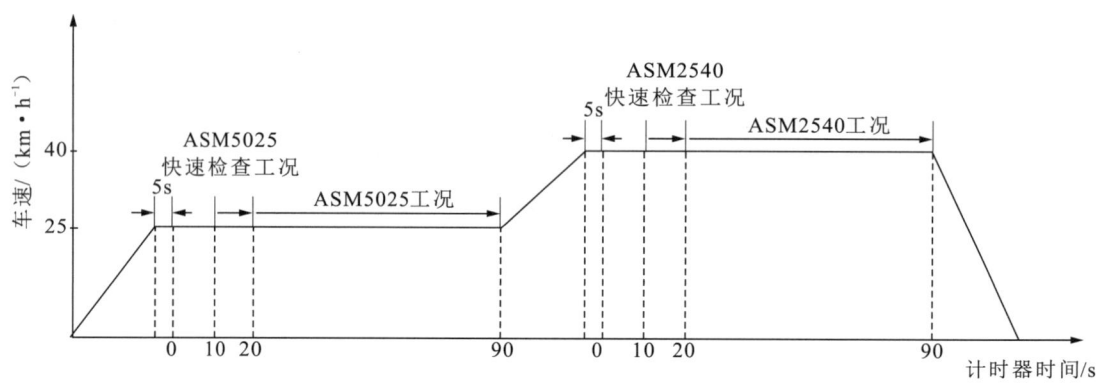

图 5-3 稳态工况法(ASM)测试运转循环

4. 排放限值

稳态工况法排放限值如表 5-3 所示。

表 5-3 稳态工况法排放限值

类别	ASM5025			ASM2540		
	CO / %	HC* / 10^{-6}	NO / 10^{-6}	CO / %	HC* / 10^{-6}	NO / 10^{-6}
限值 a	0.50	90	700	0.40	80	650
限值 b	0.35	47	420	0.30	44	390
注:"*"指对装有天然气为燃料的点燃式发动机汽车,该项目为推进项目。同时进行过量空气系数的测定。						

(三)瞬态工况法

1. 测试程序

1)准备

引车员驾驶车辆到底盘测功机上,驱动轮置于滚筒上,应保证车辆横向稳定,驱动轮胎干燥防滑。

(1)车辆可靠限位;前驱车辆,测验前保证驻车制动起作用。

(2)关闭发动机。

(3)将排气收集软管按照在排气管上,并可靠固定。须保证排气收集软管不得明显增加排气系统流动阻力。

2)排放检测

步骤如下：

(1) 启动发动机，并保证排放测验起，发动机至少连续运转 30 s。

(2) 发动机保持怠速运转 40 s，之后开始排放测试循环，同时开始排气取样。

(3) 排放测试期间，引车员根据指示屏显示的速度－时间曲线轨迹规定的速度和换挡时刻驾驶车辆，测试期间严禁转动方向盘。

瞬态工况法运转循环如图 5-4 所示。

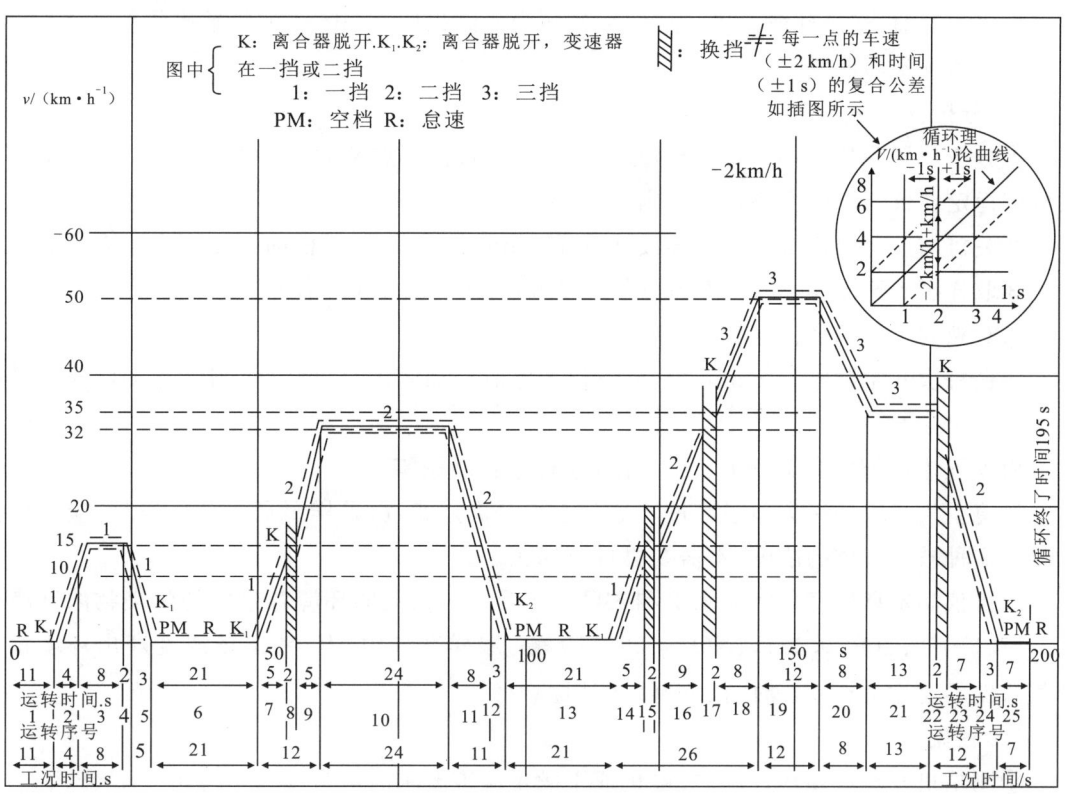

图 5-4 瞬态工况法运转循环

2. 排放限值

瞬态工况法排放限值如表 5-4 所示。

表 5-4 瞬态工况法排放限值

类别	$CO/(g \cdot km^{-1})$	$HC^*/(g \cdot km^{-1})$	$NO_x/(g \cdot km^{-1})$
限值 a	8.0	1.6	1.3
限值 b	5.0	1.0	0.7

注："＊"指对装有天然气为燃料的点燃式发动机汽车，该项目为推进项目。同时进行过量空气系数的测定。

(四)简易瞬态工况法

1. 检测准备工作

1)环境条件要求

温度:$-5\sim45℃$;湿度:$<85\%$。

排放测试前,记录环境温度、湿度、大气压力。结果取 2 min 内的算数平均值。

2)仪器准备与设置

(1)分析仪器。

①分析仪器预热,通电 30 min 后达到稳定,分析仪零点及 HC、CO、NO_x、CO_2 的量距点读数应稳定在仪器准确度要求范围内。

②关机前应对取样系统至少连续吹洗 15 min,若为反吹清洗,时间则不少于 5 min。

③取样探头至少应插入汽车排气管 400 mm,如此深度不能保证,应延长管。

④对独立工作的多排气管应同时取样。

⑤在每次开始试验前 2 min 内,分析仪器完成自动调零、环境空气测定和 HC 残留量的检查。

用零气体对 HC、CO、CO_2、NO_x 和 O_2 进行自动调零。

环境空气经取样探头、软管、过滤器和水气分离过滤,由采样泵送入分析以后,应直接记录以上 5 种被测气体的浓度,不需要再进行修正。

分析仪测定环境背景污染水平和 HC 残留量。当采集的环境背景中的污染物浓度满足 $HC<7\times10^{-6}$、$CO<0.02\%$、$NO_x<25\times10^{-6}$。取样系统中 HC 残留量浓度高出环境背景样气浓度不超过 7×10^{-6} 时,仪器可以使用。

(2)底盘测功机。

①测功机开机应预热,测功机停机或不满足温度要求时应自动预热待机。

②滑行测试:开机预热后,根据底盘测功机设定的程序进行滑行测试,滑行测试合格后方可进行简易瞬态工况的排放检测。

③简易瞬态工况载荷设定:在进行排放检测前,系统应根据车辆参数自动设定测功机载荷,或根据基准质量设定试验工况吸收功率值。乘用车、非乘用车和四轮驱动车辆可采用表 5-5 的推荐值。

表 5-5　50 km/h 时驱动轮的吸收功率

基准质量(RM)/kg	测功机吸收功率(P)/kW
RM≤750	1.3
750<RM≤850	1.4
850<RM≤1020	1.5
1020<RM≤1250	1.7

续表 5-5

基准质量(RM)/kg	测功机吸收功率(P)/kW
1250＜RM≤1470	1.8
1470＜RM≤1700	2.0
1700＜RM≤1930	2.1
1930＜RM≤2150	2.3
2150＜RM≤2380	2.4
2380＜RM≤2610	2.6
2610＜RM	2.7

注：对于基准质量大于 1700 kg 的非轿车车辆或全轮驱动的车辆,表中功率值应乘以 1.3。

(3)测试前准备工作。

①车辆停止在底盘测功机上,驱动轮应位置与滚筒上,必须确保车辆横向稳定,轮胎干燥,轮胎间未夹杂石子等杂物。

②车辆应限位良好,对前轮驱动车辆,测试前应使驻车额制动起作用。

③关闭发动机,根据需要在发动机上安装机油温度传感器的测试仪器。

④将分析仪取样探头插入排气管中,深度为 400 mm 以上,固定于排气管上。将气体质量分析系统的锥形管安装在车辆排气管上,并按要求进行固定,注意排气收集软管的布置和走向都不可明显增加系统流动阻力。

⑤每次排放测试前,都应利用气体质量分析系统中的氧传感器测量环境大气中氧的浓度,在读数前,气体质量分析系统的鼓风机应该至少运行 1 min,环境空气中 O_2 浓度的读数应该在(20.8±0.3)％的范围内。如果气体质量分析系统测量的环境 O_2 浓度超出上述范围,主控计算机显示器上应该显示"警告"的字样,要求检验操作人员确认气体质量分析系统的排气采样管(锥形喇叭口)是否正确连接在排气管上,然后主控计算机继续进行环境空气 O_2 浓度测量。如果再次失败,主控计算机应该自动进入环境空气检查程序进行检查。

2. 检测操作流程——按照试验运转循环开始进行试验

1)启动发动机

(1)按照制造厂使用说明书的规定,使用启动装置,启动发动机。

(2)发动机保持怠速运转 40 s。在 40 s 终了时开始循环,并同时开始取样。

(3)测试期间,驾驶员应根据引导装置上显示的速度一时间曲线轨迹规定的速度和换挡时机驾驶车辆,严禁转动方向盘。

2)怠速

(1)如果待检车辆采用手动或半自动变速器,怠速期间,离合器结合,变速器置空挡;为了按正常循环进行加速,车辆应在循环的每个怠速后期,加速开始前 5 s 离合器脱开,变速器置一挡。

（2）如果待检车辆采用自动变速器，在实验开始时，放好选择器后，在试验期间，任何时候不得再操作选择器，除非出现如下情况：在加速不能在规定时间内完成时，则应按手动变速器的要求，操作挡位选择器或选择器，使超速挡工作。

3）加速

（1）进行加速时，在整个工况过程中，应尽可能地使加速度恒定。

（2）若加速度未能在规定时间内完成，如有可能，超出的时间应从工况改变的复合公差允许的时间中扣除，否则，必须从下一等速工况的时间内扣除。

4）减速

（1）在所有减速工况时间内，应使加速踏板完全松开，离合器结合，当车速降至 10 km/h 时，离合器脱开，但不操作变速杆。

（2）如果减速时间比响应工况规定的时间长，则应使用车辆的制动器，以使循环按照规定的时间进行。

（3）如果减速时间比响应工况规定的时间短，则应在下一个等速或怠速工况时间中恢复至理论循环规定的时间。

5）等速

（1）从加速过渡到下一等速工况时，应避免猛踏加速踏板或关闭节气门。

（2）等速工况应采用保持加速踏板位置不变的方法实现。

循环终了时（车辆停止在转鼓上），变速器至于空挡，离合器结合，同时停止取样。

驾驶员应根据引导装置上的提示，将受检车辆开出底盘测功机，或者继续进行后续测试。

检测操作流程如图 5-5 所示。

3. 中断测试

当出现下列情况时，简易瞬态工况测量测试应自动中断，并在驾驶员引导装置上显示相应的信息直到所出现的问题已经被解决为止：

（1）最小的逐秒气体质量流量设定。气体质量分析系统测量的稀释排气流量下限设定为 $2.0\ m^3/min$，如果气体质量分析系统连续 5 s 测量的流量低于这个限值，应中止测试，并显示：由于气体质量分析系统流量低 $2.0\ m^3/min$，测试中断。需要对连接管的状况进行检查，并检查连接管和鼓风机中是否有异物。如果问题仍然存在，需要对设备进行维修检查。

（2）气体分析仪流量。需要对气体分析仪的采样流量进行监测，如果低于所要求的流量，测试应中断，并在驾驶员引导装置显示器上显示"采样探头低流量，测试中断"。检查更换过脏的分析仪滤清器并检查采样系统中是否有积水。如果问题仍然存在，则需要对设备进行维修检查。

（3）气体质量分析系统状态。主控计算机必须对所有的分析仪平台进行监控，如果连续有 5 s 状态不正常，应该中断测试。

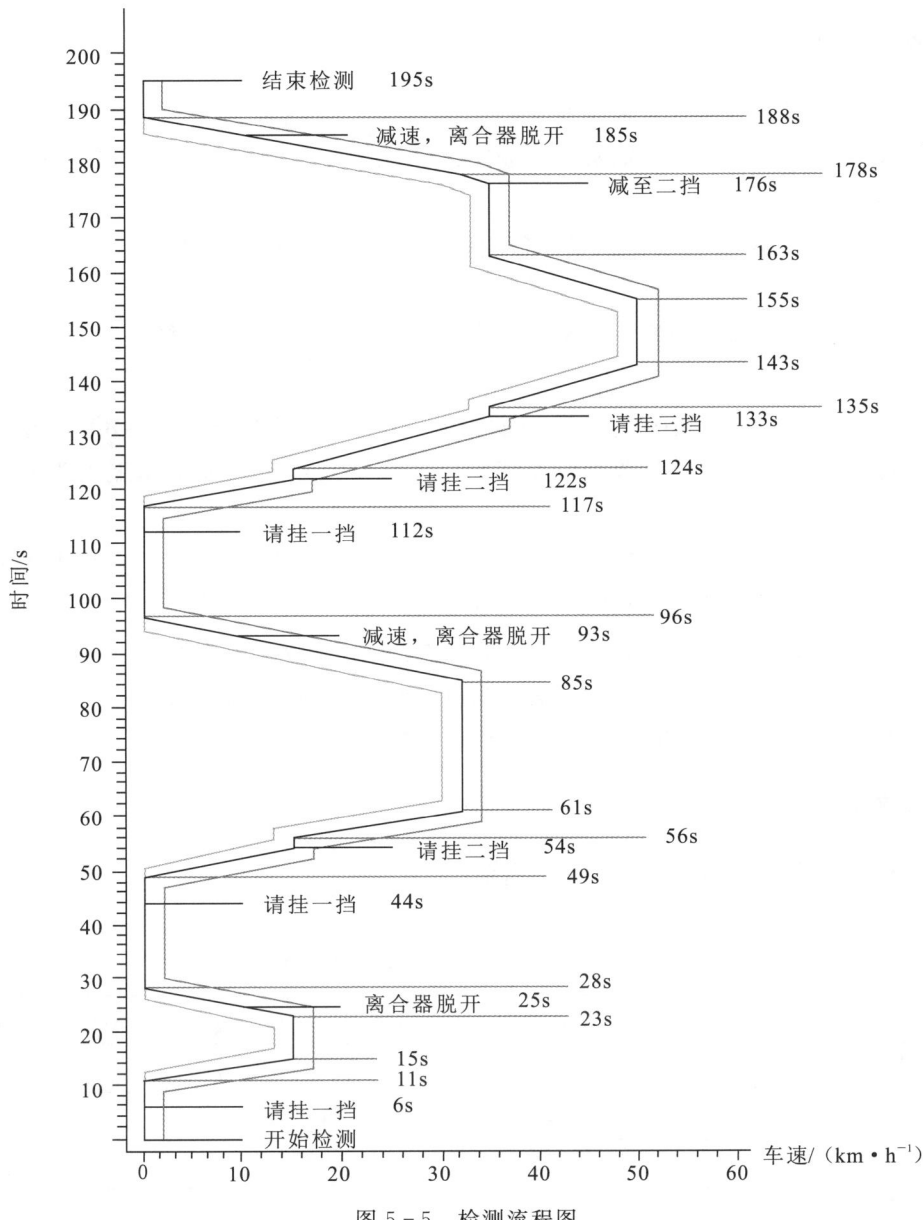

图 5-5 检测流程图

(4) 气体质量分析系统数据采集状态 主控计算机必须监测气体质量分析系统是否仍然处于数据采集状态,如果气体质量分析系统停止进行数据采集,测试应该中断。

(5) 下列数据应该置于主控计算机中,作为系统工作是否正常的判断准则:CO_2 浓度高于 16.0%,O_2 浓度低于负值界限 -0.1%,CO 浓度低于 -0.6%,HC 的浓度低于 -13×10^{-6}。如果分析仪的浓度超出上述范围,测试应中断。

(6) 车辆速度偏差上下限:上限速度偏差不能持续超过 3 km/h;下限速度偏差不能连续

超过 3 km/h。速度变化在任何情况下速度偏差都不能连续超过 2 s 时间。

4. 结果判断

如果出现下列情况，测试结果无效。

(1)行驶距离错误：如果车辆实际行驶距离和理论距离的误差大于 0.2 km，测试结果无效。

(2)CO_2 错误。如果测量得到的 CO_2 低于 30 g/km，测试结果无效，混合动力车辆除外。

(3)气体流量分析仪稀释错误。主控计算机必须能够识别下列稀释错误，并显示出相关的信息。

①"测试结果无效：原因是环境 O_2 浓度错误，或者气体流量分析仪的 O_2 传感器错误，请确认在测量环境参数时，排气收集锥型管没有套在排气管上，如果问题持续存在，需要进行维护检查"。

②"测试结果无效：原因是排气分析仪测量的 O_2 浓度过高，这不是气体流量分析仪的问题，可能是由于采样系统泄漏，或者是由 O_2 传感器失效产生的，请检查排气系统是否泄漏"。

③"测试结果无效：因为输出的排气流量超过了气体流量分析仪流量范围，这通常在对大排量车辆进行测量时发生，或者对车辆加载过度时发生，如果气体流量分析仪流量过低时也能发生这种情况，如果问题持续存在，需要进行维护检查"。

5. 参考限值

简易瞬态工况法参考限值如表 5-6 所示。

表 5-6 简易瞬态工况法参考限值

类别	CO/(g·km^{-1})	HC*/(g·km^{-1})	NO$_x$/(g·km^{-1})
限值 a	8.0	1.6	1.3
限值 b	5.0	1.0	0.7

注："*"指对以天然气为燃料点燃式发动机汽车，该项目为推荐要求。

五、排放检测标准气体

(一)标准气体种类

1. 零点标准气体

$O_2 = 20.8\%$

HC$<1\times10^{-6}$

$CO_2<2\times10^{-6}$

NO$<1\times10^{-6}$

其余为 N_2,浓度 99.99%

2. 低浓度标准气体

$C_3H_8=50\times10^{-6}$

CO$=0.5\%$

$CO_2=12.0\%$

NO$=300\times10^{-6}$

其余为 N_2,浓度 99.99%

3. 中低浓度标准气体

$C_3H_8=100\times10^{-6}$

CO$=2.0\%$

$CO_2=12.0\%$

NO$=800\times10^{-6}$

其余为 N_2,浓度 99.99%

4. 中高浓度标准气体

$C_3H_8=200\times10^{-6}$

CO$=4.0\%$

$CO_2=12.0\%$

NO$=1200\times10^{-6}$

其余为 N_2,浓度 99.99%

5. 高浓度标准气体

$C_3H_8=500\times10^{-6}$

CO$=5.0\%$

$CO_2=16.0\%$

NO$=2000\times10^{-6}$

其余为 N_2,浓度 99.99%

标准气体气体成分容许偏差不超过推荐浓度的±15%。气体成分的不确定度应至少满足国家二级标准气体要求。

(二)排气分析仪检查

1. 单点检查

每 24 小时须对排气分析仪进行一次低浓度气体检查。若检查不通过,应使用高浓度气体进行标定,然后使用低浓度气体检查,直到满足要求为止。

1)方式

标准气体由标气入口、或取样探头通入分析仪。

2)步骤

(1)通入低浓度标准气体,检查排气分析仪的读数是否满足准确度要求。满足要求则单点检查结束。若不满足要求则应继续完成以下步骤。

①通入零标准气,各分析单元进行零点检查(氧分析仪进行量距点检查 20.8%),分析仪调整输出读数达到规定公差的中值。

②然后通入高浓度标准气体,各分析单元进行量距点检查(氧分析仪进行零点检查),分析仪调整输出读数达到规定公差的中值。

③最后通入低浓度标准气体,分析仪自动检查输出读数,并确定该读数是否满足准确度要求。

(2)标准气体的压力。在气体校正过程中,如果测试探头的大气压绝对压力变化了 34×10^3 Pa,分析仪器的读数的变化不应该超出 ±1%。

2. 5 点检查

排气分析仪单点检查不通过时,应对排气分析仪进行维护保养或重新进行线性化处理,然后进行 5 点检查。

1)步骤

(1)标准气体应通过取样探头引入分析仪,检查时保持取样系统的压力与实际检测时相同。

(2)首先进行分析仪零点检查和泄漏检查。

(3)通入符合要求的标准气体。气体通入的先后顺序为低浓度标准气体→中浓度标准气体→中高浓度标准气体→高浓度标准气体→零点标准气体,当各分析仪读书稳定后(从通气开始至少 60 s),记录气体读数和 PEF。

(4)重复上述操作,完成所有规格气体的检查。

第二节 柴油车环保检测

一、外观检测

1. 注册登记检测

(1)查验环保随车清单是否与信息公开内容一致。
(2)检查车辆污染控制装置、发动机与环保信息随车清单是否一致。

2. 在用汽车检测

(1)检查被检车辆车况,如有异常,应要求车主进行维修。
(2)检查车辆是否存在明显烧机油或严重冒黑烟现象,如有,应要求车主进行维修。
(3)检查发动机排气管、排气消声器和排气后处理装置外观及安装紧固件是否完好,如有腐蚀、漏气、破损或松动的,应要求车主进行维修。
(4)检查车辆是否配置有 OBD 系统。
(5)判断车辆是否适合进行加载减速法检测,如不适合(如无法手动切换两驱驱动模式的全时四驱和适时四驱车等),应标注。进行加载减速法检测的,应确认车辆轮胎表面无夹杂异物。
(6)变更登记、转移登记检验时应查验污染控制装置是否完好。

检查项目如表 5-7 所示。

表 5-7 柴油车外观检测项目

检查项目	备注
车辆机械状况是否良好	
排气污染控制装置是否齐全、正常	否决项
发动机燃油系统是否采用电控泵	
车上仪表是否工作正常	
车辆是否存在明显烧机油或严重冒黑烟现象	否决项
有无可能影响安全或引起测试偏差的机械故障	
车辆进、排气系统是否有任何泄漏	
车辆发动机、变速箱和冷却系统等有无明显的液体渗漏	
是否带有 OBD 系统	

表 5-7

检查项目	备注
轮胎气压是否正常	
轮胎是否干燥、清洁	
是否关闭车上空调、暖风等附属设备	
是否已中断车辆上可能影响测试正常运行的功能,如 ABS、ESP、EPC 牵引力控制或制动制动系统等	
车辆油箱和油品是否异常	
是否适合工况法检测	

二、车载诊断系统检测

1. 注册登记检测

检测车辆是否按规定设置了 OBD 接口,OBD 通信是否正常,有无故障代码。

2. 在用汽车检测

(1)对配置有 OBD 系统的在用汽车,完成外观检测后进行 OBD 检测。排气污染物检验过程中,不得断开 OBD 诊断仪。

(2)OBD 检验项目包括故障指示器状态、诊断仪实际读取的故障指示器状态、故障代码、MIL 灯点亮后行驶里程和诊断就绪状态值。

(3)若车辆存在故障指示器故障(含电路故障)、故障指示器被激活、车辆与 OBD 诊断仪的通信故障、仪表板故障指示器状态与 ECU 中记载的故障指示器状态不一致时,均判定 OBD 不合格。如就绪状态项未完成项超过 2 项,应要求车主在充分行驶后在进行复检。

(4)检验检测机构应使用计算机数据管理系统存储所以被检车辆 OBD 数据,不得认为篡改数据。

(5)OBD 诊断仪应能实训对 OBD 检查数据的实时自动传输。作为排放检验一部分,OBD 获得的信息应自动保存到计算机系统中。

(6)对配置有远程排放管理车载终端的在用汽车,应查验其装置通信是否正常。

(7)如车辆污染控制装置被移除,而 OBD 故障指示灯未点亮报警的,视为该车辆 OBD 不合格。

车载诊断系统检测流程如图 5-1 所示。

三、自由加速法检测

1. 试验条件

(1) 试验前车辆发动机不应停机,或长时间怠速运转。
(2) 不透光烟度计及其安装应该符合不透光烟度计及相应规定。
(3) 实验应采用符合国家标准的车用燃料。可直接使用车辆邮箱中燃料进行测试。

2. 检验方法

1) 车辆准备

(1) 车辆在不进行预处理的情况下也可以进行试验。出于安全考虑,必须确保发动机处于预热状态,并且机械状态良好。

(2) 发动机应充分预热,例如:在发动机机油标尺孔位置测得的机油温度应至少为80℃;如果温度低于80℃,发动机也应处于正常运转温度。如果车辆结构限制无法进行发动机机油温度测量时,可通过其他方法判断发动机温度是否处于正常运转温度范围。

(3) 正式进行排放测量前,应采用3次自由加速过程或其他等效方法吹拂排气系统,以清扫排气系统中的残留污染物。

2) 试验方法

(1) 目测检测车辆的排气系统的相关部件是否泄漏。排气取样探头插入汽车排气管至少400 mm,如无法保证此插入深度,应使用延长管。

(2) 在每个自由加速循环的开始点发动机(包括涡流增压发动机)均处于怠速状态。对重型发动机,将油门踏板放开后至少等待10 s。

(3) 在进行自由加速测量时,必须在1 s内,将油门踏板连续完全踩到底,使喷油泵在最短时间内供给最大供油量。

(4) 对每一个自由加速测量,在松开油门踏板前,发动机必须达到额定转速。在测量过程中应检测发动机转速检查是否符合实验要求(特殊无法测得发动机转速的车辆除外),并将发动机转速数据实时记录并上报。

(5) 检验过程应查复进行3次自由加速过程,烟度计应记录每将上述3次自由加速过程烟度最大值得算术平均值作为测量结果。

3. 排放限值

自由加速法检测排放限值如表5-8所示。

表 5-8　自由加速法检测排放限值

类别	光吸收系数(m^{-1})或不透光度(%)
限值 a	1.2(40)
限值 b	0.7(26)

注:(1)海拔高度高于 1500 m 的地区加载减速法限值 a 可按照每增加 1000 m 增加 0.25 m^{-1} 的幅度调整,总调整数不得超过 0.75m^{-1}。

(2)2020 年 7 月 1 日前限值 b 过渡限值为 1200×10^{-6}。

四、加载减速法检测

1. 概述

(1)加载减速法,简单说就是待检车辆在底盘测功机上,按照规定的加载减速检测程序,检测最大轮边功率和相对应的发动机转速与滚筒表面线速度,并检测最大轮边功率点和 80% 最大轮边功率点的排气光吸收系数及 80% 最大轮边功率点的氮氧化物(NO 和 NO_2)。待检测量包括相对应的发动机转速、转鼓表面线速度(VelMaxhp)和氮氧化物排放。

(2)所谓轮边功率指汽车在底盘测功机上运转时驱动轮输出的实际测量值。

(3)所谓 VelMaxhp 指最大轮边功率点的转鼓线速度。

(4)每条检测线至少应设置 3 个岗位:计算机操作岗、受检车辆驾驶员(引车员)岗、辅助检测岗。各岗位人员必须随时注意受检车辆在检测过程中是否出现异常情况。

2. 测试准备

(1)在车辆上线检测前,必须由外检人员进行车辆的预检工作。试验前应对车辆技术状况进行检查,以确定待检车辆是否可进行后续排放检测。若不适合,应维修车辆后才可进行检测。

(2)全时四驱车辆、紧密型多驱动轴车辆不能进行加载减速法检测,应采用自由加速法检测。无法关闭主动刹车系统的车辆也不能进行加载减速法检测。

(3)所谓紧密型多驱动轴车辆是指具有 3 个及 3 个以上驱动轴的车辆。

(4)检查加速响应防滑装置(acceleration slip regulation,ASR)、自动牵引力控制系统(automatic traction control,ATC)以及其他可以导致车辆进行自动制动,或者导致发动机功率自动变化的车载设备在检测中是否已经处于失效状态。

3. 试验程序

加载减速法检测由三部分组成:第一部分为预检,主要是确认车辆身份及车辆技术状况;第二部分为检查检测系统及被检车辆是否适合进行检测;第三部分就是排放检测,由主控计算机系统控制自动进行排放检测,以保证检测过程的一致性和检测结果的可靠性。

1)预先检查

在车辆上线检测前,必须由外检人员进行车辆的预检工作,确保被检车辆符合上线检测要求。预检不合格的车辆均不得进行加载减速排气烟度试验,待检修合格后才能进行检测。

2)试验前准备

车辆驶入底盘测功机前,检测员必须中断车上所有主动型制动功能和扭矩控制功能(自动缓速器除外),如中断制动防抱死系统(ABS)、电子稳定程序(ESP)等。对无法中断车上主动型制动功能和扭矩控制功能的车辆,可采用自由加速法进行排放检测。

关闭车上所有以发动机为动力的附加设备,如空调系统,或切断其动力传递机构(如果适用)。除检测驾驶员外,受检车辆不能载客,也不能装载货物,不得有附加的动力装置。必要时,可以用测试驱动桥质量的方法来判断底盘测功机是否能够承受待检车辆驱动桥的质量。

在进行正式检测前,线内检测人员应确保车辆前后方无相关人员围观,确保检测安全措施执行到位。

3)车辆驶入底盘测功机

(1)举起测功机升降板,并检查是否已将转鼓牢固锁好。

(2)小心将车辆驾驶到底盘测功机上,并将驱动轮置于转鼓中央位置。

注意:除测功机允许双向操作外,一定要按测功机的规定方向驶入,否则有可能损坏底盘测功机,当驱动轮位于转鼓鼓面上时,严禁使用倒挡。

(3)放下测功机升降板,松开转鼓制动器。待完全放下升降板后,缓慢驾驶使受检车辆的车轮与试验转鼓完全吻合。

(4)轻踩制动踏板使车轮停止转动,发动机熄火。

(5)按照测功机设备商的建议将受检车辆的非驱动轮楔住,固定车辆安全限位装置。对前轮驱动的车辆,应有防侧滑措施。

(6)应为受检车辆配备辅助冷却风扇,掀开机动车的动力仓盖板,保证冷却空气流通顺畅,以防止发动机过热。

4)做好保护措施

正式试验前,必须使用绳索等将带检车固定,避免车冲出去。线内检测人员应确保车辆前后方无相关人员围观,确保检测安全措施执行到位。

5)试验准备

(1)连接好发动机转速传感器,测量发动机曲轴转速。

(2)选择合适的挡位,使油门踏板在最大位置时,受检车辆的最高车速最接近 70 km/h。

(3)由计算机判断测功机是否能够吸收受检车辆的最大功率,如果车辆的最大功率超过了测功机的功率吸收范围,则不能进行检测。

6）排气试验

（1）检测员检查用于通信的系统是否能够正常工作。

（2）车辆散热器前方 1 m 左右放置强制冷却风机，保证车辆在检测过程中发动机冷却系统有效工作。

（3）对车辆进行低速运行检测，确保车辆运行处于稳定状态。

（4）发动机应充分预热。例如，发动机油标卡尺位置测得的机油温度至少为 80℃。因车辆结构无法测量温度时，可通过其他方法使发动机处于正常运转温度。若传动系统处于冷车状态，应在测功机无法加载状态下低中速运行车辆，使车辆传动部件达到正常工作温度。

（5）发动机熄火，变速器置空挡，将不透光烟度计采样探头置于大气中，检查不透光烟度计零刻度和满刻度。检测完毕后，将采样探头插入受检查车辆排气管中，采样探头插入深度不得低于 400 mm。不应使用太大尺寸的采样探头，以免受检车辆的排气背压过大，影响输出功率。

（6）检测过程中，应将采样气体温度和压力控制在规定范围内。必要时，可对采样管进行适当冷却，但不得使测量室内出现冷凝现象。

（7）启动发动机，变速器置空挡。逐渐加大油门踏板开度直至最大并保持在最大开度状态。记录此时发动机最大转速。接着，松开油门踏板，使发动机返回怠速状态。

（8）使用前进挡驱动车辆，选择合适挡位，使油门全开时，底盘测功机所测车速最接近 70 km/h，不可超过 100 km/h。

（9）装有自动变速器的车辆，不可在超速挡进行测量。

（10）计算机对上述数据进行分析。判定可以进行后续检测后，将底盘测功机切换到自动检测状态，无需人工参与。

（11）自动控制系统采集 VelMaxhp 和 80% VelMaxhp 点共 2 组受检车辆检测数据。判定受检车辆的排气光吸收系数 k 和 NO_x 是否达标。

（12）上述二组检测数据包括轮边功率、发动机转速、排气光吸收系数 k 和 NO_x，必须将不同工况点的测量结果都与排放限值进行比较。若测得的排气光吸收系数 k 或 NO_x 超过了标准规定的限值，均判断该车的排放不合格。

（13）检测开始后，检测员应始终将油门保持在最大开度状态，直到检测系统通知松开油门为止。在试验过程中检测员应实时监控发动机冷却液温度和机油压力。一旦冷却液温度超出了规定的温度范围，或者机油压力偏低，都必须立即暂时停止检测。冷却液温度过高时，检测员应松开油门踏板，将变速器置空挡，使车辆停止运转。然后使发动机在怠速工况下运转，直到冷却液温度重新恢复到正常范围为止。

（14）检测过程中，检测员应时刻注意受检车辆或检测系统的工作情况。

（15）检测结束后，打印检测报告并存档。

7）卸载程序

（1）将受检车辆驾离底盘测功机以前，检测员应检查相关检测工作是否已经全部完成，是否完成相关检测数据的记录和保护。

(2)按下列步骤将受检车辆驾离底盘测功机。

①从受检车辆上拆下所有测试和保护装置。

②将动力仓盖板复位。

③举起测功机升降板,锁住转鼓。

④去掉车轮挡块,确认受检车辆及其行驶路线周围没有障碍物或无关人员。

⑤车辆驾驶员在得到明确的驶离指令后,方可将受检车辆驶离底盘测功机,并停放到指定地点。

4. 合格判定

(1)将所需最小功率和修正后的轮边功率进行比较,如果修正后的轮边功率小于所需最小功率,判定车辆检测不合格,注意修正功率应保留到小数点后一位数。

(2)检查光吸收系数 k 和 NO_x 数据,如果任何一个数据超过了规定的限值,则车辆排放不合格,应通过主程序设置菜单设置限值。注意检测的光吸收系数 k 值需要精确到 0.01 m^{-1} 如果车辆没有通过上述任何一项检测(光吸收系数 k、NO_x 和轮边功率),则认为该车没有通过加载减速法排放检测。否则,则认为该车通过检测。

5. 对测量设备技术的要求

(1)轻型车排放试验的底盘测功机应能测试最大单轴质量不大于 2000 kg 的车辆。PAU 的功率吸收范围应保证最大总质量为 3500 kg 的汽车能够完成加载减速试验,在测试车速大于或等于 70 km/h 时,能够连续稳定吸收 56 kW 的功率 5 min 以上,在时间间隔不大于 3 min 的情况下,能够连续完成 10 次以上对 56 kW 的功率吸收。

(2)重型车试验用底盘测功机,应能测试最大单轴质量不大于 8000 kg 或最大总质量不超过 14 000 kg 的车辆。PAU 的功率吸收范围应保证最大总质量不超过 14 000 kg 的重型车能够完成加载减速试验。在测试车速大于或等于 70 km/h 时,能够稳定吸收至少 120 kW 的功率连续 5 min 以上,在时间间隔不大于 3 min 的情况下,能够连续进行 10 次以上对 120 kW 的功率吸收。

注:这里的 PAU 指功率吸收单元。

(3)轻型车排放检测用底盘测功机的滚筒直径应在(218±2)mm 范围内。

(4)重型车排放检测用底盘测功机的滚筒直径应在 216～530 mm 之间。

扫一扫查看【文档】

机动车环检相关附件

附录A

表A-1 载客汽车—非营运小型、微型载客汽车的注册登记安全检验项目表

序号	检验项目	
1	联网查询	车辆事故、违法、安全缺陷召回等信息
2	车辆唯一性检查	车辆品牌和型号,车辆识别代号(或整车出厂编号),发动机号码/驱动电机号码,车身颜色和车辆外形
3	车辆特征参数检查	核定载人数和座椅布置
4	车辆外观检查	车身外观,外观标识、标注和标牌,外部照明和信号装置,轮胎,号牌板(架),加装/改装灯具
5	安全装置检查	汽车安全带,应急停车安全附件
6	底盘动态检验	转向、传动、制动、仪表和指示器
7	车辆底盘部件检查	转向系部件、传动系部件、行驶系部件、制动系部件、其他部件
8	仪器设备检验	空载制动率、空载制动不平衡率、驻车制动、前照灯远光发光强度
备注	1. 面包车(即发动机中置且宽高比小于等于0.9的乘用车)、7座及7座以上车辆需要开展底盘动态检验、车辆底盘部件检查。 2. 驻车制动使用电子控制装置的汽车,不检验驻车制动。	

表A-2 载客汽车—其他类型载客汽车的注册登记安全检验项目表

序号	检验项目	
1	联网查询	车辆事故、违法、安全缺陷召回等信息
2	车辆唯一性检查	车辆品牌和型号,车辆识别代号(或整车出厂编号),发动机号码/驱动电机号码,车身颜色和车辆外形
3	车辆特征参数检查	外廓尺寸,核定载人数和座椅布置,客车出口,客车乘客通道和引道
4	车辆外观检查	车身外观,外观标识、标注和标牌,外部照明和信号装置,轮胎,号牌板(架),加装/改装灯具
5	安全装置检查	汽车安全带,应急停车安全附件,灭火器,行驶记录装置,应急锤,急救箱,车速限制/报警功能或装置,防抱制动装置,辅助制动装置,盘式制动器,制动间隙自动调整装置,发动机舱自动灭火装置,手动机械断电开关,副制动踏板,校车标志灯和校车停车指示标志牌,驾驶区隔离设施
6	底盘动态检验	转向、传动、制动、仪表和指示器
7	车辆底盘部件检查	转向系部件、传动系部件、行驶系部件、制动系部件、其他部件
8	仪器设备检验	空载制动率、空载制动不平衡率、驻车制动、前照灯远光发光强度、转向轮横向侧滑量
备注	驻车制动使用电子控制装置的汽车,不检验驻车制动。	

表 A-3 货车(三轮汽车除外)、专项作业车的注册登记安全检验项目表

序号	检验项目	
1	联网查询	车辆事故、违法、安全缺陷召回等信息
2	车辆唯一性检查	车辆品牌和型号,车辆识别代号(或整车出厂编号),发动机号码/驱动电机号码,身颜色和车辆外形
3	车辆特征参数检查	外廓尺寸,轴距,核定载人数和座椅布置,栏板高度,悬架,货厢/罐体
4	车辆外观检查	车身外观,外观标识、标注和标牌,外部照明和信号装置,轮胎,号牌板(架),加装/改装灯具
5	安全装置检查	汽车安全带,应急停车安全附件,灭火器,行驶记录装置,车身反光标识,车辆尾部标志板,侧、后、前下部防护,车速限制/报警功能或装置,防抱制动装置,辅助制动装置,盘式制动器,制动间隙自动调整装置,紧急切断装置,副制动踏板,危险货物运输车辆标志,驾驶区隔离设施
6	底盘动态检验	转向、传动、制动、仪表和指示器
7	车辆底盘部件检查	转向系部件、传动系部件、行驶系部件、制动系部件、其他部件
8	仪器设备检验	整备质量,空载制动率,空载制动不平衡率,加载轴制动率,加载轴制动不平衡率,驻车制动,前照灯远光发光强度,转向轮横向侧滑量
备注	1. 三轴及三轴以上的货车,对部分轴(最后一轴及货车第一轴除外)还应测试加载轴制动率和加载轴制动不平衡率;采用空气悬架的车辆、总质量为整备质量1.2倍以下的车辆不测试加载轴制动率和加载轴制动不平衡率。 2. 驻车制动使用电子控制装置的汽车,不检验驻车制动。	

表 A-4 挂车的注册登记安全检验项目表

序号	检验项目	
1	联网查询	车辆事故、违法、安全缺陷召回等信息
2	车辆唯一性检查	车辆品牌和型号,车辆识别代号(或整车出厂编号),车身颜色和车辆外形
3	车辆特征参数检查	外廓尺寸,轴距,栏板高度,悬架,货厢/罐体
4	车辆外观检查	车身外观,外观标识、标注和标牌,外部照明和信号装置,轮胎,号牌板(架),加装/改装灯具
5	安全装置检查	灭火器,车身反光标识,车辆尾部标志板,侧、后、前下部防护,防抱制动装置,盘式制动器,制动间隙自动调整装置,紧急切断装置,危险货物运输车辆标志
6	车辆底盘部件检查	行驶系部件、制动系部件、其他部件
7	仪器设备检验	整备质量,空载制动率,空载制动不平衡率,加载轴制动率,加载轴制动不平衡率
备注	1. 车辆特征参数检查、安全装置检查时的具体适用项目应与本书第四章提出的车型要求相结合。 2. 总质量大于3500 kg的并装双轴或并装三轴挂车,对部分轴(最后一轴除外)还应测试加载轴制动率和加载轴制动不平衡率;采用空气悬架的车辆、总质量为整备质量1.2倍以下的车辆不测试加载轴制动率和加载轴制动不平衡率。	

表 A-5 三轮汽车的注册登记安全检验项目表

序号	检验项目	
1	联网查询	车辆事故、违法、安全缺陷召回等信息
2	车辆唯一性检查	车辆品牌和型号,车辆识别代号(或整车出厂编号),发动机号码/驱动电机号码,车身颜色和车辆外形
3	车辆特征参数检查	外廓尺寸,货厢/罐体
4	车辆外观检查	车身外观,外观标识、标注和标牌,外部照明和信号装置,轮胎,号牌板(架)
5	安全装置检查	应急停车安全附件,车身反光标识
6	底盘动态检验	转向、传动、制动、仪表和指示器
7	车辆底盘部件检查	转向系部件、传动系部件、行驶系部件、制动系部件、其他部件
8	仪器设备检验	整备质量,空载制动率,驻车制动,前照灯远光发光强度
备注	驻车制动使用电子控制装置的汽车,不检验驻车制动。	

表 A-6 摩托车的注册登记安全检验项目表

序号	检验项目	
1	联网查询	车辆事故、违法、安全缺陷召回等信息
2	车辆唯一性检查	车辆品牌和型号,车辆识别代号(或整车出厂编号),发动机号码/驱动电机号码,车身颜色和车辆外形
3	车辆特征参数检查	外廓尺寸,核定载人数和座椅布置
4	车辆外观检查	车身外观,外部照明和信号装置,轮胎,号牌板(架)
5	底盘动态检验	转向、传动、制动、仪表和指示器
6	仪器设备检验	整备质量,空载制动率,前照灯远光发光强度
备注	外廓尺寸、核定载人数和座椅布置和整备质量项目仅适用于带驾驶室的正三轮摩托车以及不带驾驶室、不具有载运货物结构或功能且设计和制造上最多乘坐 2 人(包括驾驶人)的正三轮摩托车。	

表 A-7 载客汽车—非营运小型、微型载客汽车的在用机动车安全检验项目表

序号	检验项目	
1	联网查询	车辆事故、违法、安全缺陷召回等信息
2	车辆唯一性检查	号牌号码和分类,车辆识别代号(或整车出厂编号),发动机号码/驱动电机号码,车身颜色和车辆外形
3	车辆特征参数检查	核定载人数和座椅布置
4	车辆外观检查	车身外观,外观标识、标注和标牌,外部照明和信号装置,轮胎,号牌/号牌板(架),加装/改装灯具
5	安全装置检查	汽车安全带,应急停车安全附件,肢体残疾人操纵辅助装置
6	底盘动态检验	转向、传动、制动、仪表和指示器
7	车辆底盘部件检查	转向系部件、传动系部件、行驶系部件、制动系部件、其他部件
8	仪器设备检验	空载制动率、空载制动不平衡率、驻车制动、前照灯远光发光强度
备注	1. 面包车(即发动机中置且宽高比小于或等于 0.9 的乘用车)、7 座及 7 座以上车辆,以及使用年限超过 10 年的车辆,需要开展底盘动态检验、车辆底盘部件检查。 2. 自学用车还应检验副制动踏板和辅助后视镜。 3. 驻车制动使用电子控制装置的汽车,不检验驻车制动。	

表 A-8 载客汽车—其他类型载客汽车的在用机动车安全检验项目表

序号	检验项目	
1	联网查询	车辆事故、违法、安全缺陷召回等信息
2	车辆唯一性检查	号牌号码和分类,车辆识别代号(或整车出厂编号),发动机号码/驱动电机号码,车身颜色和车辆外形
3	车辆特征参数检查	核定载人数和座椅布置,客车出口,客车乘客通道和引道
4	车辆外观检查	车身外观,外观标识、标注和标牌,外部照明和信号装置,轮胎,号牌/号牌板(架),加装/改装灯具
5	安全装置检查	汽车安全带,应急停车安全附件,灭火器,行驶记录装置,应急锤,急救箱,辅助制动装置,发动机舱自动灭火装置,手动机械断电开关,副制动踏板,校车标志灯和校车停车指示标志牌,驾驶区隔离设施
6	底盘动态检验	转向、传动、制动、仪表和指示器
7	车辆底盘部件检查	转向系部件、传动系部件、行驶系部件、制动系部件、其他部件
8	仪器设备检验	空载制动率、空载制动不平衡率、驻车制动、前照灯远光发光强度、转向轮横向侧滑量
备注	驻车制动使用电子控制装置的汽车,不检验驻车制动。	

表 A-9 货车(三轮汽车除外)、专项作业车的在用机动车安全检验项目表

序号	检验项目	
1	联网查询	车辆事故、违法、安全缺陷召回等信息
2	车辆唯一性检查	号牌号码和分类,车辆识别代号(或整车出厂编号),发动机号码/驱动电机号码,车身颜色和车辆外形
3	车辆特征参数检查	外廓尺寸,核定载人数和座椅布置,栏板高度,悬架,货厢/罐体
4	车辆外观检查	车身外观,外观标识、标注和标牌,外部照明和信号装置,轮胎,号牌/号牌板(架),加装/改装灯具
5	安全装置检查	汽车安全带,应急停车安全附件,灭火器,行驶记录装置,车身反光标识,车辆尾部标志板,侧、后、前下部防护,辅助制动装置,紧急切断装置,副制动踏板,危险货物运输车辆标志,驾驶区隔离设施
6	底盘动态检验	转向、传动、制动、仪表和指示器
7	车辆底盘部件检查	转向系部件、传动系部件、行驶系部件、制动系部件、其他部件
8	仪器设备检验	空车质量,空载制动率,空载制动不平衡率,加载轴制动率,加载轴制动不平衡率,驻车制动,前照灯远光发光强度,转向轮横向侧滑量
备注	1. 三轴及三轴以上的货车,对部分轴(最后一轴及货车第一轴除外)还应测试加载轴制动率和加载轴制动不平衡率。采用空气悬架的车辆、总质量为整备质量1.2倍以下的车辆不测试加载轴制动率和加载轴制动不平衡率。 2. 自学用车还应检验副制动踏板和辅助后视镜。 3. 驻车制动使用电子控制装置的汽车,不检验驻车制动。	

表 A-10 挂车的在用机动车安全检验项目表

序号	检验项目	
1	联网查询	车辆事故、违法、安全缺陷召回等信息
2	车辆唯一性检查	号牌号码和分类,车辆识别代号(或整车出厂编号),车身颜色和车辆外形
3	车辆特征参数检查	外廓尺寸,栏板高度,悬架,货厢/罐体
4	车辆外观检查	车身外观,外观标识、标注和标牌,外部照明和信号装置,轮胎,号牌/号牌板(架),加装/改装灯具
5	安全装置检查	灭火器,车身反光标识,车辆尾部标志板,侧、后、前下部防护,紧急切断装置,危险货物运输车辆标志
6	车辆底盘部件检查	行驶系部件、制动系部件、其他部件
7	仪器设备检验	空车质量,空载制动率,空载制动不平衡率,加载轴制动率,加载轴制动不平衡率
备注	1. 车辆特征参数检查、安全装置检查时的具体适用项目应与本书第四章提出的车型要求相结合。 2. 总质量大于3500 kg的并装双轴或并装三轴挂车,对部分轴(最后一轴除外)还应测试加载轴制动率和加载轴制动不平衡率;采用空气悬架的车辆、总质量为整备质量1.2倍以下的车辆不测试加载轴制动率和加载轴制动不平衡率。	

表 A-11 三轮汽车的在用机动车安全检验项目表

序号	检验项目	
1	联网查询	车辆事故、违法、安全缺陷召回等信息
2	车辆唯一性检查	号牌号码和分类,车辆识别代号(或整车出厂编号),发动机号码/驱动电机号码,车身颜色和车辆外形
3	车辆特征参数检查	货厢/罐体
4	车辆外观检查	车身外观,外观标识、标注和标牌,外部照明和信号装置,轮胎,号牌/号牌板(架)
5	安全装置检查	应急停车安全附件,车身反光标识
6	底盘动态检验	转向、传动、制动、仪表和指示器
7	车辆底盘部件检查	转向系部件、传动系部件、行驶系部件、制动系部件、其他部件
8	仪器设备检验	空载制动率,驻车制动,前照灯远光发光强度
备注	驻车制动使用电子控制装置的汽车,不检验驻车制动。	

表 A-12 摩托车的在用机动车安全检验项目表

序号	检验项目	
1	联网查询	车辆事故、违法、安全缺陷召回等信息
2	车辆唯一性检查	号牌号码和分类,车辆识别代号(或整车出厂编号),发动机号码/驱动电机号码,车身颜色和车辆外形
3	车辆特征参数检查	核定载人数和座椅布置
4	车辆外观检查	车身外观,外部照明和信号装置,轮胎,号牌/号牌板(架)
5	底盘动态检验	转向、传动、制动、仪表和指示器
6	仪器设备检验	空载制动率,前照灯远光发光强度
备注	核定载人数和座椅布置项目仅适用于带驾驶室的正三轮摩托车以及不带驾驶室、不具有载运货物结构或功能且设计和制造上最多乘坐2人(包括驾驶人)的正三轮摩托车。	

表 A-13 新车登记注册检验项目一览表

检验项目（注册车）		非营运小型、微型载客汽车	其他类型载客汽车（包括出租车、公交车）	载货汽车、专项作业车（三轮车除外）	挂车	限值
1. 联网查询	车辆事故、违法、安全缺陷召回等信息	√	√	√	√	
2. 车辆唯一性检查	车辆品牌和型号	√	√	√	√	
	车辆识别代号（或整车出厂编号）	√	√	√	√	
	发动机号码/驱动电动机号码	√	√	√	—	
	车身颜色和车辆外形	√	√	√	√	
3. 车辆特征参数检查	外廓尺寸	—	—	√	√	注册：≤±1%或±50 mm
	轴距	√	—	—	—	注册：≤±1%或±50 mm
	核定载人数和座椅布置	—	大于9人的载客汽车	—	—	
	栏板高度	—	—	有栏板结构的载货汽车	有栏板结构的挂车	≤50 mm
	悬架	—	—	货车、专项作业车	—	
	客车出口	—	—	—	—	
	客车乘客通道和引道	—	—	—	—	
	货箱/罐体	—	—	—	—	
4. 车辆外观检查	车身外观	√	√	平板除外	平板除外	
	外观标识、标注和标牌	√	√	√	√	
	外部照明和信号装置	√	√	√	√	
	轮胎	√	√	√	√	
	号牌板（架）	√	√	√	√	
	加装/改装灯具	√	√	√	√	

续表 A-13

检验项目（注册车）	非营运小型、微型载客汽车	其他类型载客汽车（包括出租车、公交车）	载货汽车、专项作业车（三轮车除外）	挂车	限值
汽车安全带	√	√	√	—	
应急停车安全附件	√	√	√	—	
灭火器	—	9人座以上的客车；2018年1月1日起出厂的旅居车	危险品车	危险车	
行驶记录装置	—	公路客车、旅游客车、校车；2013年3月1日起出厂的公共汽车；2018年1月1日起出厂的客车，未设置乘客站立区的其他客车；2019年1月1日起出厂的设有乘客站立区的公共汽车、校车（公路客车、旅游客车、校车，设有乘客站立区的公共汽车的客车除外）	危险品车；2013年3月1日起注册登记的货车，总质量大于等于12 t的牵引车、半挂牵引车	—	备注：1.除校车、公路客车、旅游客车外，车长小于6 m的客车如安装了EDR，视为合格。2.卧铺客车、2013年5月1日出厂的校车、2018年1月1日出厂的设有乘客站立区客车内外录像
车身反光标识	—	—	所有货车（半挂牵引车、多用途货车除外）	旅居挂车除外	
车辆尾部标志板	—	—	2012年9月1日起出厂的总质量大于等于12 t的货车（半挂牵引车除外），2014年1月1日起出厂的总质量大于12 t的货车底盘改装的专项作业车	—	
侧、后、前下部防护	—	—	总质量大于3.5 t的货车（半挂牵引车除外）、底盘改装的专项作业车	车长大于8 m的挂车	√

5.安全装置检查

续表 A-13

检验项目（注册车）		非营运小型、微型载客汽车	其他类型载客汽车（包括出租车，公交车）	载货汽车、专项作业车（三轮车除外）	挂车	限值
5、安全装置检查	应急锤	—	2019年1月1日起出厂的公路客车、旅游客车和未设置乘客站立区的公共汽车，车长大于6 m的客车要有超速报警功能。2018年1月1日起出厂的其他车长大于9 m的其他客车（公路车、旅游客车、未设置乘客站立区的公共车）；2019年1月1日出厂的车长大于6 m的旅居车	—	—	
	急救箱	—	校车	—	—	
	车速限制/报警功能或装置	—	公路客车、旅游客车，车长大于9 m的未设置乘客站立区的公共车，校车	危险品车，2019年1月1日起出厂的三轴及三轴以上的货车	—	附：公路客车小于70 km/h，其他公路客车、旅游客车大于9 m，车长大于6 m等大于等于100 km/h，危化品车80 km/h，专用校车小于等于80 km/h
	防抱制动装置	—	2012年9月1日起出厂的车长大于9 m的公路客车、旅游客车；2013年5月1日起出厂的专用校车；2015年9月1日起出厂的车长大于9 m的其他公路客车；2018年1月1日起出厂的面包车乘用和车	爆炸品、剧毒化学品车，2012年9月1日起出厂的危险品车；2012年9月1日起出厂的半挂牵引车；2014年9月1日起出厂的货车大于等于12 t的货车；2018年1月1日起作业车大于3.5 t且小于12 t的货车和专项作业车（五轴和五轴以上的专项作业除外）；2019年1月1日起出厂的总质量小于等于3.5 t货车和专项作业车	2018年1月1日起出厂的总质量大于3.5 t的挂车	

续表 A-13

检验项目（注册车）	非营运小型、微型载客汽车	其他类型载客汽车（包括出租车、公交车）	载货汽车、专项作业车（三轮车除外）	挂车	限值
5、安全装置检查 辅助制动装置	—	2012年9月1日起出厂的车长大于9 m的客车（对专用校车为车长大于8 m）；2019年1月1日起出厂的装备电涡流缓速器的汽车	2012年9月1日起出厂的总质量和总质量大于12 t的货车；2014年9月1日起出厂的货车（总质量大于12 t的专项作业车；2019年1月1日起出厂的装备电涡流缓速器的汽车	—	
盘式制动器	—	2012年9月1日起出厂的车长大于9 m的客车（未设置乘客站立区公交车除外）前轮；2013年5月1日起出厂的专用校车前轮；2013年9月1日起出厂的车长大于9 m的未设置乘客站立区的前轮	2012年9月1日起出厂的危险品运输车前轮；2019年1月1日起出厂的危险品运输半挂车前轮；2020年1月1日起出厂的三轴栏板式、仓栅式半挂车的所有车轮		
制动间隙自动调整装置	—	2018年1月1日起出厂的客车	2018年1月1日起出厂的总质量大于3.5 t的货车和专项作业车（全驱功能的货车和专项作业车除外）、危险品车	2018年1月1日起出厂的总质量大于3.5 t的半挂车	
紧急切断装置	—	—	罐式液体危险运输车	罐式液体危险运输车	
发动机舱自动灭火装置	—	2013年5月1日起出厂的专用校车；2013年3月1日起出厂的其他客车（专用校车后置发动机前置其他客车（专用校车后置发动机外）；2019年1月1日起出厂的发动机前置且应于前风窗玻璃后乘人数（不包括驾驶员）不多于22人，且不允许乘客站立的客车；2018年1月1日起出厂的除以上3种规定的其他客车	—		

续表 A-13

检验项目(注册车)		非营运小型、微型载客汽车	其他类型载客汽车(包括出租车、公交车)	载货汽车、专项作业车(三轮车除外)	挂车	限值
5、安全装置检查	手动机械断电开关	—	—	—	—	
	副制动踏板	—	教练车,自学用车	教练车,自学用车	—	
	校车标志灯和校车停车指示标志牌	—	校车	—	—	
	危险货物运输车辆标志	—	—	—	—	
	驾驶区隔离设施	—	2019年11月1日起出厂的设有乘客站立区的公共汽车和未设置乘客站立区的公路客车和旅游客车,2020年8月1日起出厂的车长大于等于9 m的公路客车和旅游客车	封闭式货车(2018年1月1日起出厂的应用板式隔离)	—	
6、底盘动态检验	转向	面包车,7座及7座以上车辆	√	√	—	最大车速大于等于100 km/h时为15°;其他机动车为25°
	传动		√	√	—	
	制动		√	√	—	
	仪表和指示器		√	√	—	
7、车辆部件检查	转向系部件		√	√	—	
	传动系部件		√	√	—	
	行驶系部件		√	√	√	
	制动系部件		√	√	√	
	其他部件		√	√	√	

续表 A-13

检验项目(注册车)			非营运小型、微型载客汽车	其他类型载客汽车（包括出租车、公交车）	载货汽车、专项作业车（三轮车除外）	挂车	限值
整备质量			—	—	√	√	重中型货车、重中型专项作业车≤±3%或 500 kg；轻微型货车、轻微型专项作业车≤±3%或 100 kg
8.仪器设备检验	行车制动	空载制动率	√	√	√	—	
		空载轴制动不平衡率	—	—	—	总质量大于 0.75 t	
		加载制动率	—	—	空气悬架的车辆，总质量为整备质量 1.2 倍以下的车辆，总质量小于等于 3.5 t 的非装双轴或并装三轴挂车除外	空气悬架的车辆的车辆，总质量小于等于 3.5 t 的挂车除外	
		加载轴轴制动不平衡率	—	—	电子手刹除外	—	
	驻车制动		电子手刹除外	电子手刹除外	√	—	
	前照灯远光发光强度		√	√	√	—	
	转向轮横向侧滑量		—	对前轴采用非独立悬架的载客汽车（包括双转向轴汽车）	对前轴采用非独立悬架的载客汽车（包括双转向轴汽车）	—	

表 A-14 在用车检验项目一览表

检验项目（在用车）		非营运小型、微型载客汽车	其他类型载客汽车（包括出租车、公交车）	载货汽车、专项作业车（三轮车除外）	挂车	限值
1.联网查询	车辆事故、违法、安全缺陷召回等信息	√	√	√	√	
2.车辆唯一性检查	号牌号码和分类	√	√	√	√	
	车辆识别代号（或整车出厂编号）	√	√	√	√	
	发动机号码/驱动电动机号码	√	√	√	—	
	车身颜色和车辆外形	√	√	√	√	
3.车辆特征参数检查	外廓尺寸	—	—	重中型货车（半挂牵引车除外）、重中型专项作业车	重中型挂车	≤±3%或±150 mm
	核定载人数和座椅布置	√	√	—	—	
	栏板高度	—	—	有栏板结构的载货汽车	有栏板结构的挂车	≤±50 mm
	悬架	—	—	货车、专项作业车	—	
	客车出口	—	大于9人的载客汽车	—	—	
	客车乘客通道和引道	—	√	—	—	
4.车辆外观检查	货厢/厢体	—	—	平板除外	平板除外	
	车身外观	√	√	√	√	
	外观标识、标注和标牌	√	√	√	√	
	外部照明和信号装置	√	√	√	√	
	轮胎	√	√	√	√	
	号牌板（架）	√	√	√	√	
	加装/改装灯具	√	√	√	√	

附录 A

续表 A-14

检验项目(在用车)	非营运小型、微型载客汽车	其他类型载客汽车（包括出租车、公交车）	载货汽车、专项作业车（三轮车除外）	挂车	限值
5.安全装置检查	汽车安全带	√	√	√	—	
	应急停车安全附件	—	—	√	—	
	灭火器	—	9人座以上的客车，2018年1月1日起出厂的旅居车	危险品车	危险品车	
	行驶记录装置	—	公路客车、旅游客车、校车；2013年3月1日起注册登记的公共汽车；2018年1月1日起出厂的设有乘客站立区的其他客车（公路客车、旅游客车、校车、设有乘客站立区未设置乘客站立区的公共汽车除外）；2019年1月1日起出厂的其他客车	危险品车；2013年3月1日起注册登记的总质量大于等于12 t的货车、半挂牵引车	—	备注:1.除校车、公路客车、旅游客车外车长小于6 m的客车如安装了EDR、视为合格；2.卧铺客车、2013年5月1日出厂的校车、2018年1月1日出厂的设有乘客站立区的客车还应安装车内外录像
	车身反光标识	—	—	所有货车（半挂牵引车、多用途车除外）	旅居挂车除外	
	车辆尾部标志板	—	—	2012年9月1日起出厂的总质量大于等于12 t的货车（半挂牵引车除外）、2014年1月1日起出厂的总质量大于12 t的货车底盘改装的专项作业车	车长大于8 m的挂车	

续表 A-14

检验项目(在用车)		非营运小型、微型载客汽车	其他类型载客汽车(包括出租车、公交车)	载货汽车、专项作业车(三轮车除外)	挂车	限值
5.安全装置检查	侧、后、前下部防护	—	—	总质量大于3.5 t的货车(半挂牵引车除外)、底盘改装的专项作业车	√	—
	应急锤	—	2019年1月1日起出厂的公路客车、旅游客车和未设置乘客站立区的公共汽车,采用密闭钢化玻璃式应急窗的客车	—	—	—
	急救箱	—	校车	—	—	—
	辅助制动装置	—	2019年1月1日起出厂的装备电涡流缓速器的汽车	2019年1月1日起出厂的装备电涡流缓速器的汽车	—	—
	紧急切断装置	—	—	罐式液体危险运输车	罐式液体危险运输车	—
	发动机舱自动灭火装置	—	2013年5月1日起出厂的专用校车;2013年3月1日起出厂的其他客车(专用校车除外);2019年1月1日起出厂的发动机前置后置且发动机前置位于前风窗玻璃后可乘员(不包括驾驶员)不多于22人,且不允许乘客站立的客车;2018年1月1日起出厂的除以上3种规定的其他客车	—	—	—

续表 A-14

检验项目（在用车）		非营运小型、微型载客汽车	其他类型载客汽车（包括出租车、公交车）	载货汽车、专项作业车（三轮车除外）	挂车	限值
5、安全装置检查	手动机械断电开关	—	2013年3月1日起出厂的车长大于等于6 m的客车	—	—	
	副制动踏板	—	教练车、自学用车	教练车、自学用车	—	
	校车标志灯和校车停车指示标志牌	—	校车	—	—	
	危险货物运输车辆标志					
	驾驶区隔离设施		2019年11月1日起出厂的设有乘客站立区的公共汽车；2020年8月1日起出厂的车长大于等于9 m的公路客车和旅游客车	封闭式货车（2018年1月1日起出厂的应用板式隔离）	—	
6、底盘动态检验	转向	面包车，7座及7座以上车辆	√	√	—	
	传动		√	√	—	
	制动		√	√	—	
	仪表和指示器		√	√	—	
7、车辆底盘部件检查	转向系部件		√	√	√	最大车速大于等于100 km/h时为15°；其他机动车为25°
	传动系部件		√	√	—	
	行驶系部件		√	√	√	
	制动系部件		√	√	√	
	其他部件		√	√	√	

续表A-14

检验项目(在用车)		非营运小型、微型载客汽车	其他类型载客汽车(包括出租车、公交车)	载货汽车、专项作业车(三轮车除外)	挂车	限值
8. 仪器设备检验	空车质量	—	—	—	—	重中型货车、重中型挂车、重中型专项作业车≤±500 kg;轻微型货车不超过±10%或±200 kg,且轻型货车的空车质量应小于4500 kg
行车制动	空载制动率	√	√	√	√	—
	空载轴制动不平衡率	—	—	—	—	—
	加载轴制动不平衡率	—	—	三轴及三轴以上的货车(最后一轴除外)还应测试加载轴制动不平衡率;总质量为整车整备质量1.2倍以下的车辆不测加载轴制动率和加载轴制动不平衡率	总质量大于3500 kg的并装双轴或并装三轴挂车,对部分轴(最后一轴除外)还应测试加载轴制动率和加载轴制动不平衡率;采用空气悬架的车辆、总质量为整车整备质量1.2倍以下车辆不测加载轴制动率和加载轴制动不平衡率	—
驻车制动		电子手刹除外	电子手刹除外	电子手刹除外	—	—
前照灯远发光强度		√	√	√	—	—
转向轮横向侧滑量		前轴采用非独立悬架的汽车(包括采用双转向轴的汽车,但不包括大于等于11 500 kg,不适用于仪器设备检验的汽车)	前轴采用非独立悬架的汽车(包括采用双转向轴的汽车,但不包括大于等于11 500 kg,不适用于仪器设备检验的汽车)	前轴采用非独立悬架的汽车(包括采用双转向轴的汽车,但不包括大于等于11 500 kg,不适用于仪器设备检验的汽车)	—	—